I0816920

Anyha Ruiz —————— Daniel Habif

EL AMOR NO SE RUEGA, SE RIEGA

Planeta

Fotografía de portada: © Eloy Ruiz de Loizaga
Producción visual: Iván Rosa Oropeza
Retoque fotográfico: Christian Benítez
Edición: Mónica Laverde
Diseño de portada: Departamento de Diseño Grupo Planeta

Bajo el sello editorial PLANETA M.R.
Avenida Presidente Masaryk núm. 111,
Piso 2, Polanco V Sección, Miguel Hidalgo
C.P. 11560, Ciudad de México
www.planetadelibros.us

Primera edición impresa en esta presentación: febrero de 2026
ISBN: 978-607-39-3761-0

Impreso en los talleres de Corporación en Servicios
Integrales de Asesoría Profesional, S.A. de C.V.,
Calle E # 6, Parque Industrial
Puebla 2000, C.P. 72225, Puebla, Pue.
Impreso y hecho en México / *Printed in Mexico*

ÍNDICE

“Dime dónde te duele para amarte más ahí”

Eso me dijo Anyha en uno de los momentos más críticos de mi vida. Así comenzó este libro.

¡Qué hermoso, qué dicha, qué fortuna es cuando el ser que amas está dispuesto a sostenerte, cargarte y acompañarte en esa temporada en la que la vida pesa inmensurablemente! Ese instante en el que lo último que mereces es amor, pero es lo que más necesitas.

Si tienen la fortuna de que alguien los ame cuando sienten que no valen nada, cuando lo único que pueden ofrecer es su versión más rota, cuídense de no desperdiciar ese milagro.

Amen sin medida, es más tarde de lo que creen. Entréguense, perdonen, edifíquense, encuentren la forma de recuperarse. Si lo suyo no es un capricho ni una obsesión, si es un amor real y recíproco, con Cristo en el centro, sin duda hallarán la manera de reencontrarse, de eclipsar cualquier pasado, de construir un futuro maravilloso y de crear seres de proporciones majestuosas.

Introducción

Nos vendieron la idea de que el amor es una limosna que se mendiga con los ojos aguados y la voz quebrada, como si el cariño fuera un capricho del azar o un premio a la paciencia del que no se rinde. Nos enseñaron que el que más insiste, más merece. Que el que más aguanta, es digno de ser amado. Que el que se arrastra, tarde o temprano, recoge más de lo que sembró. Pero eso son solo mentiras que nos contaron para que siguiéramos esperando trenes que nunca llegan.

Queridos, el amor no es un boleto de lotería ni un acto de beneficencia. No se reparte al más sufrido ni se otorga al que mejor supo jugar a la víctima. El amor no se mendiga, se cultiva. No es una mesa donde uno sirve y el otro solo se sienta a comer. Es un jardín sagrado, no un altar. No vive de promesas huecas ni de sacrificios desproporcionados, sino de la voluntad diaria de quedarse, de regar cuando haga falta y de podar cuando sea necesario.

La semilla se planta y espera. No llora, no implora, no ruega. Se sabe semilla y confía en la tierra. Porque cuando el terreno es fértil, no hace falta andar suplicando soles ni negociando lluvias.

No basta con esperar la primavera. Hay que sobrevivir al invierno, confiar en que cada estación tiene su propósito. Y si el amor es una planta, hay que entender que el crecimiento no es lineal, que habrá temporadas de ramas desnudas y momentos de sombra generosa. Pero si las raíces son profundas, el árbol resiste.

También nos contaron que el amor es una conquista, una batalla en la que hay que perseverar hasta desangrarse. Pero el amor no se gana a la fuerza ni se arrebata con estrategias de asedio. Se siembra. Se riega con respeto, con paciencia, con esas pequeñas cosas que sostienen lo inmenso: un mensaje inesperado, un abrazo que dice más que las palabras, un "aquí estoy" cuando más hace falta. Y sobre todo, debe ser puesto en manos de Dios, porque al final, Él es el único jardinero que sabe exactamente qué flores necesitan nuestras almas. Por eso, debemos abrir el corazón para recibir la semilla que solo Su Espíritu deposita.

Si tienes que pedir amor, ya empezaste mal. El amor que se suplica nace muerto. Pero el que se cultiva, el que crece con la luz justa y el agua necesaria, ese se queda. Echa raíces. Da sombra. Se convierte en hogar. No necesita ser pedido porque brota solo, como la vida misma.

Y algo más: el amor no se ahoga. Si lo aprietas demasiado, se asfixia. El amor no es un prisionero. Si lo encarcelas, se fuga. No se retiene con miedo ni con cadenas disfrazadas de promesas. Se le deja espacio para respirar, para extender sus ramas sin miedo a quebrarse. Nos han enseñado a consumirlo todo con urgencia, como si hasta el amor tuviera fecha de caducidad. Y por eso andamos rogando atenciones, exigiendo respuestas, esperando confirmaciones de nuestra valía en las reacciones de los demás. Comprender la diferencia entre rogar y regar es fundamental para salir de la espiral: rogar te despoja, regar te fortalece. Rogar te hace pequeño; regar te hace cómplice de la vida.

Así que dejemos de implorar lo que debe nacer solo y pongámonos a cultivar lo que de verdad queremos cosechar. Hagamos del amor un oficio diario, no una plegaria. Porque al final, lo que se mendiga nunca se disfruta, y lo que se fuerza, nunca se queda.

"El cuerpo baila con quien sea, pero **el alma no ríe con cualquiera**".

Daniel Habif

Hace más de 24 años, nadie daba un centavo por nuestra relación. Todas las apuestas apuntaban a nuestro fracaso. A ojos de quienes nos rodeaban, éramos tan solo una anécdota destinada a extinguirse. Para ellos, por la diferencia de edad y el entorno de una industria donde las relaciones suelen ser desechables, la probabilidad de éxito solo habría existido en películas de dibujos animados.

Pero aquí estamos. Sólidos como una roca, tercos como el mar, caminando de la mano mientras seguimos escribiendo nuestra historia. Llena de tropiezos, sí, pero también de victorias. No porque hayamos sido perfectos, sino porque nunca nos hemos soltado el uno al otro.

En estas páginas queremos compartir nuestras batallas, nuestras estrategias, nuestras retiradas y nuestros triunfos. Queremos mostrarte por qué la elección de tu compañero de vida es una de las tres decisiones más trascendentales que tomarás. No es solo con quién compartirás cenas y despertares, sino también con quién pelearás las guerras que la vida te lance. Y créeme, las lanzará.

Nuestro amor es un faro construido sobre la roca del Eterno. Ni la furia de la vida ni la erosión del tiempo han conseguido derribarlo, porque lo nuestro se armó con la materia de lo verdadero. Por eso, sus muros no han cedido. Por eso, su luz no ha titubeado.

Te invitamos a sumergirte en estas páginas con la certeza de que el amor, como la naturaleza, es un proceso continuo y sagrado. Que estas letras te sirvan de espejo y de mapa. Que descubras que el amor, el de verdad, no se ruega… se riega.

Capítulo 1

¿Y si mi destino es ser el tuyo?

Las semillas que llevamos dentro

Nadie llega al amor con las manos vacías. Todos cargamos un puñado de semillas que no elegimos del todo. Arrastramos con nosotros la cosecha de lo vivido: los besos que nos enseñaron a querer, las despedidas que nos llevaron a desconfiar, la voz de quien nos hizo sentir invencibles y la sombra de quien nos empujó a dudar de todo. Y sin darnos cuenta, sembramos esas semillas en el terreno del amor. Algunas florecen en ternura, en complicidad, en risas que suenan a hogar. Otras, en cambio, sacan espinas: los celos que envenenan, la inseguridad que carcome, el miedo a perder lo que aún ni siquiera se tiene.

Pero la semilla no es el problema, sino lo que hacemos con ella. Hay quienes riegan la desconfianza hasta que se vuelve una hiedra que asfixia, y quienes dejan que el resentimiento eche

raíces hasta que ya no queda oxígeno. Y luego están los que, aun con las manos llenas de heridas, eligen sembrar respeto, paciencia, generosidad, aunque el suelo esté árido.

Un matrimonio puede ser tierra fértil o campo de batalla. No hay amor inmune a las tormentas. Habrá sequías de orgullo que lo quemen todo y lluvias de egoísmo que amenacen con ahogar hasta lo más hermoso. Pero lo que define su destino no es el clima, sino el oficio. Amar no es decir "te quiero" en primavera, sino quedarse a podar en invierno. Es arrancar las malas hierbas de la historia sin miedo a ensuciarse las manos. Es regar la paciencia cuando el otro falla y podar las ramas del orgullo cuando crecen demasiado. Es entender que lo único que florece sin esfuerzo son los problemas.

Porque nadie llega intacto. Todos traemos grietas, raíces torcidas y espinas que duelen al tacto. Pero cuando dos deciden plantar juntos, cuando eligen nutrir lo bueno en vez de alimentar lo podrido, el amor sobrevive. Se vuelve testimonio de que, con cuidado y con coraje, hasta los terrenos más golpeados pueden florecer.

Daniel

> En mi casa éramos seis: mi mamá, mi papá y cuatro hijos. Yo era el menor. Aunque nací cuando mis padres seguían casados, su separación llegó tan pronto que nunca tuve un verdadero referente de pareja. A mis seis años, su matrimonio ya estaba hecho pedazos.

Mi padre era un cazador de amores, así que su ejemplo distaba mucho de ser inspirador. Mi única guía en el amor fue mi madre. Creo que me inculcó lo que ella deseaba: que ninguna otra mujer tuviera que sufrir. Sus palabras eran claras, casi como una advertencia: "Si vas a tener novia, sé fiel y leal. Si quieres acostarte con mil, entonces no tengas novia. Lo único que te pido es que seas transparente y honesto; no le mientas a una mujer ni le hagas perder el tiempo".

Nunca construí una relación con mi padre. Con mi madre, en cambio, fue distinto: entre nosotros siempre existió amor y admiración mutua. ¿Cómo no respetar a una mujer que sacó adelante a cuatro "barbajanes"? Más aún, ¿cómo no valorar a quien me enseñó que el amor es un pacto y una decisión? Su rostro es el de tantas madres que, con amor y sacrificio, han sacado adelante a sus familias en medio de la adversidad. Mujeres que aprendieron a tragarse el miedo y a servirse una ración doble de valentía.

Recuerdo muy bien sus palabras: "Daniel, el amor no es un milagro, es una decisión; el milagro es decidirlo todos los días". Esa sabiduría ha sido mi guía en mis propias relaciones, donde siempre he procurado invertir esfuerzo, paciencia y, sobre todo, entregarme con honestidad.

Mi madre no solo me dio techo y comida; me ofreció un hogar repleto de valores y principios. Su fortaleza fue mi refugio, y su dedicación, la brújula que me guio en tiempos de incertidumbre. Más que enseñarme a poner los huevos en una sartén, me mostró cómo ponerlos en la vida.

Esta sinaloense de carácter templado, que habla con la fuerza de un trueno, es sencilla y profunda, meticulosamente puntual, educada, sin una pizca de vergüenza y una trabajadora incansable. Se levantaba antes del amanecer para preparar comida que pudiera vender; luego, iba a su jornada en una agencia de viajes y, al anochecer, regresaba a casa para encargarse de sus torbellinos. Crecí viendo a una mujer que convirtió el esfuerzo en su forma de subsistencia.

Por más romántico que suene, mi madre me enseñó que lo material se desvanece, pero el amor y los momentos compartidos trascienden, porque en la memoria del alma nada se borra.

"Cuando mi madre me abraza **hace que el miedo trague saliva**".

Daniel Habif

Viví intensamente desde muy joven, pero nunca fui de esos que van de picaflor. Al contrario, siempre disfruté de relaciones duraderas. Mi primera novia y yo compartimos casi seis años de vida, entre los once y los diecisiete. Luego, viví un año de soltería, y a los dieciocho tomé una decisión: no quería andar de cama en cama. Prefería apostarle a una sola mujer y construir algo que durara para siempre. Ese sería mi proyecto de vida.

Cuando miraba a mi alrededor, mi reflexión siempre era la misma: "Quiero experimentar la consistencia. No deseo ser como una hoja arrastrada por el viento, sin rumbo ni dirección. ¿Podré amar a una mujer como si fueran mil? Sí, puedo. ¿Puedo descubrir en ella algo nuevo cada día, como el sol que despierta sobre la misma tierra, pero con una luz distinta? Sí, puedo. Voy a vivir con la conciencia despierta, siempre buscando lo sublime en lo cotidiano. No me dejaré llevar por las pasiones efímeras".

Siempre he sido muy sensible; me conmueven hasta los detalles más insignificantes. Puede sonar bonito, pero en la niñez ser así duele. Por eso, un día mi madre me dijo: "Daniel, un día encontrarás a alguien a quien podrás entregarle todo el amor que te desborda. Cuando la halles, ámala con sabiduría, no con ignorancia ni con toxicidad".

A veces le reclamaba: "¿Por qué me das consejos si tu matrimonio no funcionó?". Pero ella, con la paciencia incondicional que tienen algunas madres, me respondía: "No te estoy hablando de lo que hice bien, sino precisamente de lo que hice mal. Me equivoqué con tu padre, con tus hermanos y también contigo. Pero si me escuchas, quizá esto te ayude. Sé que nadie aprende en cabeza ajena, pero toma estos consejos con sensatez".

Y así, poco a poco, mis primeros años de vida fueron esbozando la idea de mi relación ideal: no la perfección, sino un refugio sagrado donde dos personas vulnerables e imperfectas decidan, día tras día, amarse sin reservas ni límites.

Nunca imaginé que mi destino sería compartir la vida con una mujer que superaría con creces los sueños que un día atesoré.

Anyha

A diferencia de Daniel, mis papás siempre estuvieron juntos hasta que mi madre falleció, hace unos años. Sin embargo, tampoco tuve el mejor ejemplo de pareja: aunque compartían casa, solo funcionaban juntos por breves temporadas.

Apenas nací, mi madre me dejó al cuidado de mi abuelo. Yo era la menor de cuatro hermanos, a la mayor la había tenido a los diecisiete años, cuando aún era una adolescente sin experiencia. Mi abuelo, que me adoraba, me crio como la mejor de las madres: me peinaba, me cosía la ropa, me llevaba y recogía del kínder, y revisaba mis tareas. De hecho, fue mi padre y madre a la vez, porque mi abuela pasaba temporadas en otra ciudad.

A los siete años, mi mamá decidió que ya era hora de que yo regresara a su casa. El primer día con ellos fue un tormento. Los veía mirando la tele, a mi papá comiendo y pensaba: "¿Qué hago aquí?". Pero la respuesta de mi mamá fue cruda y directa: "Esta es tu realidad. Lo siento".

Cuando discutíamos, su castigo era prohibirme ver a mi abuelo. Y eso me destrozaba. A los trece, tras una pelea monumental, decidí irme de casa. Mi madre me encontró y me trajo de vuelta, pero el deseo de marcharme no desapareció. A los dieciocho, lo hice de manera definitiva, un día que mis padres estaban de viaje en Monterrey. Aprovechando su ausencia, saqué mis cosas, frente a la mirada atónita de mi hermano, quien no se atrevió a decir una sola palabra. Cuando mi madre regresó y se enteró, me llamó furiosa, pero mi decisión estaba tomada: había salido de mi casa para nunca más volver.

"Prefiero
el corazón
desbordado,
a vacío".

Anyha Ruiz

Daniel

Gran parte de nuestra historia comenzó con una frase sencilla: "Hola, Dany. Me acordé de ti". Podría parecer inofensivo o casual, pero en mí desató un universo de significados y emociones. Ese mensaje inesperado apareció en la pantalla de mi teléfono una tarde cualquiera y desató una cadena de eventos que jamás imaginé. Cuando lo recibí, estaba atrapado en la rutina, sumido en mis pensamientos. No era la primera vez que hablábamos, pero algo en esa frase me detuvo. "¿Qué vio en mí? ¿Por qué se acordó?".

Pasaron los días y nos volvimos a ver. La conversación fluyó sin esfuerzo. Hablábamos de todo y de nada, compartíamos anécdotas, recuerdos y sueños mientras ella hojeaba un disco de The Doors. Leyendo los títulos, se detuvo en *Light My Fire*. Sonrió con picardía, me dijo: "Me voy", y al despedirse soltó otra frase: "Me avisas cuando llegues".

Otra vez, una simple petición cargada de preocupación y cuidado. Pero en esas palabras había algo más profundo de lo que ella había expresado antes. Queridos, no son los grandes gestos los que sostienen el amor, sino las pequeñas atenciones. Siempre supe que las palabras tienen un poder inmenso: unen almas, curan heridas y hasta construyen mundos.

> "Gran parte de lo más importante de la vida **cabe en un '¿Ya comiste, mi amor?'"**.
>
> *Anyha Ruiz*

Anyha

Antes de que nuestras sonrisas coincidieran, mi vida era solo trabajo, porque así lo aprendí en mi familia. Pero llegó un momento en el que entendí que debía pensar en mí y perseguir un sueño: estudiar actuación.

A mis 30 años, decidí pelear por un lugar en el Centro de Educación Artística (CEA) de Televisa, donde casi todos entraban a los 18. Parecía que Dios ya había trazado ese camino para mí, porque lo logré.

Sin experiencia, me lancé a algo totalmente nuevo, llevando apenas mi terquedad e ilusión en la bolsa. Para entonces, estaba separada, aunque aún no había firmado el divorcio de mi primer matrimonio. Aun así, me sentía la mujer más libre del mundo: por primera vez hacía lo que realmente quería.

Hasta que, un día cualquiera, mientras ensayaba con mis compañeros dentro de uno de los salones, notamos a un joven de espaldas, con el pelo largo, tocando su guitarra. Lo que sucedió después nos dejó a todos perplejos. Con una firmeza aplastante, él se giró y dijo: "Me iría con gusto, pero yo estaba aquí primero. Ustedes tendrán que ensayar en otro lado".

Aquel cruce de miradas no pasó de ahí. Jamás imaginé que el destino nos estaba uniendo para nunca separarnos.

"Tremenda sensación **es ver que te mire los labios**".

Daniel Habif

Sin fuegos artificiales

El amor rara vez llega con discursos ensayados. No necesita tambores ni promesas grandilocuentes. Casi siempre, empieza en los márgenes, en los detalles que parecen insignificantes, pero que gritan lo que la boca todavía calla.

Una mirada que se demora un segundo más de la cuenta. Una sonrisa que aparece sin permiso. El modo en que alguien se inclina hacia ti cuando hablas, como si cada palabra tuya tuviera

el peso de un secreto. El roce accidental de las manos al caminar juntos, el brillo en los ojos que traiciona la indiferencia.

Son gestos pequeños, casi imperceptibles, pero cargados de significado. No son casualidad. Son la forma en que el interés se asoma antes de atreverse a presentarse. La admiración disfrazada de rutina, la curiosidad vestida de coincidencia.

Porque la atracción no siempre se expresa con palabras. A veces se siente en la energía que cambia cuando el otro está cerca, en la absurda necesidad de encontrar cualquier excusa para volver a coincidir, en esa risa que se escapa cuando nadie más encontró el chiste gracioso.

Algunos ignoran estas señales, las minimizan, se dicen a sí mismos que no significan nada. Prefieren la duda antes que el riesgo o la prudencia antes que la posibilidad. Otros, en cambio, las leen como lo que son: pistas de que algo está naciendo, de que hay un hilo invisible entre dos personas que aún no saben qué serán, pero que ya sienten el vértigo de lo que podría ser.

Y cuando el amor deja de ser un presentimiento y se convierte en certeza, comienza el verdadero desafío: decidir quedarse.

¡Salta!

Amar a alguien es uno de los saltos al vacío más sobrecogedores que puede vivir el ser humano, aunque parezca sencillo responder: “¿En verdad amo a esta persona?”. Si es auténtico, sin caprichos ni arrebatos emocionales, el amor trae consigo la fuerza para superar cualquier desafío con valentía y creatividad. Al final, aquello que el ego separa solo la humildad y el perdón lo pueden unir.

Nosotros creemos en una pareja que, dentro de los parámetros más elementales de la dignidad, sea capaz de navegar toda clase de sequías, tormentas y paraísos. Que, por muy grande o irreparable que parezca el problema, si Dios está en la ecuación y ambos ponen todo su empeño, podrá hallar un desenlace hermoso. Y aunque a veces Dios haga milagros en un segundo, la verdadera reconstrucción es una victoria que se conquista en procesos, no en eventos aislados.

Oramos por los amores que resisten, por los que no se rinden a la primera herida. Oramos para que nunca te enamores de alguien que te aleje de Dios. Oramos para que, si el amor se ha apagado, vuelvas a enamorarte con todo tu ser. Oramos para que te pierdas en Dios, y quien desee encontrarte tenga que buscarte en Él.

¡Te lo rogamos, no dejes de creer en el amor! Llega hasta la última página y, quizá, al cerrar este libro, descubras que aún hay algo sagrado en la entrega, algo eterno en la decisión, algo divino en la perseverancia.

Capítulo 2

Nos miramos y supimos que teníamos muchos miedos en común

Preparar el terreno para el amor

Antes de sembrar el amor, es necesario preparar la tierra. Nadie sensato lanzaría semillas sobre un campo minado y lleno de maleza. Pero ahí vamos nosotros, tercos y ciegos, sembrando

sentimientos en corazones baldíos, esperando milagros donde solo sabemos que hay espinas. Si queremos que el amor florezca, primero debemos arar el corazón, quitar las piedras y arrancar las malas hierbas que impiden su crecimiento. Porque, de lo contrario, el amor se ahoga en las mismas trampas de siempre: los celos que asfixian y la manía de confundir compañía con salvación.

¿Cuántas veces hemos dejado que viejas historias se filtren en nuevas relaciones? ¿Cuántas veces hemos permitido que miedos heredados o experiencias pasadas dicten nuestro presente? Preparar el terreno es tener el coraje de mirar esos patrones a los ojos y decidir: "Hasta aquí llegaron".

Es un acto de honestidad brutal, pero también de amor propio. Limpiar el terreno es definirse, reconocerse digno, aprender a decir: "Esto es lo que merezco y esto es lo que ofrezco".

Daniel

Cuando conocí a Anyha, yo vagaba sin rumbo. Estaba perdido, un náufrago en mi profesión, anhelando volver al teatro, ese único escenario en el que me sentía vivo y podía curar mis heridas. Sin embargo, al no conseguir papeles que encendieran mi pasión, intenté sin éxito abrirme camino en otros formatos, mientras la urgencia de llenar el plato de comida se hacía cada vez más implacable. Finalmente, acepté la propuesta de ingresar al Centro de Educación Artística de Televisa (CEA) como una vía para acceder a nuevas oportunidades.

Cuando empecé ese proceso, venía de otro estilo de actuación: el teatro. Aunque el curso especial estaba diseñado para actores debutantes mayores de 30 años, yo contaba con más de once años de trayectoria. Afortunadamente, el director, que me conocía desde niño, me eximió de los tres años completos de formación y me exigió solo un año para graduarme; era, en cierto modo, mi manera de honrar el compromiso con la compañía que me había brindado tantas oportunidades en mi infancia y juventud.

No sé bien por qué no mandé todo a la mierda y elegí otro camino. Quizá me faltaron las agallas para renunciar, o tal vez era el miedo a quedarme sin siquiera el consuelo del fracaso. Mis sueños se marchitaban, y con ellos, los anhelos que me hacían persistir en la memoria de lo que ya no era. Sobrevivía como podía, recogiendo las sobras de lo gratuito dentro de las instalaciones de la compañía: el gimnasio, las clases de canto, la comida, las regaderas, hasta las fotografías que les entregaba a los jefes de reparto o los salones donde ensayaba mi arte.

Fue en uno de esos salones donde la vi por primera vez. Sentí un pinchazo en el pecho, como si Cupido, cansado de flechas, hubiera decidido atravesarme con una catana. La vi y, en ese instante, descansé de mí. De mis cargas, de mis sombras, de mi propia fatiga.

Llevaba puesta una chamarra roja, grande, que le colgaba como si no le importara nada. Los *jeans* flojos le daban ese aire de encantadora indiferencia, como si estuviera de paso por el mundo y, sin embargo, todo el mundo se detuviera a mirarla. El cabello, negro y largo, le caía como un río oscuro sobre los hombros, brillando como si hubiera nacido en otra dimensión. Su piel era tan blanca que casi parecía de otro tiempo, y la sonrisa, esa sonrisa suya, cálida y honesta, capaz de iluminar incluso los rincones más rotos de cualquier alma.

No lo supe en ese momento, pero había encontrado el mejor pretexto para seguir respirando. Para volver a amar la vida. Y quizá, para volver a amarme a mí.

Cuando me miró y me sonrió, sonó un escopetazo que me disparó la taquicardia. No exagero: las mariposas en el estómago se me subieron a la cabeza de tal forma que parecían gritar: "¿Qué carajos acaba de pasar?". Dejé mi guitarra, que hasta ese momento se resistía a callar, y salí a buscarla. Justo afuera del salón, la encontré discutiendo con alguien que me había confrontado minutos antes dentro del mismo salón, y lo único que pensé fue: "Si besa con la misma intensidad con la que se enoja, me caso con ella". Antes de irse, me lanzó una mirada que parecía decir "perdón por mi carácter" y desapareció sin pronunciar una sola palabra.

En ese momento no hablamos, pero quedé tan sacudido que, en los días siguientes, regresé una y otra vez al mismo lugar con la esperanza de verla, aunque fuera desde la distancia. En ese entonces, llevaba apenas tres o cuatro meses de haber salido de una relación de seis años, y yo no buscaba nada formal. Sin embargo, Anyha me confrontó con una verdad ineludible: el amor, más que ser delicado como las flores o las mariposas, es un hambre voraz, un volcán que arrasa sin pedir permiso.

Al amor verdadero le importa una mierda si es o no buen momento. No avisa, no pregunta si estamos listos. Llega. Entra como una tormenta, pateando puertas, desordenando todo: la rutina, las creencias, los planes. No pide permiso. No consulta si estamos dispuestos a arriesgar, a perder, a sangrar. Simplemente arrasa. Nos desafía, nos arrincona contra nuestras propias vulnerabilidades y nos obliga a mirarlas de frente.

Es un intruso bienvenido, un invasor que enseña más sobre uno mismo que cualquier terapeuta. Es una fuerza indomable, salvaje, imposible de controlar. Nos arrastra a su ritmo, nos sumerge en su caos y, entre los escombros, encontramos algo que no sabíamos que buscábamos: una nueva forma de ser, una nueva manera de estar vivos.

Nos han enseñado a imaginar el amor como algo suave, ligero, etéreo. Flores, mariposas, suspiros. Pero el amor real no es eso. El amor, en su forma más cruda, es hambre. Es sed. Es un latido desbocado que no pide permiso. Te mueve, te arrastra, te desarma. Te empuja a hacer lo impensable, lo ilógico, lo necesario. No se detiene a darte respiro. No te pregunta si puedes. Te lanza. Y, o nadas, o te ahogas.

En el amor aprendemos a aceptar lo impredecible, lo avasallador y lo incontrolable. Sabemos que, en esa intensidad, reside la verdadera belleza de la vida. El amor del bueno, aquel que salva vidas, se presenta en los momentos y lugares más inesperados, y a mí me llegó en forma de Anyha.

Me demoré en volverla a ver después de aquel primer encuentro, pero Dios ya había trazado el camino. Tiempo después, ingresé al mismo grupo, al mismo curso en el que ella se encontraba. La vi de nuevo y, por razones ajenas a mí, la extrañaba —como el loco anhela a la razón—. No hay límites en el corazón, y eso no lo entiende la mente; por ello hay personas que simplemente se instalan en tu piel para siempre.

No sabía ni su nombre completo, pero me gustaba con los cinco sentidos. En su mirada habitaba la promesa de secretos e historias que quería escuchar. Quería amarla para jamás ser interrumpidos, y así fue.

"Bendito Dios, que me abrió los ojos **el día que pasaste frente a mí**".

Daniel Habif

Anyha

Cuando Daniel entró a mi grupo del CEA, lo reconocí de inmediato. No solo por la sensación intensa que experimenté aquella primera vez que lo vi tocando la guitarra en un salón vacío, sino también porque su rostro me era familiar: ¡claro! Lo había visto en comerciales cuando era más joven y, en ese entonces, siempre pensé que era un "niño bonito".

En las clases, a veces me quedaba observándolo en silencio y me preguntaba: "¿Será que él es el hombre que Dios me tiene destinado?". En el fondo, ansiaba que así fuera, pero me resistía a ilusionarme. Ya había vivido las consecuencias de entregarme a una relación que no era la indicada, y no estaba dispuesta a pasar por lo mismo otra vez.

Durante aquellos días, nuestras interacciones eran mínimas: nos limitábamos a un saludo, una despedida, y poco más. Mientras tanto, yo seguía gozando de la vida que llevaba en ese momento:

rodeada de buenos amigos y dándome permisos que antes no me había concedido, en parte porque solía trabajar demasiado y, en parte, porque mis exparejas habían sido o muy celosas o demasiado *workaholics*.

Recuerdo que, en esas primeras semanas de clase, el tema de la asistencia era crucial. Si alguien faltaba tres veces, lo expulsaban del curso. Yo, que ya me consideraba "toda una señora", no iba a desperdiciar la oportunidad que tanto me había costado conseguir. Así que, cada vez que pasaban lista, respondía con entusiasmo: "¡Acá estoy!". La sorpresa llegó cuando, al comenzar una clase, en cuanto dije "presente", escuché al chico de pelo largo gritar: "¡Cálmate, Mufasa!". Por dentro me hirvió la sangre: "¿Acaso este niño no sabe respetar?", pensé. Desde aquel momento, nos tocó convivir entre ocho y diez horas diarias en la escuela. No fue el mejor inicio, pero ¿cuándo se ha visto que una buena historia empiece con el pie derecho?

En el mundo de la actuación, los sentimientos suelen estar a flor de piel; así que, poco a poco, mis emociones comenzaron a agitarse. Por un lado, la diferencia de edad entre nosotros me generaba dudas; por otro, se reabrían heridas del pasado. Para entonces, ya había vivido varias relaciones. La primera comenzó cuando tenía 18 años, con un hombre de 19 con quien me fui a vivir. Permanecimos juntos cuatro años, hasta que él se trasladó a Guadalajara por cuestiones del negocio familiar. Aunque la idea era que yo me uniera a él, tenía compromisos laborales pendientes y preferí quedarme un tiempo más.

Antes de irse, me propuso matrimonio e incluso habló con mi madre, pero tal vez éramos demasiado jóvenes (él tenía 21 y yo 20) y, sin proponérnoslo, cada uno tomó un rumbo distinto. Dejó de contestarme el teléfono, y yo descubrí que podía disfrutar muchísimo mi espacio, saliendo a bailar con mi hermano —mi mejor amigo y cómplice— y sumergiéndome en actividades que me apasionaban. Con el tiempo, el sentimiento que nos unía se desvaneció por completo y la relación simplemente terminó.

Más adelante, estuve un año con un chico extremadamente celoso. Aquello fue un verdadero suplicio: controlaba cada uno de mis movimientos, mi forma de vestir y hasta con quién hablaba. Llegó a convertirse en una especie de "carcelero emocional" que opacaba mi luz. Hasta que un día, mi espíritu gritó: "¡Basta!". No podía tolerar más sus reclamos, ni siquiera cuando salía con mi hermano. Y mi hermano era territorio sagrado: nadie podía meterse con él. Fue el punto de quiebre definitivo.

"Por salud mental tienes que tomar distancia de aquello que no te hace bien, elegirte a ti, darte cuenta de lo que vales, **llenarte de amor propio y no aceptar menos de lo que mereces**".

Anyha Ruiz

Tiempo después, en mis andanzas con mi hermano, conocí a uno de sus amigos. "Está mono el chico", pensé. Tenía el pelo largo —como me gustaba— y nos entendimos muy bien al hablar. Pero las cosas no iban a prosperar. Mi hermano me advirtió: "No te metas ahí porque él se va a casar". Frené en seco.

Sin embargo, como seguimos saliendo en grupo y yo era la sociable, la divertida, la que se reía por todo, él empezó a interesarse en mí. Incluso, un día se llenó de valor y me dijo que quería que estuviéramos juntos.

—Imposible —le contesté—, tú te vas a casar.

—No, ya no. El viernes voy a romper mi compromiso —respondió.

—Hablamos cuando arregles todo; no me gustaría estar en el lugar de esa chica ni quiero ser la causante de que sufra.

Efectivamente, rompió el compromiso y, pasado un buen tiempo, comenzamos a salir. Luego de algunos meses juntos, nos casamos y nos fuimos a vivir a Monterrey. El matrimonio duró cinco años, hasta que tuve que regresar sola a trabajar a Ciudad de México porque nos encontrábamos en una muy mala situación económica. Entonces ocurrió lo que algunos temen cuando hay distancia de por medio: me fue infiel.

La pasé realmente mal. Por momentos, pensé que me iba a morir. No le deseo a nadie pasar por un sufrimiento igual. Lloraba sin parar, y lo más agobiante fue que, ante sus ruegos, consideré perdonarlo. Afortunadamente, me di cuenta de que seguía con la otra persona y terminamos la relación. Pero el viacrucis apenas comenzaba.

Yo había comprado una casa con el fruto de mi trabajo y la había puesto a su nombre. Recuperarla fue una verdadera odisea.

"Tu relación debería ser un refugio, no un campo de batalla. **El mundo ya es bastante duro**".

Anyha Ruiz

Después de llevar un año separada, conocí a un hombre seis años menor. Al principio, todo marchaba bien, hasta que él ingresó a estudiar en Televisa y empezó a ignorar mis llamadas. Harta de su indiferencia, decidí presentarme en la escuela, sin imaginar que esa visita cambiaría mi vida por completo.

En cuanto crucé la puerta de Televisa, experimenté la sensación de que allí estaba lo que había soñado. Mientras aguardaba en un pasillo a que mi novio terminara sus clases, apareció uno de los directivos y, al verme, me preguntó qué hacía allí. Nos pusimos a platicar y, en un arranque de valor, le dije que deseaba entrar a la escuela. Él me invitó a llevarle mis fotografías.

Yo estaba extasiada: por fin parecía que ese sueño, que tanto tiempo me había acompañado, se haría realidad. Sin embargo, mi

"Expresa lo que te molesta cuando te moleste y no cuando te harte, **así podrás decirlo con tus mejores palabras y no con tus mejores ofensas**".

Anyha Ruiz

emoción duró muy poco. Cuando le di la noticia a mi novio, su reacción me desconcertó:

—No quiero que entres a estudiar en el mismo lugar que yo.

¿Pueden creer ese nivel de egoísmo?

—No voy a permitir que me frenes un sueño que tú ya cumpliste —le contesté.

Aunque intentó por todos los medios impedirlo, no lo logró.

Finalmente ingresé a Televisa, pero él se mantuvo distante, atrapado en sus inseguridades y sin mostrar el menor interés en apoyarme, como yo lo había hecho con él. Poco a poco, nos fuimos alejando hasta que, un día, la relación terminó.

No estaba dispuesta a renunciar a lo que había anhelado con tanta pasión —y que repetiría cien veces más si tuviera cien vidas— por nadie. Además, me sentía liberada de esas cadenas que antes me ataban, sobre todo de la necesidad de trabajar sin descanso para sostenerme, pues ahora había ahorrado lo suficiente como para costear mis estudios sin rendirle cuentas a nadie.

Daniel

Una de mis relaciones más largas surgió dentro de la industria del entretenimiento, cuando yo formaba parte de un grupo musical infantil. Allí conocí a una chica que hoy es una mujer muy reconocida. Ambos crecimos en el mundo del espectáculo; nuestras mamás eran comadres inseparables. En ese universo, suele pasar que las mujeres maduran brutalmente rápido y, por lo tanto, acceden a contextos más maduros y diversos. Con el tiempo, ella y yo nos distanciamos y experimenté por primera vez el dolor de una traición. Para superar su infidelidad, intenté vivir el cliché *rockero*: mujeres, fiesta y *rock & roll*. Pero aquello no encajaba con mi esencia y me sentía como un animal fuera de su naturaleza. Agradezco no haberme enganchado en un patrón que pudo ser desastroso.

"Un cartel que diga: **CERRADO POR TRAICIÓN**".

Daniel Habif

Después de aquella experiencia, me enredé un par de veces con mujeres que ya sabían a qué horas cerraban los bares y qué lencería usar. Prefería a las mayores, porque las de mi edad andaban buscando la fiesta, y yo solo quería un lugar donde esconder mis dudas y colgar el alma por un rato. Sí, vivía en un mundo que no terminaba de comprender. Tal vez por eso solo he tenido dos relaciones realmente serias: aquella que duró seis años y, finalmente, Anyha.

Con el tiempo, me di cuenta de que Dios me había reservado para Anyha en muchos sentidos. Desde niño supe que deseaba una relación estable y construir algo sólido con alguien, porque cuando me comprometo, lo hago *All in*.

Por coincidencia —o por destino—, Anyha también estaba convencida de que había nacido para compartir su vida en pareja. No se sentía a gusto ni se reconocía del todo soltera; sabía que tenía mucho para dar.

Sin embargo, no todo fue color de rosa al principio. Aunque pasábamos horas en el mismo lugar (el CEA), se complicaba estar juntos. Anyha irradiaba una sensualidad muy particular, y, aunque me coqueteaba hasta con la punta de las pestañas, parecía siempre escurrirse. Así que decidí conquistarla con mi mejor arma: la pluma. Le escribí cartas y poemas a montones, más de los que hubiera imaginado. Aun así, la seducción no fue sencilla. Cada vez que la invitaba a salir, encontraba una excusa más ingeniosa que la anterior. Además, tenía muchos amigos interesados en ella, así que me enfrenté a una lucha intensa.

Además de su belleza y su encanto natural, Anyha es espontánea, segura y divertidísima. Posee un sentido del humor extraordinario y la capacidad de imitar voces y expresiones, lo que nos hacía reír a carcajadas en la escuela. Los profesores la adoraban y yo no dejaba de pensar: "¡Qué ángel tiene esta mujer, es increíble!". Sumado a eso, tenía su propio dinero, vivía sola y estaba divorciada: era toda una mujer hecha y derecha. Y yo, con mi cara de niño curioso, solo podía pensar: "Wow, qué interesante y peligrosa".

Una noche nos invitaron a una fiesta de integración entre estudiantes. Fue la primera vez que ella se dio la oportunidad de escucharme de verdad. Después de platicar un largo rato, me preguntó cuántos años tenía. "Dieciocho", respondí. "Pero ¿cómo?", exclamó sorprendida. Ella me miró como si le hubiera mentido, como si mi mirada no encajara con mi edad, o mi historia con mis zapatos gastados. La fiesta resultó un desastre, pero su compañía la salvó por completo.

Dos días después, en clase, descubrí que lo mío con Anyha trascendía la simpatía. Se sentó a mi lado, como si el destino tuviera su propio asiento reservado, y de pronto, sin aviso, me tomó del brazo. Me dio unos pellizcos cariñosos. No me miró. No hizo falta, solo se aferró a mí con la confianza de quien encuentra un refugio. Entonces lo supe. Las mariposas, que creí muertas, volvieron a agitarse. No eran muchas, pero eran tercas. Y pensé: "Cuánta electricidad existe en un pequeño roce".

Anyha

Me sentía muy cómoda con Daniel y la relación fluía sin prisa. El tema de la edad me tenía sin cuidado, porque a mis 30 me sentía joven emocional, espiritual y anímicamente. Aunque a mis amigos de la escuela les llevaba cerca de diez años, a ellos les gustaba mi compañía, nos divertíamos mucho y nos reíamos sin parar. Tampoco me preocupaba lo que dijera mi familia, siempre fui rebelde y viví mi vida a mi manera. Además, ya había pasado por un divorcio. Después de tantas batallas, me sentía feliz y, la verdad, no quería detenerme a ver si a mi mamá le gustaba, o a mi hermano, o a los amigos de mi hermano. Estaba dichosa y no iba a cambiar mi felicidad y mi gozo por lo que opinaran los demás.

Sin embargo, apenas empecé a sentir una conexión especial con Daniel, se desataron en mí algunos miedos que en un comienzo me impidieron lanzarme al agua. Aunque siempre he creído en el amor, mis experiencias pasadas me habían dejado magullada, así que no quería pasarla mal otra vez, volver a sufrir, ni que me rompieran el corazón de nuevo. Temía que, por su juventud, Daniel pudiera estar pensando en todo menos en un compromiso serio o que la intención de estar para mí le durara poco.

Además, luego de haberme dedicado a trabajar como un burro desde los catorce años y haber estado siempre en pareja desde muy joven, por primera vez en mi vida me sentía libre y sentía que podía ser yo al cien por ciento. Estaba plena con lo que hacía y me daba pánico volver a enrolarme en una relación y perder todo eso que había ganado. "El que mucho abarca poco aprieta", pensaba, pero mi corazón me decía que no debía dejar ir al niño de pelo largo, *look rockero*, madurez envidiable y arrojo incontrolable. Sí, cada día, cuando nos encontrábamos, mi corazón latía más fuerte y su sola presencia desafiaba mis temores y me recordaba que la vida es muy corta para vivir con el freno de mano puesto. Dentro de mí se libró una batalla entre el miedo y el amor.

Ya más avanzada la relación, como es común en el mundo del espectáculo, vi cómo otras mujeres se le acercaban a Daniel buscándole el lado y él, por su juventud e inexperiencia, no sabía capotear la situación. Hoy veo imposible que pudiéramos fallarnos; si alguien se pasa de la raya, él sabe poner el límite, pero en ese momento tuve miedo de que esto pudiera llevarlo a caer. Por suerte, Dios me dio la fortaleza para transitar estos miedos y la vida le fue enseñando a Daniel a manejar estas situaciones.

El papel de la autoestima

La autoestima no es vanidad, sino la base sobre la cual edificamos el amor sano. La autoestima es el acto de reconocerse valioso, incluso cuando nadie más lo ha hecho. Es aceptar, con dignidad y sin arrogancia, la certeza de que todos tenemos un valor, y ese valor es un derecho de nacimiento, no una concesión ajena.

Queridos, antes de entrar en una relación, es necesario hacerse ciertas preguntas: "¿Me valoro lo suficiente como para no aceptar migajas disfrazadas de amor?". "¿Me defino a mí mismo con claridad o permito que otros lo hagan por mí?".

La autoestima siempre será el filtro que nos protege de aceptar basura por miedo a la soledad y de conformarnos con afectos que, en lugar de abrazar, nos encadenan. Valorarse no es soberbia, sino la firmeza y el coraje de quien se conoce, se honra y no teme a la soledad, porque sabe que esta nunca es peor que una compañía equivocada. Quien tiene claridad interior sabe que cualquier amor sin rumbo será confusión, y que sin amor propio, cualquier afecto se vuelve dependencia.

Trabajar en la autoestima es una de las mejores formas de prepararse para el amor que se desea y se merece. Es decirte a ti mismo: "Estoy listo, pero no para cualquier cosa, sino para aquello que construya, que sume y que florezca". Quien aprende a amarse bien, también aprende a amar mejor. Escucha a tu autoestima, porque es la voz interna que distingue: "Esto me hace bien, esto me hace daño", y es la fuerza para actuar en consecuencia. Porque quien se honra se protege. Y quien se protege, se abre sólo a lo que nutre, a lo que eleva, a lo que es digno de ser llamado *amor*.

Amarse no es un lujo, es una responsabilidad. Cuando el amor propio está presente, el amor que se recibe es más puro, libre y verdadero. Ya no amas por carencia, sino por abundancia. Ese es

el amor que no exige que nos anulemos, sino que nos honremos. Y solo en esa honra se construyen relaciones que nos elevan.

Daniel

Anyha era arrolladora, un huracán con piernas y labios, un imán que me atraía con una fuerza que no sabía si venía del deseo o del miedo, y eso me fascinaba. No era solo su belleza, era esa manera de caminar como si la vida le debiera algo y ella estuviera dispuesta a cobrárselo. Me provocaba unas ganas de superarme que incomodaban, me empujaba a ser mejor, pero ¿podría darle la talla a ese mujerón que me llevaba una tonelada de experiencia?

El tema económico era otro factor que me generaba angustia: mientras ella tenía su lana, yo, que estaba dedicado únicamente a estudiar, debía incluso pedir prestado para invitarla a salir. Aunque ella jamás me hizo sentir mal por eso (al contrario, ella es muy generosa, de esas que saben invitar sin que el otro sienta que debe agradecer más de la cuenta), yo solo esperaba que valorara mi esfuerzo como una muestra de que mi interés era genuino, mientras lograba una estabilidad económica que me permitiera ofrecerle algo más.

La edad nunca fue para mí un impedimento; por el contrario, era un atractivo adicional. Sin embargo, la experiencia... Ah, la experiencia. La de vida, la mental, la emocional, la sexual. Esa sí me intimidaba. Porque Anyha no solo había vivido más años, había vivido más vidas. Y yo era apenas un chamaco, un soñador con la cabeza llena de planes y las manos llenas de nada. A veces temía que su madurez chocara con mis ganas de volar, que yo fuera una aventura pasajera y ella, alguien que ya no estaba para despegar de nuevo. Y para un aventurero como yo, que le corten las alas es como matarlo en vida, pero lento, con un cuchillo sin filo.

Cuando mi familia se dio cuenta de que lo mío con Anyha iba en serio, que yo estaba dispuesto a ir *all in* sin red ni manual, las inseguridades que intentaba esconder se avivaron con sus comentarios. Porque si algo saben hacer las familias, es preocuparse con la sutileza de un martillo.

Mis hermanos, que siempre fueron buenos para decir las cosas sin anestesia, me soltaban frases como: "Eres su colágeno, güey. Se va a divertir contigo, la van a pasar de poca madre, pero después, cuando quiera algo serio con alguien, te va a dejar". Y aunque yo reía por fuera, por dentro me preguntaba si tal vez tenían razón. Porque uno quiere creerse muy chingón, pero también sabe que hay juegos que duran lo que tarda en derretirse un hielo.

La aproximación de mi madre era muy diferente, jamás me habló mal de Anyha; sin embargo, no dejaba de ser intimidante su pensamiento: "Dani, si eso es lo que quieres, le vas a tener que echar toneladas de esfuerzo. Una mujer de esa edad necesita muchas cosas, necesita a un hombre, no a un chamaquito". Y ahí estaba yo, tratando de ser hombre cuando todavía me temblaban las manos, queriendo llenar los vacíos de alguien que ya conocía bien el peso del mundo. Intentando demostrar que podía ser todo lo que ella necesitaba, aunque todavía me faltaran respuestas, y algunas derrotas más.

Y como si no fuera suficiente, estaba la parte social. Yo siempre he sido más de sofá y cobija, pero Anyha era mariposa social y en esa época ella tenía un estadio de amigos que amaban pasar tiempo a su lado y constantemente la invitaban a fiestas y reuniones. Yo no sabía muy bien cómo relacionarme con ellos porque, entre otras cosas, no siempre me caían tan bien. Ella era arrolladora, y eso me encantaba, pero mientras ella disfrutaba de todos los planes a los que la convidaban, yo muchas veces regresaba a mi casa drenado y con miedo de que en algún momento esto fuera una diferencia insalvable. Porque así empiezan los finales: con silencios incómodos y ganas de estar en cualquier otro lugar.

Varias veces tuve que tomar distancia y preguntarme qué era lo que realmente quería. Afortunadamente, con cada encuentro y cada charla nuestro vínculo se hacía más fuerte. La conexión entre los dos era tal que hasta teníamos temores en común. Todas nuestras grietas encajaban. Definitivamente, Dios sabía qué elementos conjugar para hacernos el uno para el otro. La ecuación estaba equilibrada para empezar con el corazón de ceros.

Nos merecemos

Nos merecemos a alguien estable, alguien con quien podamos ir a dormir sin tener que preguntarnos si mañana nos va a seguir queriendo. Alguien que opte por perder su orgullo antes que perdernos a nosotros. Alguien de quien seamos prioridad y no una opción. Alguien que nos dé nuestro lugar con sinceridad, amor, respeto y dignidad. Quédate con ese alguien que de verdad te haga espacio en su vida, porque en su cama... cualquier imbécil.

Nos merecemos una relación en balance con nosotros mismos, una relación que tenga dosis masivas de amor propio, para entender que tú y yo no dependemos de otro para vivir en paz y felices, y para saber que amamos no porque nos falta, sino porque nos sobra. Porque tú y yo en el amor propio somos prioridad; porque todo lo demás viene como una hermosa consecuencia de amarnos a nosotros mismos. Cuídate con generosidad, apuesta por ti, por tu sentido del humor, por la piedad; entrena tus rasgos nobles para que florezcan las más bellas virtudes. Demuestra en los hechos el lazo fuerte que tienes con tus convicciones.

Nos merecemos un amor con el que podamos pertenecer, alguien que nos ame y que sea un beneficio hermoso de parte de Dios, que nuestra comunión con esa persona sea espiritual y real.

Nos merecemos un amor con el que, a pesar de los años, sigamos construyendo; que nos sigamos buscando, aunque ya nos tengamos; que supere las barreras del egoísmo; en el que cada día seamos más sabios para estar en silencio cuando sea necesario. ¡Qué bonito es ese amor en el que el silencio no es incómodo!

Nos merecemos construir sueños, construir pensamientos; nos merecemos intercambiar zozobras, porque el amor en pareja es una decisión que hace que la vida valga la pena. El amor en pareja nos enseña a enfrentar las dificultades de la existencia con serenidad, nos ayuda a surcar los mares del miedo y la tristeza.

El amor verdadero es un diamante que ha sido forjado en la resistencia ¡y nos lo merecemos!

Capítulo 3

¿Y cómo la conquistaste? Me preocupé realmente por ella

Anyha

Daniel me procuró desde el primer día. Era de esos hombres que te acomodan el pelo detrás de la oreja, abren la puerta, corren la silla y te toman de la mano para bajar del auto, como si el mundo aún creyera en los gestos pequeños que salvan.

Vivía lejísimos, en Tlalnepantla, pero su generosidad lo hacía recorrer cualquier distancia por los demás. En el curso, pocos tenían automóvil, y su auto —aunque destartalado— se volvió el autobús improvisado de muchos. Incluida yo.

Al principio, tomé su amabilidad con reservas. "No te ilusiones, si lleva a tantos es por amistad. No es que quiera algo contigo", me repetía, como si las palabras pudieran ponerle freno a lo que ya se estaba gestando en silencio. Pero con el tiempo, sus gestos comenzaron a tener otro ritmo e intención. No solo me llevaba a casa al final del día, también empezó a recogerme por las mañanas. Claro, recogía a un amigo de Mazatlán y a una chica colombiana. Pero yo siempre era la primera en subirme al auto. Y ese simple detalle se sentía como un triunfo íntimo para mí, como si, sin decirlo, me eligiera primero cada día.

Fue en esos trayectos donde todo comenzó a arder. Dentro del auto empezaron nuestras largas pláticas, donde nos íbamos descubriendo poco a poco, sin prisa, pero con una profundidad que asustaba y me encantaba al mismo tiempo.

Hablar con Daniel era perder la noción del tiempo. Cuando nos dábamos cuenta, habían pasado tres, cuatro horas. Y, aun así, el reloj parecía poco generoso. Si sabía que iba a buscarme, o si planeábamos vernos el fin de semana, contaba los minutos. Como si la última despedida hubiera sido hace meses y no apenas el día anterior. Pensarán que es algo común cuando alguien te gusta, pero a mí, con 30 años, jamás me había pasado.

A pesar de lo lento que avanzábamos, había algo en mí que ya sabía que quería quedarme ahí, quedarme con él. Instalarme en su piel, hacerme hogar en su vida. Porque su sola presencia era suficiente. Y eso, en este mundo, era un milagro. Al despedirnos, me quedaba con una sonrisa que me duraba horas y con un anhelo que me pesaba días.

> "Sal con una persona
> que trabaje duro,
> ame a sus padres,
> respete a los animales
> **y cante contigo**
> **en el auto**".
>
> *Anyha Ruiz*

Tomarse de la mano

Tomarse de la mano es una de esas cosas que parecen inofensivas, hasta que te salvan la vida. Hay roces de piel que pesan más que cien promesas.

Tomarse de la mano es un acto sencillo y brutal. Es el arte de sostener a alguien sin que se le caiga la vida encima. Y bendito sea ese gesto, heredado de la infancia, cuando nuestros padres nos llevaban de la mano para que el mundo no nos atropellara. Luego crecimos y, a veces, seguimos agarrados por miedo a que la soledad nos pase por encima.

Es un ritual tan viejo como el tiempo, pero sigue funcionando. Tomarse de la mano es mucho más que caminar juntos: es decirle al otro "me jodo contigo y me río contigo", es la forma más elegante de no soltar a alguien cuando el mundo arde.

Tomarse de la mano es resistir sin decir una palabra. Es aguantar el miedo del otro y prestarle tu latido para que siga respirando. No se trata solo de ir al lado, sino de compartir el paso, la pausa, el camino.

Cuando el mundo te desarma, lo único que necesitas es que alguien te tome la mano y no te suelte, aunque tiemble. Aunque dude. Aunque quiera salir corriendo. A veces, el amor no se dice, se sostiene. En la esquina de una cama de hospital, en medio de una frontera, en el borde de un adiós. Porque hay despedidas en las que lo único que salva es un último apretón de manos que diga lo que la boca no se atreve. Cuando uno ama de verdad, primero se agarra fuerte y después se pregunta por qué.

Así que eso. Tómense de las manos. Cuando todo esté bien. Y cuando todo esté mal, más todavía.

Daniel

> Ella no era guapa, era música. Anyha probablemente sepa más de canciones que de cualquier otra cosa en la vida, y eso me encanta. Es capaz de reconocer una canción en los primeros segundos, como si llevara un metrónomo en lugar de un corazón. Su memoria musical supera a la de cualquiera que yo conozca hasta el sol de hoy.

Recuerdo la primera vez que me presentó a Earth, Wind & Fire, a Supertramp, a The Doors y a Barry Manilow, de un solo latigazo, mientras íbamos rumbo a la casa de huéspedes donde ella vivía, en la colonia Condesa. Las pláticas se estiraban hasta la hora en que los grillos toman su turno. Horas y horas estacionados en el auto, desarmando el mundo, intentando descifrarnos. Hablábamos de cualquier cosa y de todo a la vez, y aunque la diferencia de edad —ella con 30 y yo apenas con 18— parecía una frontera, la sorteábamos como dos niños que juegan sin miedo a pisarse.

Creo que nos empezamos a querer sin edad, como se quieren los que se reconocen antes de conocerse. Incluso el silencio, ese incómodo intruso de los comienzos, con ella era distinto. Su silencio me gustaba, porque el amor también se construye en las pausas.

Me cautivaba su interés genuino por mi vida. Se clavaba en mis historias como una arqueóloga, sorprendida en cada detalle, buscando quién era yo. Quería saber de dónde venía, por qué estaba allí, qué caminos torcidos me habían llevado hasta ese instante. Y no preguntaba por llenar espacios vacíos. Preguntaba para entender, para conocer, para acercarse sin miedo. Y eso me desarmaba. Porque pocas veces en la vida te encuentras con alguien que escuche de verdad. Que no solo espere a que termines para hablar de sí mismo, sino alguien que, en vez de oír, escucha con los ojos y las manos quietas. Escuchar con atención es una de las formas más bonitas de abrazar.

Poco a poco, me encontré entrando en la misma sintonía. Y fue especial, porque ella tampoco se guardó nada. Me abrió su mundo, mientras la escuchaba con la reverencia de quien es testigo de algo sagrado. No hablábamos de promesas ni de futuros, solo del presente.

De esas historias que uno cuenta cuando se siente a salvo. Nos sabíamos distintos, y eso nos gustaba: que ella tuviera más vida recorrida y yo más vida por andar.

Ahí supe que lo que teníamos era raro. Algo que, aunque no supiéramos aún cómo llamarlo, ya nos pertenecía. Y fue ahí, en ese auto estacionado, donde empezamos a construir algo más grande que nosotros. Algo que se sentía como estar en casa.

> "¡Cupido, **coño, concéntrate!**".
> *Daniel Habif*

Me estaba enamorando de ella. Cada vez que la dejaba en su casa, sentía una urgencia incontrolable, la llevaba pegada a la piel, rondando en mi cabeza atravesando cada pensamiento. Millones de versos me golpeaban el pecho exigiéndome una salida, empujándome a narrar lo que sentía, como si callarlo fuera una traición. Así que le escribí cartas, poemas, canciones, frases y hasta chistes. Escribí sin filtros, sin vergüenza, sin miedo a exagerar. Esa era mi forma de tocarla con ternura.

En esos primeros peldaños de mi relación con Anyha, la ternura fue nuestro idioma secreto. La certeza de que, aunque nuestro amor aún no tuviera forma, había un lugar en el otro donde siempre encontraríamos refugio.

La ternura fue un punto de encuentro. Y después de eso, ya no hubo retorno. Porque cuando te cuidan con esa delicadeza feroz, sabes que has encontrado algo que vale más que cualquier promesa: un amor que sabe cuidarte.

La ternura

Esa cualidad que muchos confunden con debilidad, aunque, en mi experiencia, no hay arma más poderosa. He derribado muros

que parecían imposibles, he atravesado corazas que la lógica no pudo romper, y lo he logrado con ternura.

Yo ando por el mundo sediento de ternura. La busco en las manos de quien cuida a otro sin medida. En el abrazo de una madre que detiene las guerras interiores de su hijo con solo apretarlo contra su pecho. En los ojos de un niño que vuela un avión de papel como si el mundo cupiera en sus manos. La ternura es omnipotente. Su toque cura las penas y renueva el alma.

¿Por qué hemos dejado de usar la ternura si es una de las más hermosas experiencias humanas? ¿En qué momento nos convencieron de que el cuidado es debilidad y la dureza es virtud? La ternura es el idioma que todos comprendemos, aunque nadie nos lo haya enseñado. La ternura no necesita explicación ni pretexto. Es la manera más humana de decir: "Estoy contigo, te cuido, te veo".

Y solo puede haber ternura donde existe sensibilidad y atención hacia el otro. Donde alguien está dispuesto a leer las grietas ajenas y brindar consuelo sin pedir nada a cambio. La ternura es un acto de valentía, porque te desnuda y te vuelve vulnerable. Pero también es un acto de poder, porque su sola presencia aumenta la confianza y el sentido de pertenencia. La ternura genera bienestar, reduce el miedo y la ansiedad, cultiva paciencia, bondad y compasión. Y cuando la practicas, te transforma. Te hace mejor, más humano, más completo.

Anyha

La relación empezó a fluir de una manera muy natural, yo solo tenía la esperanza de que pudiéramos caminar juntos. Lo que antes me detenía se convirtió en un impulso para continuar. En el fondo, estaba tranquila, porque tenía claro que, si esta relación estaba destinada por Dios, nada podría detener su curso. Así que, sin pensar si era o no designio divino, empecé a cooperar, porque no hay otra manera de saberlo. Puedes tener en tu cabeza la idea de una pareja y las características que buscas, pero, al final, la decisión no solo está en uno. Simplemente me dejé ir, con el único anhelo de ver qué podía ocurrir.

Las pequeñas cosas empezaron a tener un significado mucho más especial. Un simple mensaje de buenos días me hacía sonreír como a una adolescente enamorada. Me sorprendí soñando con futuros posibles, con viajes por hacer. Comencé a imaginar cómo sería despertar a su lado; mis pensamientos giraban en torno a su risa, a la forma en que sus ojos brillaban cuando hablaba de sus sueños y, me descubrí queriendo ser parte de ellos.

Quería esas cosas simples que, juntas, construyen una vida: su voz llamándome a cenar, los planes improvisados, las discusiones tontas que siempre terminan con un "¿quieres un café?", las películas que no ves porque te gana el deseo, su ropa olvidada sobre la silla; incluso eso sería parte del paisaje que querría para siempre. Supe que no había mayor aventura que construir juntos un *para siempre*.

Si quería todas esas escenas idealizadas, tendría que estar dispuesta a provocarlas, construirlas y sostenerlas. Si bien todo eso me emocionaba, sabía que no habría forma de lograrlo si no dejaba atrás mis experiencias pasadas. No iba a levantar un nuevo amor sobre mis ruinas, sino sobre la valentía de soltar lo que pesa y abrir espacio al sueño que quería.

Daniel

Un día estábamos en clase de presencia y movimiento, haciendo ejercicios parecidos al yoga y la gimnasia. La maestra era estricta y como no llevé la ropa adecuada, no me dejó participar. Era la última clase del viernes, y salimos a las dos de la tarde. Mientras esperaba a Anyha, pensé mil y una cosas sobre nosotros, muchas de ellas las escribí y armé una carta que no sabía si se la daría. Salió de clase y la llevé a su casa.

Cuando llegamos, con un nerviosismo que intenté disimular, le solté:

—¿Caminamos?

Anduvimos por ahí, y aunque hablamos poco, había un silencio entre nosotros cargado de electricidad. Caminamos hasta la casa de un compañero, pero nunca abrió la puerta. Así que nos quedamos ahí, cerca. Me senté en la cajuela de un auto y la miré. Noté que las manos le sudaban. Mi corazón era un tambor africano. Sabía que estaba a punto de cruzar una línea que lo cambiaría todo. Entonces le dije:

—Tengo esto para ti. —Le entregué la carta. Ella la tomó y comenzó a leerla.

Anyha

Las palabras no eran las de un joven de 18 años, sino de un alma que había vivido más noches que días, más derrotas que victorias. Tampoco era una carta en sí, ni una declaración. Era una confesión cruda y muy honesta. No hablaba de "nosotros", porque aún no era claro si ese "nosotros" existía. Hablaba de la inquietud de cuando imaginaba mi sombra rozando la suya, que me veía pasar y el corazón le hacía huelga, del ansia de saber si mi silencio era indiferencia o timidez. Me hablaba de la urgencia de saber, de su necesidad de no callar más. Decía que prefería la brutalidad de una verdad desnuda a la tortura de una ilusión prolongada. Que si le iba a decir que no, lo hiciera ya, para no tener que inventarse un sí en sus noches pensándome.

Cuando terminé de leer, sus ojos buscaron los míos. Mi respiración se detuvo. El instante se estiró, como un puente sobre el abismo. Y entonces... me besó.

Daniel

Ella se quedó inmóvil, como si nunca hubiera besado a alguien en su vida. Fue un beso tímido, de esos que ensayamos con nuestra propia mano. Me dio risa y ternura, pero inmediatamente después pensé: "¿Estaba supernerviosa o me acaba de rechazar?".

"Me acuerdo perfecto en qué parpadeo **me enamoré de ella**".

Daniel Habif

Después de esa noche, intenté abrir otro camino, dar otro paso, pero Anyha cambió radicalmente. Comenzó a esquivarme con la cintura del mejor torero. Unos días después, unos compañeros de la escuela organizaron un viaje a Acapulco, y pensé: "La invito y la recupero". Era la oportunidad perfecta para pasar tres días juntos bajo el mismo techo. La llamé, le conté el plan y dijo que sí. Yo no tenía dinero, así que pedí prestado. Pero el día del viaje, apenas un par de horas antes de salir, me salió con una historia digna de telenovela:

—Lo que pasa es que mi endocrinólogo me dijo que no me puedo asolear.

Y así, me mandó solo. Para rematar, el viaje fue un desastre. Se me reventó el oído en la carretera y terminé en una casa llena de fiesteros. Yo, mientras tanto, tirado en una cama, retorciéndome del dolor y escuchando a todo el mundo gozarla de lo lindo. En medio de la noche, le mandé un mensaje: "Tremendo aplicón, me abandonaste durísimo".

No respondió y eso me sacudió. Después de toda la magia que venía sucediendo, fue la primera vez que sentí la mordida del rechazo. Pasé las horas que faltaban para volver a verla en la escuela con la garganta seca y la cabeza colapsada, dándole vueltas a todo.

Llegó el lunes. Mañana fría. Y después de varias semanas de pasar cada día por ella a su casa, ese día no fui. Decidí que la vería en la escuela, como si con ese gesto pudiera protegerme un poco del golpe.

Y ahí estaba. Me saludó a la distancia con un beso tirado de mano. Maldita confusión. Y ella, como si nada hubiera pasado. Yo, con las ganas atragantadas, deseando correr a besarla, pero apretándome los bolsillos del pantalón, conteniendo la rabia, tragándome el orgullo y todas las preguntas y reclamos que se me amontonaban en la cabeza.

Entré a clase. Me miró, como buscando el berrinche en mi cara. Sabía perfectamente lo que estaba haciendo. Tal vez me olvidé de que tenía 30 años gracias a ese tierno beso que nos dimos. Pero no. No era ninguna chamaquita. El que todavía olía a pipí era yo. Me sonrió, como diciendo: "Ahora sí, comenzó el otro nivel de cortejo".

El deseo

¿Por qué, en lugar de olvidar a quien nos pone a prueba o rechaza, lo deseamos aún más? ¿Por qué nos obsesiona lo que se escapa? Así es. Nos encaprichamos con lo que se va, con lo que nos revienta la puerta en la cara. Nos enloquece lo que se escurre entre los dedos justo cuando creíamos que era nuestro. ¿Por qué? Porque, en las profundidades de nuestra psique, operan fuerzas invisibles que movilizan nuestros deseos.

La certeza da calma, sí. Pero a muchos nos aburre. Gran parte de nuestra mente está programada para desear lo que no tiene, para jugar a la ruleta rusa con el corazón. Nos obsesionamos con lo que alguien representa, con ese misterio que proyectamos en nuestra pantalla mental. Lo deseamos porque ha levantado un velo que no nos permite verlo del todo. Y ahí está el secreto del deseo: el rechazo lo alimenta.

El rechazo es gasolina en una hoguera. Cuando nos rechazan, el instinto empuja a aferrarnos, a demostrar nuestro valor, a probar que somos dignos. Aprendí que ese es el error. Porque quien corre detrás se convierte en presa o en sombra. Si siempre estás ahí, si nunca faltas, si nunca te pierdes, la otra persona deja de verte, aunque estés frente a sus ojos. Te vuelves un mueble, un ruido de fondo, una canción que suena tanto en la radio que ya nadie la escucha. Pero si te retiras un poco, la historia cambia. Tu ausencia se siente como el silencio después del disparo. Y lo que se siente se recuerda. La clave es simple: si reducimos la insistencia, dejamos de ser perseguidores y nos convertimos en enigmas.

El rechazo no es solo una barrera impuesta desde afuera, es un reflejo de nuestra dinámica interna. Por eso, cuando alguien nos aparta, no solo sentimos la herida de la distancia, también se activa una reacción inconsciente: la atracción hacia lo que ya no está disponible.

Psicológicamente, el valor de algo está ligado a la posibilidad de perderlo. No codiciamos lo que abunda, sino lo que es limitado. Es el mismo principio por el cual un diamante tiene más valor que una piedra común: no por su esencia o su belleza, sino por su rareza.

La mente humana ansía lo escaso. No nos sentimos atraídos por lo que ya poseemos en su totalidad, sino por lo que siempre se mantiene un paso adelante, justo fuera de nuestro alcance. Lo que ayer parecía rutinario, cuando se aleja, se vuelve urgente. Ahí, en esa incertidumbre, nace el deseo. Porque lo que falta, arde. Lo que se esconde, seduce. Lo que es fácil, se subestima.

Cuando alguien se ausenta, deja un vacío que se vuelve un imán. Cuanto más insistes en ser aceptado, más te alejas de ese resultado. La búsqueda desesperada repele. Pero cuando te retiras de quien te rechaza, algo cambia: el otro comienza a cuestionarse. Ya no eres tú quien duda, es el otro quien se pregunta qué perdió. Porque la ausencia retumba en el orgullo ajeno.

Aclaro: no es manipulación, ni frialdad, ni un juego de indiferencia. Es amor propio. Si el interés del otro nace del rechazo que ejerce sobre ti, la presa eres tú. Y quien persigue por miedo a perder, siempre pierde.

Cuando atraes a alguien porque te adueñaste de tu identidad, porque soltaste la necesidad de ser validado, te conviertes en dueño de tu propio poder de atracción. Ya no manipulas, no finges, no fuerzas. Eres. Eres alguien con un mundo propio. Alguien que no pide espacio, sino que lo habita. Y eso es magnético. Algo en ti cambia. Ya no proyectas carencia, proyectas fuerza. Y en esa autonomía nace el atractivo más honesto: el que no busca ser visto, pero es imposible de ignorar.

¿*Capisci* con eso?

“Se guardó
un as
bajo la
manga,
**aun sabiendo
que ella es
la magia**”.

Daniel Habif

Capítulo 4

Existen besos de los que no se puede salir ileso

Daniel

> El primer gran beso ocurrió dos meses después de aquel ensayo. No fue planeado ni oportuno. Fue necesario. No tenía la precisión de un guion romántico ni la estética perfecta de una película, pero tuvo la belleza de lo inevitable. Simplemente se impuso, como si el tiempo, el deseo contenido, las miradas sostenidas y las palabras no dichas se hubieran acumulado hasta no caber más. El beso que abría la puerta de todo lo que aún no sabíamos que éramos capaces de sentir.

Ella era todo lo que no sabía que yo quería: una mujer sabia, con nobleza, carácter, carisma y experiencia, pero con la actitud, el arrojo, el deseo y la sexualidad a tope. Sin embargo, lo que más me atraía de Anyha, incluso por encima de la química evidente, era su aguda inteligencia. Ella tiene una mente que me desafía y seduce con la misma intensidad.

Con estos ingredientes, no era de sorprenderse que la etapa del enamoramiento se convirtiera en una revolución de sensualidad y conquista muy intensa. Aun así, no fue el sexo lo que en verdad nos unió. Si bien fue y ha sido una parte fundamental en nuestra relación, no permitimos que se convirtiera en el único cimiento. Las parejas que comienzan exclusivamente con el cuerpo suelen descubrir todo demasiado rápido, dejando un vacío en la conexión mental y emocional. Es como devorar los capítulos de una serie en una noche, solo para sentir un vacío existencial al final. ¿Y entonces qué? Buscas una nueva serie para llenar el hueco.

El erotismo entre un joven de dieciocho años y una mujer de treinta habita una zona donde el tiempo pierde autoridad. No responde al impulso ni a la lógica de la conquista, sino a una curiosidad que se va desplegando con naturalidad.

Muy joven aprendí que la sensualidad no surge del atrevimiento. Lo que se busca no es el clímax, sino la comprensión del otro a través de la piel. El cuerpo posee una gramática diferente, y al mismo tiempo el cuerpo se convierte en un cuaderno donde la experiencia anota sus lecciones.

El cuerpo de Anyha fue el primer territorio donde aprendí a pensar sin palabras. A esa edad, la moral aún me pesaba más que la carne, pero ella supo arrancarme de esa educación que confunde el placer con la culpa. Ella conocía los pasadizos de su cuerpo y me los ofrecía como un mapa que se deshace en las manos. En su respiración aprendí que la lentitud puede ser una forma de poder.

El deseo, cuando alcanza cierta lucidez, se vuelve una forma de estudio sobre la vida. No responde al cuerpo únicamente, aunque de él se sirva para manifestarse. Es una energía que busca orden, una inteligencia que se revela a través del tacto y de la observación. En nuestra relación, el erotismo fue un oficio, una práctica que exigía concentración, oído y memoria. Había una ética en su modo de moverse. Todo tenía un ritmo: la respiración, la mirada que permanecía antes del contacto.

Nada en nuestra intimidad fue excesivo. Tampoco mesurado.

La belleza del encuentro no dependía de la intensidad, sino de la exactitud con que los gestos coincidían. En esa exactitud aparecía algo semejante a la espiritualidad: una conciencia despierta en medio de la piel. Cada instante de placer tenía la textura y estructura de una contemplación.

Recuerdo aquel día, cuando los dos subimos a la bodega del último piso de donde estudiábamos; tenía un olor espeso, una mezcla de madera, polvo y telas antiguas. El aire retenía el calor del día, y cada respiración parecía alterar la quietud de un lugar que no estaba hecho para los vivos. En las paredes colgaban restos de escenografías que alguna vez habían servido para fingir vidas ajenas. La poca luz que entraba cortaba el aire en diagonales y se detenía sobre su piel, delineando su figura como una revelación intermitente.

Me miró con una calma que solo puede sostenerse cuando el cuerpo ya ha tomado la decisión antes que la mente. El silencio era absoluto, una presión que pesaba sobre los movimientos. Cualquier ruido habría traicionado el pacto que nos mantenía a salvo de ser descubiertos.

Avancé despacio, como si fuera un intruso. La vi cerrar los ojos un instante, apenas lo necesario para entregar el pulso. No hubo palabras; lo que sucedía parecía provenir de una voluntad anterior, de un deseo que por fin encontraba forma.

El contacto fue mínimo al principio: una mano sobre el antebrazo, un pulgar que se detiene en la curva donde termina la cintura, un roce de labios que afirma lo que está a punto de suceder. La tela de su blusa rozando mi piel generaba un sonido leve, como el de una página que se pasa con cuidado.

El espacio se contrajo. La respiración marcaba el ritmo. Las bocas, apenas entreabiertas, sonreían con la transparencia de quien comprende que no hay vuelta atrás. Nuestros rostros se buscaron hasta encontrarse en un punto ciego, la barbilla apoyada en la otra, el sudor uniéndose mientras las palabras se deshacían antes de pronunciarse, convertidas en murmullos que flotaban entre los dientes.

Las manos recorrían el contorno del otro como si intentáramos memorizar la textura del presente. Había en ese instante una forma de creación, como si el mundo, afuera, aún no existiera. No hubo final. Hubo una suspensión, un punto en el que el tiempo dejó de avanzar y se quedó contemplando lo que ocurría. Para cuando regresamos al mundo, ya era otro, el aire conservaba algo de nuestra respiración. La piel guardaba la temperatura de los dos, como si el cuerpo aún estuviera pensando en lo que había sentido.

Con los años se comprende que aquella intensidad no es una promesa perpetua, sino una estación dentro del movimiento natural del amor. Hay temporadas en las que el deseo se repliega, se esconde en las rutinas; épocas en las que la piel ya no arde con la misma violencia, pero conserva la memoria de su fuego. El amor, como todo organismo vivo, respira, muta y también se fatiga. Su vitalidad depende de la atención que reciba, de la manera en que se le nombra, se le cuida y se le honra. Cuando la llama se debilita, aún puede mantenerse viva a través de otras formas de calor.

Ese primer beso no terminó cuando nuestros labios se separaron. Ese primer beso aún sigue ocurriendo.

Hacer el amor

Me encanta todo lo que encierra la frase “hacer el amor”. Cada vez que la haces reír, también la besas; por eso, hacer el amor no siempre es físico. A veces es una conversación absurda en la noche, un silencio que no es incómodo o una mirada que lo dice todo. Se hace el amor cuando se aprende a escuchar sin interrumpir, cuando se acompaña sin invadir, cuando se respeta el espacio del otro sin alejarse del todo. Todo el amor que hay detrás de un genuino y tierno “¿ya comiste, mi amor?”. Hacer el

amor es la suma de todos los momentos de cuidado, de ternura y de intimidad que compartimos. Es tomar su mano y besar sus nudillos. Más que el orgasmo, es quien lo provoca.

Entonces ¿cuándo se deja de hacer el amor? Se deja de hacer el amor cuando ya no nos tomamos de las manos, cuando las miradas se vuelven esquivas y los abrazos se sienten vacíos. Se deja de hacer el amor cuando las risas se transforman en suspiros de frustración, cuando las promesas son recuerdos y las caricias se esfuman en la prisa del día. Se deja de hacer el amor cuando las discusiones superan a las reconciliaciones, cuando la complicidad se convierte en desconfianza, cuando los detalles que antes importaban ahora pasan desapercibidos. Se deja de hacer el amor cuando la rutina reemplaza a la aventura, cuando las noches son monótonas y los días son mera obligación. Se deja de hacer el amor cuando ya no se encuentra tiempo para mirarse a los ojos y recordar por qué se enamoraron.

Queridos, nunca dejen de hacer el amor. Amen lento, amen hondo. Sigan haciendo el amor aunque pasen los años, aunque pasen los cuerpos, aunque pasen las palabras. Solo cuando el amor deja de ser un verbo activo y se convierte en un recuerdo, es cuando realmente dejamos de hacer el amor.

Anyha

Daniel no necesitaba que lo sorprendiera con gestos teatrales; bastaba con que estuviera. Con que recordara algunos detalles. Con que lo abrazara cuando dudaba de sí mismo y lo celebrara cuando ni él sabía por qué era digno de celebración.

Aprendí a ser amante incluso en los días grises, descubriendo nuevas formas de tocarlo, aunque no siempre fueran físicas. Sentíamos un interés genuino, y mi mayor anhelo era hacerle saber —y sentir— que siempre estaría allí para él, buscando contribuir a su

“Te haré
el amor...
de mi vida”.

Daniel Habif

felicidad y bienestar. No necesitábamos gritar que nos amábamos; lo susurrábamos con hechos. Esa es la lealtad de los que se reconocen más allá de la piel.

Nuestra intimidad es también emocional. Así es como el deseo no se extingue: se refina. Muchos me preguntan qué fue lo que me enamoró de Daniel. Y cuando lo pienso, creo que fue su forma de escucharme con el cuerpo entero y su manera de cuidar lo que para otros era insignificante. Daniel no solo ama con intensidad; ama con intención.

Me enamoró que nunca necesitó competir conmigo. Que no temía a mi fuerza, ni a mi pasado. Que me dejó ser sin pedirme permiso para existir. Y en ese permiso floreció lo más bello de mí. A su lado, no tuve que disminuirme para encajar. No me quería para calmarle las tormentas, sino también para desatárselas.

Nuestro amor nunca buscó la perfección. Nuestro amor no necesita ser entendido por nadie más; no busca validación. Se basta a sí mismo.

Daniel tiene esa extraña virtud de hacerme sentir segura sin atarme, de provocarme sin invadirme, de inspirarme sin imponerme nada. Me hace querer ser mejor, pero no para merecerlo, sino porque él ya me hace sentir merecida.

Y no siempre fue fácil. Hubo días en los que dudé, me cuestioné, quise correr. Pero incluso en esas huidas internas, sabía que su amor no era una cárcel. Me enseñó que la sensualidad habita en un "ya llegué" o en un "te hice café". Que hacer el amor también es doblar la ropa del otro, quedarse callado en una discusión innecesaria, mandar un mensaje solo para decir "te pienso".

Recuerdo una noche en particular. Llovía. De esas lluvias densas, lentas, que te empapan todo el corazón. Yo venía muy cansada, con el alma arrugadita. Una de esas jornadas donde nada encaja. Entré a casa sin ganas de hablar, y él, en lugar de preguntar, se quedó en silencio. No me exigió una sonrisa. No intentó animarme con sus frases. Solo se acercó, me quitó los zapatos, me acarició los pies y me dijo: "Te estaba esperando".

Ese momento, tan simple, fue uno de los actos de amor más tiernos que haya recibido en mi vida. No fue ni heroico, ni digno de una película. Fue exacto. Y eso es Daniel. No el hombre perfecto, no el que nunca se equivoca, sino el que está, escucha e intuye. Me ha visto romperme. Me ha visto reconstruirme. Y no ha intentado salvarme; solo ha estado allí, con una fidelidad que no necesita de muchas razones para quedarse.

Eso es lo que hacemos: nos sostenemos. Incluso cuando el mundo gira demasiado rápido y estamos a punto de vomitar.

"Él nació 12 años después y yo nací para él. **Yo tardé 30 años en encontrarlo, y él, 18 en besarme".**

Anyha Ruiz

Daniel

Hay que decirlo: Anyha y yo sentíamos más erotismo que lujuria. Procurábamos mantener un juego equilibrado, donde no existían jerarquías ni dominancias. En nuestro universo, los besos lo decían todo. Nos besábamos mucho. Hablo de una intimidad que se sumerge en los secretos más profundos, en las confesiones a medianoche, donde las palabras adquieren un tono más suave y un significado profundo. Forjamos una intimidad en la que cada gesto era un lenguaje que solo nosotros comprendemos y se mantiene hasta el sol de hoy.

Yo siempre quise un amor que se convirtiera en leyenda, una historia que inspirara a generaciones futuras, un testimonio del poder de Cristo en la pareja. No se trata solo de amor humano, sino de una unión consagrada que se rinde ante algo más grande que nosotros mismos.

Nosotros no solo nos besamos, también oramos juntos. Porque el cuerpo se cansa, pero el alma —cuando es amada con verdad— se renueva. Y si el alma está viva, el deseo no muere; solo cambia de mil formas. Así es como nos amamos: con una mezcla de carne y espíritu, con ternura y fuego, con deseo y propósito. El amor verdadero no se improvisa: se construye con Cristo al centro.

Y sí, seguimos besándonos como al principio. Pero ahora nuestros besos tienen más historia. A veces, cuando la observo dormida, le doy gracias a Dios sin decir palabra. Porque sé que esto que tenemos no es casualidad.

Siempre nos dijimos lo que nos gustaba y lo que no, sin pudor, especialmente lo segundo. Y lo respetábamos a rajatabla. Aprendimos a solicitar sin temor y a expresar nuestras necesidades más íntimas. Para lograrlo, la comunicación abierta y honesta fue fundamental. Y, por supuesto, nunca faltaba un toque de humor en el momento justo.

La presencia de Anyha en mi vida y su ingenio les dieron sazón a escenarios en los que yo era un bufete de seriedad y disciplina. Viví a muy corta edad lo que tenía que vivir. Esas experiencias tempranas me forjaron con un temple firme. En su espíritu libre se encontraba algo que a mí por momentos me hacía falta: el goce del día a día.

Anyha siempre ha sido una mujer divertida y su alegría era como un rayo de sol que me ayudaba a retomar el disfrute de mi existencia, más allá del deber y del compromiso. Con su gran sentido del humor, me mostró que no todo había que enfrentarlo con tanta seriedad. Me enseñó que la risa es un sacramento, y que a veces el consuelo más profundo llega disfrazado de chiste. Anyha no vino a rescatarme, sino a reírse conmigo mientras ambos aprendíamos a sobrevivir. No somos iguales, pero sí profundamente compatibles. Ella me enseñó a descansar. A detenerme. A no necesitar estar ocupado todo el tiempo para sentirme valioso. Me mostró que también se construye al contemplar, que no toda relación necesita ser un deber.

Yo le enseñé a organizar el caos. Ella me enseñó a habitarlo. Me fascinaban su libertad, su carácter y su capacidad para reírse de cualquier cosa, así como su humor punzante, denso, sofisticado y, la verdad, un tanto tragicómico. Toda su alegría comenzó a colarse por las grietas de mi vida. Si íbamos a una reunión, aunque yo permanecía callado, amaba ver cómo se convertía en el alma de la fiesta. Incluso había ocasiones en las que me era imposible enojarme con ella, porque sabía que si me disgustaba solo pasarían tres minutos para que me hiciera reír. Eso siempre me sorprendió.

> "Nos tomamos de la mano y supimos que desde ese momento **nuestros dedos serían un hogar**".
>
> *Daniel Habif*

Anyha

> Si salta contigo en los charcos; si te comparte de sus tacos o arepas; si deja buena propina no porque le sobra, sino porque sabe honrar; si le contesta bien a su madre; si deja pasar al otro en la calle y dice gracias después de preguntar la hora, préstale mucha atención a esa persona. Esa gente tiene algo que ya no abunda: conciencia cotidiana. Pequeños gestos que son enormes actos de carácter y rasgos de un corazón con muchas características nobles. No son solamente amables, sino que saben vivir sin indiferencia. A esa persona no le va a dar miedo mojarse contigo o dañarse los zapatos; es más, le va a parecer romántico. No se va a andar quejando de todo en el camino. Son poquititos los que respetan lo sucio y opaco. Eso es carácter con bondad. Han navegado tantas tormentas solos, que hasta saben acompañarte en las tuyas.

Esa gente no tiene una comodidad fingida. Te ven rota y no huyen; te ven fuerte y no se cuelgan. Ser así no es común. Ellos han vivido lo suficiente como para saber escucharte y preguntarte dónde te duele, para no tocarte ahí demasiado fuerte. No los vas a ver exigiéndote que te compongas en dos días, ni te van a permitir sufrir toda la vida, y mucho menos rendirte. Esa clase de personas son raras. Y no porque escaseen. El reto es que no sabemos reconocerlas.

De Daniel me asombraba que era un soñador sin límites y un ser muy tierno, aunque siempre me decía que yo era la única que lograba sacar a flote ese lado romántico y cariñoso. Me llamaba la atención que siempre dedicara tiempo y anduviera dando consejos a cualquiera, incluso a veces sentía que no ponía límites, porque parecía que hubiera montado una consultoría emocional en plena calle.

Pero con el tiempo entendí que eso también era parte de lo que lo hacía único. Daniel no sabía pasar por la vida de nadie sin dejar algo: una palabra, una mirada, una chispa de esperanza. Y aunque a veces sentía celos de su generosidad desbordada, también me enamoraba verlo tan entregado a los demás, tan disponible para quienes necesitaban una voz, un abrazo. Yo lo miraba desde lejos, fingiendo fastidio, pero en el fondo agradecida de amar a un hombre con alma de refugio. Un hombre que, aunque a veces se olvidara de sí mismo, jamás se olvidaba de sembrar en los demás.

Me hacía mucha gracia cuando sus amigos lo llamaban "el Consolador". Tenía ese don de consolar sin dar lástima, de confrontar sin herir, de sanar sin prometer soluciones mágicas. Y sí, muchas veces terminé esperando con el café frío a que terminara una de esas "charlas espontáneas", pero nunca dejé de admirarlo.

A veces me preguntaba cómo era posible que alguien tan lleno de los demás no se vaciara. Cómo lograba contener tantas historias, tantas lágrimas ajenas, tantas preguntas sin respuesta. Pero entonces lo veía conmigo, en nuestra intimidad, y entendía que sabía nutrirse del amor, de la fe, del propósito.

Había algo profundamente hermoso en su forma de estar para otros y también en cómo —al final del día— siempre volvía a mí. Con la mirada rendida, con los brazos abiertos, como si yo fuera su baño después de la batalla. Me decía que yo era su calma, su ancla, su oración contestada. Daniel no era de los que se escondían tras una armadura; al contrario, era valiente en su vulnerabilidad. No le asustaba llorar, dudar, quebrarse. Sabía que no tenía que demostrar fuerza todo el tiempo, y en eso también me enseñaba.

Nunca se dio cuenta de cuántas veces fue él quien me sostuvo en silencio, con solo mirarme. Y eso, para mí, era más que suficiente. Porque, aunque compartía su ternura con el mundo, lo más profundo de su alma —ese rincón reservado para lo eterno— solo lo compartía conmigo.

Recuerdo que una vez, después de una de esas jornadas donde lo había visto repartir su corazón, llegó a casa más callado de lo habitual. No dijo mucho. Aventó los zapatos, se sentó en el suelo, apoyó la espalda contra una columna y se quedó mirando al vacío. Yo no pregunté. Solo me paré frente a él y le tomé las manos. Después de unos minutos, sin levantar la vista, me dijo en voz baja: "A veces siento que todos me quieren, menos yo".

Ese momento me sacudió. Porque hasta entonces yo lo había amado por todo lo que daba, pero esa noche lo amé más por lo que le pesaba. Entendí que detrás de su capacidad infinita de sostener a otros, también vivía un hombre que a veces se sentía frágil, solo y agotado. Me acerqué, lo abracé con todo el cuerpo, y le dije: "No tienes que ser fuerte conmigo. Aquí puedes ser lo que quieras, incluso nada". No respondió, pero sus ojos se humedecieron, y su pecho, por primera vez en mucho tiempo, se relajó. Como si por fin hubiera encontrado un lugar donde rendirse. Quería que en mí también pudiera ser pequeño, humano, quebrado. Amar a Daniel —alguien que está para muchos— también implica estar para él cuando ya no le queda nada para sí mismo.

"Me gustas **con los cinco sentidos**".

Anyha Ruiz

Daniel

Ser un "pan" en un mundo como el que habitamos tiene sus grandes bemoles, porque ser bueno a veces se confunde con ser estúpido, y dar sin medida se interpreta como debilidad o

“Más
bonito
es que **te elijan
a que te
necesiten**”.

Anyha Ruiz

manipulación. En un entorno que premia la astucia disfrazada de arrogancia y la indiferencia como sinónimo de fortaleza, ser sin dobleces, sin estrategias, sin máscaras es visto como un imposible.

Ser tierno en tiempos tan cínicos es casi un acto de locura. Y yo lo soy. Pero no con camisa de fuerza, sino con gestos pequeños que nadie ve venir: una palabra dulce cuando todo está jodido, una sonrisa cuando lo fácil es el enojo, un abrazo cuando otro hubiera optado por herir. Lo acepto: a veces ser así me duele muchísimo. Porque la bondad no siempre tiene retorno, ni justicia. Es como ir descalzo por un mundo lleno de cristales, donde aprendes a sangrar sin hacer ruido.

Muchos creen que estar disponible es no tener límites, que consolar es una forma de huir de uno mismo, pero no saben lo que cuesta sostener, escuchar, quedarse. A veces me agota ser ese refugio. Pero entonces la miro a ella y recuerdo que no estoy solo.

Ser ese "pan", como ella me dice, me ha hecho perder varias cosas: tiempo, descanso y prioridades. Pero también me ha permitido ganar lo que más valoro: relaciones reales. Me rompo más veces de las que digo. Me canso. Me frustro. Pero lo he querido cambiar, y creo que es mi naturaleza. A veces creo que no elegí este modo de amar. Nací con él. Y, si bien a veces me pesa, también es cierto que le da sentido a todo.

"Nos llaman intensos **aquellos que hace mucho tiempo no arden".** *Daniel Habif*

Anyha me enseñó a ser más cauteloso. A desarrollar ese instinto felino de evaluar el terreno antes de dar un paso, de olfatear el peligro entre las palabras, de no confiar demasiado rápido en cualquier gesto. Esto que menciono es especialmente importante en el contexto en el que estábamos Anyha y yo, donde, por lo regular, uno atrae al depredador de acuerdo con la carnada que representa.

En la industria del entretenimiento donde nos conocimos, todos somos cebos y, a la vez, todos estamos cazando algo. Son muy pocos los que tienen la capacidad de transformarse en gacelas; es decir, de correr y salvarse, de pasar velozmente y no llenarse de mierda. Y, aunque puedas hacerlo por un buen tiempo, en este ambiente hay un momento en el que tienes que sacar los colmillos para defender lo que quieres. Y ese ambiente me forzó a pararme firme, a aferrarme a mis convicciones y a no echarme para atrás.

De hecho, mis compañeros y las personas que me conocían, cuando me veían con Anyha, me decían: "Te estás acostando con una mujer más grande... ¡Está de poca madre!". Me acuerdo muy bien del coro: "Te va a usar".

Más allá de los comentarios de doble sentido y de las habladurías, siempre que podía, demostraba que haría lo que fuera por defendernos. Cuando empezamos a salir, el director de la escuela nos llevó a los estudiantes con uno de los más altos ejecutivos de la compañía; quería presentarle a la nueva generación. Anyha y yo entramos a la oficina agarrados de la mano. El director nos dijo: "Aquí no pueden venir así", señalándonos las manos. No presté atención. Ni se me ocurrió soltar la mano de Anyha. Y el director tuvo que quedarse con sus palabras en la boca. Fui imprudente e infantil, lo reconozco, pero también fui fiel a lo que creía.

Luego de graduarnos, a los ocho meses conseguí trabajo en una novela. Los productores me dijeron que no podía ir a las grabaciones con mi novia. "Háganle como quieran, pero ella va a estar a mi lado y va a viajar". Siempre defendí nuestra relación, y para esas alturas a Anyha le daban muchos nervios: "¿No será que estamos cruzando la línea?". La verdad, creo que sí la cruzamos, era una rebeldía producto de mi inmadurez profesional. Pero, igual, siempre me he equivocado por atrevido, nunca por precavido. Tenía claro: si no defendía mi relación en lo poco, en lo mucho tampoco lo haría.

Capítulo 5

Tu pareja no es un proyecto comunitario

Anyha

Cuando llegó el momento de presentarnos con nuestras respectivas familias, entendimos que si no estábamos realmente unidos, estaríamos fritos. Ya habíamos platicado un poco sobre ellas, y el pronóstico no era de entusiasmo. Cada uno traía en su equipo un par de integrantes difíciles.

Sabíamos que el amor aguanta muchas cosas, pero no siempre sobrevive a una suegra incisiva o al hermano que se cree filósofo. Así que nos tomamos de la mano en medio del sismo y entramos a escena: sin manual y sin red.

La primera en pasar al banquillo fui yo. Por aquel entonces, Daniel aún no me presentaba oficialmente como la novia, pero un día me pidió que lo acompañara a ver a su mamá. Casual, ¿no?

Ella trabajaba en una agencia de viajes, y al llegar, lo primero que me saltó a la vista fue su porte. Daniel siempre dice que su mamá no sale ni a comprar un chicle sin estar impecable y no es broma, su gusto era indiscutible. Parecía lista para cualquier cosa. Entró con la seguridad de alguien que lleva años filtrando candidatas. Me hizo sentir en un escáner corporal del aeropuerto: me miró de pies a cabeza con una precisión quirúrgica. Lenta. Meticulosa. Sin una pizca de emoción. Después, me lanzó un "hola" tan cordial como seco. Como si hubiera recibido un paquete que no pidió, pero que igual llegó. Le entregó un fólder a Daniel y se despidió con un "adiós", igual que antes: cordial, breve, sin una sílaba de más, pero esta vez dolió.

Ese "adiós" fue un portazo con guantes blancos. No hubo gritos, ni gestos, ni drama. Y así me quedé: con la sonrisa tiesa, el escáner y la sospecha de que me había ganado, en el mejor de los casos, un "ya veremos".

Cuando salimos, no pude evitar soltarle a Daniel, entre risa y una punzada en el estómago:

—Creo que no le caí muy bien a tu mamá, me miró como diciendo: "¿Y esta es la que se quiere llevar a mi chiquito?".

Ese "chiquito" ya tenía barba y espalda de cargar mudanzas, pero para ella seguía siendo el niño que no debía cruzar la calle sin permiso. Y ahí estaba yo, la amenaza con perfume, la que venía a desordenarle el altar materno.

No voy a mentir: por dentro estaba hecha un nudo. Una parte de mí quería desaparecer, y otra, mucho más testaruda, se repetía que yo no tenía que demostrarle nada a nadie. Pero claro, eso es fácil de pensar cuando no estás parada frente a la mamá del hombre que amas. En ese instante me sentí muy juzgada. Ese "hola" y ese "adiós" me pesaron más que un sermón. Y sí, volvió a asomarse el fantasma de la diferencia de edad entre Daniel y yo. Para qué negarlo: me activó el modo paranoico nivel experto. Empecé a repasar mentalmente cómo me paré, si sonreí mucho o muy poco, si debí haber llevado un regalo o si el perfume que usé era demasiado dulce para alguien que estaba tratando de parecer, digamos, digna de su hijo.

Lo peor: el silencio. Ese silencio con el que las madres dicen todo sin decir nada, mientras Daniel seguía igual de cariñoso, igual de entusiasta. No era la primera vez que una madre me miraba así, pero sí fue la primera vez que una mirada me inquietó tanto. Porque con Daniel sí quería quedarme. Y mientras él reía con esa risa limpia que me desarma, yo le sonreía también. No por cortesía, sino por rebeldía. Porque a pesar de la tensión yo ya había decidido quedarme.

Estaba frente a la mujer que Daniel más amaba, honraba y respetaba en su vida, y por muy intimidante que hubiera sido aquel primer encuentro, yo estaba frente a una mujer que había forjado al hombre que yo amaba. Y eso merecía una mirada profunda. Así que bajé la guardia. Empecé a observarla con otros ojos, no como la suegra, sino como la mujer con una historia que ya Daniel me había contado. Recordé sus cicatrices y cómo la experiencia la había vuelto fuerte, sofisticada y —muy probablemente— protectora hasta la médula.

No se trataba de caerle bien o mal. Se trataba de mostrarle que no estaba ahí para competir con ella, ni para reemplazarla, ni para "robarle" nada. Que yo estaba ahí por Daniel y que, si bien la diferencia de edad era una etiqueta que mucha gente colgaba en nuestra frente como un letrero de advertencia, nosotros sabíamos lo que valíamos como pareja.

Lo único que podía hacer era ser yo misma, sin filtros ni disfraces de "nuerita perfecta". Porque si algo tenía claro era que no iba a pasar los siguientes años de mi vida en un concurso de simpatía para ganarme una aprobación que, francamente, no sabía si alguna vez llegaría. Haría lo mejor, lo natural, aquello que lleva amor, pero en la medida justa de respeto y dignidad. En el fondo, creo que ella también se dio cuenta de que yo no era una amenaza, sino una elección. Que su hijo no estaba hechizado ni secuestrado emocionalmente, sino simplemente enamorado. Que yo no lo iba a alejar, sino que lo iba a acompañar.

Mi suegra tiene una sabiduría que no viene en los libros, sino de años de sostener a sus hijos en pie. Es de ese tipo de mujeres que no necesitan levantar la voz; su sola presencia basta. Y aunque no lo dijimos en aquel primer encuentro, ambas lo supimos: no estábamos luchando por un hombre, sino aprendiendo a coexistir alrededor de él.

Ella lo había amado antes que yo, pero yo lo seguiría amando después de que ella faltara.

Existe un espacio sutil donde dos mujeres pueden reconocerse sin competencia, sin etiquetas, sin necesidad de imponerse. Así que decidí admirarla. Honestamente, había mucho que aprender: su temple, su entrega, su pasión por la vida, su gusto, su forma de estar siempre un paso adelante sin mover un solo músculo de más. Tal vez no llegaríamos a tener una relación fantástica. Pero ese día, al menos para mí, nació algo más valioso que la simpatía: nació el respeto real. El de mujer a mujer. El de quien, sin necesidad de decirlo, se reconoce en la fuerza de la otra, no siempre desde la afinidad, pero sí desde el respeto.

Estar con Daniel no solo ha sido amar a un hombre, ha sido aprender a resistir y entender lo que viene con él. Su historia, sus miedos, sus afectos y hasta sus lealtades invisibles. Al principio, yo era la turista indeseada, pero terminé ganándome un asiento, con o sin aplausos, pero me lo terminé ganando.

Daniel

> Días después, comprendí que ese primer encuentro con mi mamá había sido muy duro para Anyha. Yo la veía sonreír y sostener el gesto con tanta gracia que no imaginé que, por dentro, la estaba pasando tan mal. Cuando logramos hablar del tema, la honré, porque lo hizo con esa dignidad que la define.

Lo que Anyha escribe sobre mi madre es algo que ni yo mismo habría podido poner en palabras. Porque sí, es fuerte, es compleja y es mi vida. Pero Anyha la miró con los ojos más generosos que se pueden tener: los de la gracia. No cualquiera elige ver con ternura lo que fácilmente podría rechazarse. No cualquiera apuesta por la paz cuando tiene todas las razones para hacer sonar la trompeta. Anyha eligió entender en lugar de juzgar.

La escuché hablar de mi madre no con condescendencia, sino con respeto, a pesar de no estar de acuerdo con ella en casi nada. Y en sus palabras había algo más que tolerancia: había la voluntad de construir. Yo no sé si mi madre y ella algún día serán grandes amigas, pero sé que ambas han aprendido a mirarse sin guerra.

Yo crecí intentando mediar entre emociones intensas y silencios que dolían más que los gritos. Anyha trajo a mí una armonía que no sabía que necesitaba. Su capacidad de encontrar humanidad donde hay capas de defensa me cambió. Cuando alguien logra ver belleza en los huecos más complejos de tu origen, cuando alguien honra tu historia aunque no sea perfecta, sabes que has encontrado algo sagrado. Eso es exactamente lo que siempre he admirado en ella: su manera de sostener sin exigir y quedarse sin garantías. Anyha cumplió lo que dijo: no vino a competir con la mujer que me dio la vida; vino a construir conmigo, sin derribar nada. Y eso, para mí, es heroico.

Al final, esa diferencia de edad que tantos señalaron como amenaza se convirtió en una fortaleza.

Anyha

Con el tiempo, empecé a ver a la mamá de Daniel con mayor frecuencia. Al inicio, la saludaba con un simple "hola, señora". Luego empezamos a cruzar dos o tres palabras y ya. Hasta que un día, mientras yo esperaba a Daniel en la sala de su casa antes de irnos a la escuela, me sorprendió diciéndome:

—A Daniel le hace bien tenerte cerca. No lo había visto con tanta paz en mucho tiempo.

No supe qué responder. Me quedé callada, con las manos sosteniendo mi bolsa y el corazón en la boca. No fue una aprobación formal ni un aplauso, sino una grieta en el "escudo", un gesto que agradecí mucho. Sentí que ese comentario desactivó una tensión que ni siquiera sabía que llevaba acumulando desde el día que la conocí.

Después, simplemente asentí. No quise llenar el espacio con palabras. Y ella, que lo entendió todo sin que yo dijera nada, siguió con la misma clase con la que había dicho esa frase, y se fue a la cocina.

Desde entonces, ya no fue igual. Había una nueva actitud: me ofrecía café, me preguntaba por mis cosas y hasta una vez me abrió su guardarropa para que yo eligiera todo lo que necesitara para la obra de teatro que presentaríamos como examen final de la escuela de actuación.

Ahora bien, podría parecer que ella vivía con lujos, pero no era así. En esa casa no sobraba el dinero; de hecho, la economía era bastante apretada. Ella trabajaba como agente de viajes, y su sueldo dependía, en gran parte, de las comisiones. Aquella ropa que me ofreció no era el reflejo de una vida acomodada, sino de los recuerdos de un matrimonio largo, de regalos cuidadosamente guardados, de prendas que llevaban consigo la historia de días mejores. Compartirme eso fue más que un gesto amable: fue una forma de decirme "confío en ti".

Y así, sin aspavientos, sin escenas ni declaraciones, nos fuimos entendiendo. No nos volvimos íntimas ni confidentes. Ni como madre e hija, ni como rivales, ni como amigas forzadas. Sino como dos mujeres que, desde mundos distintos, coincidieron en una misma orilla: la de querer lo mejor para Daniel. Puedo afirmar que no todas las relaciones necesitan ser extraordinarias para ser valiosas.

Nunca lo dije en voz alta, pero hay algo que siempre le agradeceré: su apertura. A veces, el amor no entra por la puerta, entra por la costura.

"Abracémonos **en caso de emergencia**".

Anyha Ruiz

Y si la relación con su mamá fue un camino de puntillas, con sus hermanos fue como cruzar un campo minado... descalza. Si con la señora Delia aprendí a sostener el silencio, con sus hermanos aprendí a sostenerme a mí misma.

La primera mina fue Eduardo. Un par de años más grande que Daniel. Eduardo era impulso y confrontación. Eduardo no entraba en una habitación; la invadía. No decía las cosas; las disparaba. El rebelde oficial de la familia. Una especie de fuerza telúrica muy difícil de esquivar. Su bienvenida fue tan sutil como un ladrillazo. Lo conocí un viernes por la tarde. Daniel y yo estábamos en la cocina preparando algo de comer. De pronto, se escuchó la puerta de la entrada abrirse con fuerza —como si la casa le debiera explicaciones— y una voz rasposa sonó dentro de la cocina:

—¿Tú eres Anyha?

No hubo "hola", no hubo apretón de manos. Me volteé, lo miré y supe de inmediato que él no estaba ahí para conocerme. Tenía esa mirada que no pestañea. Con los brazos cruzados y un aire de "todo me vale madres en la vida", Eduardo se plantó como un cadenero de un bar.

—¿Cuántos años tienes? —disparó, aun sabiendo de antemano la respuesta. Solo quería escucharlo de mi boca.

—Mayor que tú —respondí, intentando no sonar defensiva. No supe si responder más o reírme.

—¿Y cuántos tiene Daniel? Dieciocho, ¿no? —Asentí, y sin anestesia preguntó—: ¿Y tú qué haces con un mocoso como él? —Se encogió de hombros, se sirvió un vaso de algo y, antes de salir de la cocina, murmuró—: A ver cuánto te dura el papel. Suerte con eso.

Daniel le respondió:

—No está para interpretar ningún papel, y menos uno tan pendejo como el que acabas de hacer.

Eduardo logró escuchar la respuesta mientras subía las escaleras a su cuarto. Se rio fuerte y yo me quedé mirando el borde de la mesa, como si ahí pudiera encontrar la manera correcta de respirar otra vez. Daniel cerró los ojos un segundo, supongo que para apagar la furia que le hervía por dentro. Luego se acercó y me tomó la mano. No dijo nada. No tenía que hacerlo. Ese silencio fue más honesto que un discurso.

No fue una bienvenida, fue un primer *round*, y yo no había sido noqueada. Después de eso, empezó el verdadero proceso. Eso no paró durante años. No solo fue Eduardo, los otros dos vinieron por mí como si fuera una obsesión. Una especie de misión personal:

comprobar que yo era un error, un capricho pasajero, una distracción que debía desaparecer de la vida de Daniel.

No venían con insultos —eso sería demasiado sencillo—. Venían con insinuaciones, con silencios incómodos en las reuniones familiares, con preguntas disfrazadas de preocupación y chistes que eran cuchillos envueltos en papel de regalo. Era como si quisieran demostrarle a Daniel que tarde o temprano yo me quitaría la máscara. Que el personaje de la "mujer digna" se me iba a caer. Pero no sabían que no era un papel. Era yo, sin adornos.

A veces, mientras sonreía frente a ellos, me dolía el pecho. No por lo que decían, sino por lo que no podían ver. Me dolía que su miedo a perder a Daniel los volviera tan crueles. Me dolía que lo amaran tan mal. Creo que podría escribir un libro entero —gordo, lleno de anécdotas que no cuento por respeto— sobre mi relación con sus hermanos. Un libro que quizá no sería un *bestseller*, pero sí un manual práctico de cómo sobrevivir con clase al territorio hostil de las familias que te ven más como amenaza que como invitada.

Y, sin embargo —mira tú qué ironía—, aquí sigo. Hoy Eduardo es un gran amigo mío, un regalo en mi vida. Ahora entiendo que era muy joven. Que no era malo, era salvaje. Crudo. Instintivo. Un animal de barrio cuidando lo que más quería. Detrás de su rudeza —que a ratos parecía dureza, y a ratos puro instinto de defensa— había una lealtad feroz. Un amor tan puro, tan de entrañas, que prefería parecer ogro antes que permitir que alguien lastimara a su hermano.

Y lo entiendo mejor ahora, que conozco su corazón sin la coraza puesta. Hoy me río. Hoy lo abrazo. Hoy lo admiro. Pero lo más hermoso de todo es que, hasta el sol de hoy, lo sigue defendiendo igual. Con esa misma forma cavernícola. Con ese mismo corazón de barrio. Y con ese amor puro y sin pedir disculpas.

Daniel

Cuando conocí a la familia de Anyha, nos reunimos en un restaurante en la colonia Condesa de la CDMX y, de entrada, me pasé. Se me ocurrió llegar vestido como si fuera un integrante de AC/DC, pero versión pirata. La mamá de Anyha casi se infarta. Y como si el ambiente no estuviera ya lo suficientemente tenso, lo primero que me lanzó al conocerme —frente a sus hermanos, sobrinos y padre— fue:

—¿Te llamas Gabriel?

Auch. Eso dolió. Así se llamaba el exesposo de Anyha.

—No, señora, me llamo Daniel —respondí, intentando no tragarme el alma con saliva.

Era evidente que lo sabía. Pero claro, esa era mi suegra. Una mujer con un sentido del humor punzante, imprudente y brutalmente ácido. Era dura, durísima, y eso que Anyha ni siquiera vivía con ella. Recuerdo que durante toda la comida me lanzó una cantidad de chistes que habrían disuadido a cualquiera de seguir con la relación. Mi suegra te bajaba el sistema inmune y te mandaba el ego en ambulancia. Pero yo tenía algo muy claro: no iba a perder a Anyha por nadie, ni siquiera por su madre.

Y bueno, hay que decirlo: tenía 18 años. Probablemente le olía a inmadurez, y con justa razón. Era un niño. De esos que creen que el amor puede con todo hasta que les preguntan lo que ella me preguntó:

—Bueno, ¿y a poco sí sabes bañarte o mínimo pagar el supermercado? —¡¿Ah?! Me soltó esa joyita delante de toda la mesa. Y un rato después, como si le faltara remate a su rutina de *stand-up*, agregó—: Uy, no sabes lo que te llevaste a tu casa. Ya no acepto devoluciones.

¡Ay, mi suegra! Incisiva, no; lo que le sigue. Sus preguntas eran los colmillos de un depredador probando la fortaleza de su presa. Pero yo no me moví ni un milímetro. No me escondí detrás del vaso de agua, no pedí refuerzos, no fingí una llamada urgente para salir corriendo al baño. Me quedé ahí, frente a la mesa entera, respirando hondo entre broma y broma y respondiendo con lo único que tenía a los 18 años: buen humor, valentía fingida y un hambre emocional por demostrar que mi amor era más fuerte que mis nervios.

—Bueno, señora —le dije, sonriendo—, no sé si puedo pagar el supermercado, pero sí sé cómo ser fiel, y eso ya es media renta.

Algunos se rieron. Otros se miraron entre sí como diciendo: "¿Este niño está hablando en serio?". Ella respondió:

—Bueno, al menos no te desmayaste en esta comida.

Y se rio. ¡Se rio! Y toda la mesa, que había estado conteniendo la respiración durante hora y media, soltó la carcajada como si hubiéramos sobrevivido a un tsunami. Anyha me miraba con una mezcla de ternura y pena ajena. Ella sabía que su mamá no era fácil, pero me había advertido que era artillería pesada.

La verdad es que salí de ese restaurante con el ego hecho trizas y el corazón arrastrándose. Con las manos sudadas, las palabras atoradas en la garganta y esa sensación asquerosa de haber sido desenmascarado sin siquiera saber de qué me estaban acusando. Me temblaban las piernas, el orgullo y la sonrisa. No sabía si había pasado una prueba, si me había estrellado contra una muralla o si simplemente había sido el protagonista de una comida que jamás debió ocurrir. Lo que sí sabía era que me sentía chiquito. Ridículamente chiquito. Como un niño disfrazado de adulto que creyó que el amor bastaba para entrar a cualquier casa con flores en la mano. ¡Y pues no, no bastó!

Me subí al coche con la boca tiesa. Anyha iba hablando de algo, pero mi cabeza zumbaba. No sabía si ella también pensaba que yo era un mocoso. Si por dentro estaba dudando de haberme llevado ahí. Si su madre tenía razón, y yo era solo un capricho de juventud más, uno que ni siquiera sabía cuánto valía un kilo de aguacate.

Ese día no me fui pensando: "Me la voy a ganar". No. Me fui pensando: "No soy suficiente". Y por primera vez desde que estábamos juntos me pregunté si estaba jugando en una liga que no era la mía. Si tal vez yo era demasiado ingenuo para su mundo, demasiado torpe, demasiado verde. Tenía dieciocho años muy bien vividos, pero esa noche me sentí de doce. Y no en el buen sentido.

No hubo beso de despedida. No hubo conversación profunda. Solo un silencio largo mientras ella me veía de reojo y yo fingía que miraba por la ventana como si el paisaje supiera consolar. Y aunque no lo dije, esa noche me fui con la duda clavada en el pecho: ¿Será que el amor no es suficiente cuando uno se siente tan poco?

Después de dejar a Anyha en su casa, me quedé un par de segundos con el motor encendido y las manos en el volante. Ni siquiera me despedí bien. Solo dije un "nos vemos" bajito, sin convicción, como quien no sabe si realmente va a volver. Yo no aguanté como Anyha lo hizo con mi madre y mis hermanos.

En el camino de regreso no puse música. Ni una canción. No tenía fuerza ni para eso. Sentía que cualquier letra romántica me iba a partir en dos, y cualquier canción alegre me iba a escupir en la cara. Las calles estaban medio vacías, pero mi cabeza no. Iba manejando, pero en realidad iba cayendo. Repetía mentalmente cada palabra que me lanzó su madre, cada gesto, cada risa burlona. Como si estuviera rebobinando una película de terror en *slow motion*. Todo lo que me dijo empezó a resonar como verdad. "¿Y tú sí puedes pagar el supermercado?". "Ya no acepto devoluciones". Y yo ahí, tragando mis 18 años como si fueran una ofensa pública.

Me miré en el retrovisor y vi a un tipo que ni siquiera sabía si estaba listo para amar. ¿Y si ella tenía razón? ¿Y si esto era una locura adolescente, un amor que me estaba quedando enorme? ¿Y si Anyha, en el fondo, también lo sabía?

El trayecto fue corto, pero se sintió eterno. Llegué a mi casa y ni siquiera saludé. Fui directo a mi cuarto, me quité la chamarra de cuero falsa —esa que tanto me gustaba y ese día parecía un disfraz barato de inseguridad— y me dejé caer en la cama. Ahí, mirando el techo, sin luz, con la boca seca y el pecho revuelto, me permití algo que pocas veces me dejo hacer: dudar de mí mismo en voz alta. Me dije:

—Tal vez no estoy hecho para esto. Tal vez no soy suficiente para ella. No vas a gustarle. No vas a convencerla. Tal vez nunca. —Y desde el fondo de mi cansancio apareció una frase que ya conocía, pero jamás había entendido con tanta fuerza. Una frase que, hasta entonces, me sonaba a defensa, a caparazón, a berrinche, pero les juro que esa noche se convirtió en algo más. Es un principio que uso solo en caso de emergencia—: Ya me da igual.

¡Uff! Ese bendito segundo de inflexión emocional y psicológica… qué importante es. Ese instante en el que uno deja de cargar preocupaciones que parecen insostenibles. Y no, no decimos "¡ya me da igual!" desde el cinismo, ni desde la apatía, ni desde la imprudencia. Esa frase, dicha con conciencia, es un gesto de aceptación, no de resignación. Y eso es muy distinto. La aceptación implica ver las cosas como son, reconocerlas, pero no necesariamente conformarse con ellas. Es decir: "Lo veo, lo entiendo… y elijo cómo actuar frente a eso".

Quienes lo han vivido, lo saben. Cuando ese momento llega, algo cambia. Cambia nuestra forma de sentir, de responder, de ubicarnos frente a ese momento de la vida. Es el punto exacto en el que dejamos de ser víctimas pasivas de las circunstancias y pasamos a ocupar un lugar activo en la gestión de nuestras emociones. Es cuando dejamos de reaccionar y empezamos a decidir.

Ese "¡ya me da igual!" —bien dicho, bien sentido— es un manifiesto de empoderamiento personal, una afirmación de control interno y comprensión profunda. Así que, si puedes, inténtalo ahora mismo. Aunque no lo creas. Aunque suene absurdo o simple. Dilo en voz alta conmigo: "¡Ya me da igual!".

Sí, dilo sin miedo: "¡Ya me da igual!".

Dilo, porque, en algún rincón de tu alma, eso va a sembrar algo. Y si lo riegas con conciencia, con valor y con verdad, eso germinará en paz, en claridad… y en frutos emocionales que vas a agradecer.

Una vez más: "¡Ya me da igual!".

> "Más que cualquier otra cosa, **soy lo que he hecho por amor**".
> *Daniel Habif*

Sí, queridos, con mi suegra tuve que echar mano de mi inteligencia, porque los primeros años fueron los más difíciles. Sabía que no iba a funcionar si no creaba una estrategia para ganarme a la señora. Menos mal me gustan las cosas difíciles.

Asumí el desafío con la misericordia y la humildad necesarias. Sé que no siempre funciona, incluso cuando uno lo intenta todo, pero en mi caso conté con el apoyo total de Anyha. Los dos sabíamos que no se trataba solo de buena voluntad, sino de una decisión madura por el bien de nuestro amor. Pude haber elegido vivir ofendido. Pude haberle respondido con la misma moneda, dejarla marcada por mis réplicas o atrincherarme en la idea de que era su problema.

Pero, seamos honestos: ¿de qué sirve que yo esté en guerra con la madre de Anyha o ella con la mía? Nadie, por más complicada que sea la relación, te arranca del corazón a tus padres. Y aprender a convivir con eso lo antes posible, en vez de competir con ello, fue una de las claves.

También debo confesar algo que cambió mi perspectiva por completo: al conocer a mi suegra, entendí muchas cosas sobre Anyha. Fue uno de esos momentos reveladores —casi como una epifanía doméstica— en los que comprendes de dónde viene la persona que amas y, con ello, muchas piezas empiezan a encajar. Entonces tienes dos opciones: usar esa información para destruir o para construir. Elegí lo segundo.

Y sí, tuve mis aliados. Afortunadamente, me topé con un suegro maravilloso. Siempre le he dicho a Anyha que su papá vino incluido como bonificación en el matrimonio, y sus hermanos también. Y sí, luego de un tiempo, mi suegra bajó la guardia. Fue casi imperceptible al principio. Un comentario menos ácido, una mirada menos filosa, un café que me ofrecía sin sarcasmo. Con el tiempo, esa mujer que parecía tener una reserva inagotable de indirectas, terminó amándome. Y yo a ella. Profundamente. Fue un amor cincelado con años de resistencia, risas nerviosas, discusiones francas y una complicidad que, sin darnos cuenta, nos fue floreciendo entre lo cotidiano.

Dicen que fui el único que la derritió. Y no lo digo con vanidad, sino con una gratitud enorme. Nos hicimos cómplices en mil detalles: hablábamos de cosas que ni Anyha o sus hermanos sabían. Me contaba sus miedos, sus frustraciones, sus heridas abiertas y las que nunca cerraron del todo. Me convirtió en su confidente, sin firmar contrato, sin nombrarlo nunca. Simplemente ocurrió. Hasta hoy guardo sus secretos.

A veces me llamaba solo para platicar. O me dejaba un mensaje con algún meme escandalosamente pícaro. Le conté chistes malos solo para verla sonreír. Durante muchos años fue dura, sí. Insoportablemente dura. Pero también fueron muchos más en los que nos quisimos con esa clase de amor que no necesita explicación. Ese que se gana y se queda. Y ahora que no está, la extraño como se extraña a las personas que marcaron tu vida a golpes y a besos.

Al final logramos construir una relación extraordinaria y, hasta el último de sus días, Anyha y yo estuvimos cerca de ella. Sin embargo, debí trabajar mucho para reconciliarlas a ambas. Y Anyha, a su vez, se dio a la tarea de mediar en la relación con mi padre antes de su partida. Los dos entendimos que, sin el apoyo el uno del otro, no íbamos a poder sanar esas heridas.

> "Estar dispuesto a perdonar, **aun sabiendo que es posible que sea insuficiente**".
> *Daniel Habif*

Hay que decirlo: ni en el caso de la familia de Anyha ni en el de la mía esperaban mucho de nosotros. Aun así, juntos hallamos la fuerza para desafiar esas expectativas y construir algo sólido y hermoso. Desde luego, para que eso fuera posible, tuvimos que poner límites. Y no solo de manera individual, sino también para el matrimonio.

Esos límites, aunque a veces subjetivos, fueron fundamentales para proteger lo que habíamos construido juntos. Y es que no siempre tienes la certeza de hasta dónde llegan los lindes del otro o hasta dónde estás dispuesto a cruzar, y hay gente que los rebasa más por imprudencia que por maldad, o incluso con la buena intención de ayudar.

Uno de los retos más difíciles que tuvimos que enfrentar sobre este tema fue analizar las motivaciones de las personas que querían atravesarlos. Y lo hicimos a partir de las preguntas: "¿Y él (ella) por qué quiere hacer esto?", "¿lo está haciendo de forma consciente o inconsciente?", "¿cuál es la estrategia que vamos a implementar para ponerle freno?". Fue un trabajo que requirió mucha reflexión y bastante tiempo.

Al principio, admitámoslo, tuvimos que apartarnos de nuestras respectivas familias, porque nos sentimos juzgados y atacados, como si nos pusieran bajo una lupa. Y aunque no tenía por qué ser así, pues cada quien debió revisar sus propias relaciones y no meterse en las del otro, sí, decidimos darnos un tiempo fuera de nuestras familias para fortalecernos. Fue un acto de resistencia, un repliegue estratégico para construir nuestras defensas.

Recuerdo que, cuando invitábamos a la familia a la cabaña (nuestra primera casa juntos), muchas veces nos hacían comentarios que podrían desinflar a cualquiera: "Oye, ¿y aquí afuera no se van a robar mi coche?", "¿acaso no tienes más donde podamos sentarnos?, ¿a poco acá comen?".

¿Pero saben? Eso nos unió y nos fortaleció más, nos hizo inseparables. De hecho, estuvimos en una especie de hibernación, nos ocultamos en nuestra cueva para resguardarnos de casi todos. Poco a poco fuimos saliendo, asomándonos con cautela y dosificando el contacto con otros, especialmente con la familia, porque entendimos que, aunque las murallas nos protegían, también nos aislaban. Necesitábamos encontrar la armonía entre protegernos y permitirnos ser vulnerables con quienes realmente importaban.

Amurallarse eternamente no es una forma saludable de poner límites y no le hace bien a ningún matrimonio. Las parejas necesitan de las personas que gravitan a su alrededor (las amistades, la familia, etc.), por eso no es bueno tomar la postura de "los dos solos contra el mundo". Eso no quiere decir que no se presenten momentos específicos para levantarse en armas. Hay gente que no entiende los límites y no existe manera de hacérselos ver. En esos casos, es necesario cortar por completo el vínculo hasta que haya un entendimiento mutuo.

"A la pareja se le da su lugar y a la familia se le pone límites. **Si no estás listo(a) para eso, mejor quédate soltero(a)**".

Anyha Ruiz

Desde luego, en el tema de los límites hay diferencias. Por ejemplo, hay ciertos asuntos en los que nadie puede opinar: si alguien habla del cuerpo de mi esposa, pongo una barrera inmediata; no tengo que pensar ni analizar, simplemente digo: "No vuelvas a mencionar eso; no te incumbe".

Anyha y yo les pusimos límites a diferentes relaciones, en especial a familiares; algunos lo aceptaron, otros no. Quienes no, se enojaron, a lo mejor con cierta razón, pero también con un tufo de berrinche que suena a "Perdí la batalla; no pude controlarlos". Cada límite que establecimos fue como una piedra en el camino, marcando nuestro territorio, definiendo quiénes éramos y qué valorábamos. Y aunque algunos se apartaron, los que se quedaron aprendieron a respetar esos lindes, entendiendo que no se trataba de excluir, sino de proteger la esencia de nuestra relación.

¿Y qué caso tiene?

¿Y qué caso tiene quedarse donde no valoran el amor con el que haces las cosas? ¿Y qué caso tiene quedarse donde no miden las palabras para no dañarte? ¿Y qué caso tiene quedarse donde moviste montañas por quien solo te vio moverlas? ¿Y qué caso tiene? Si lo piensas, hay personas que pueden darte la atención necesaria para que no te vayas, pero no la suficiente para que decidas quedarte. Enorme diferencia existe con la gente que te lleva consigo, aunque tú estés muy lejos.

Si bien la vida es una constante evolución y cada experiencia, cada encuentro, cada desencuentro aportan algo a nuestra historia personal, ¿qué caso tiene quedarse anclado en un lugar donde nuestro arte, nuestra esencia, no son valorados? ¿Qué caso tiene aferrarse a situaciones que no nos permiten florecer,

que no alientan nuestro espíritu y que, por el contrario, lo asfixian?

Cada uno de nosotros es portador de una luz única, pero para que esa luz alcance su máximo esplendor, es imperativo cultivarla en un ambiente de cuidado y valoración sincera. Urge la valentía de tomar la decisión consciente de alejarse de aquello que no alimenta nuestro espíritu, que no nos permite crecer y expandirnos en nuestra plenitud. Porque la verdad es que somos seres que podemos portar la inmensidad cuando contamos con la capacidad de amar profundamente y tocar la vida de los demás de formas significativas.

No se trata de una huida, sino de un acto de autoconservación, una declaración potente de amor propio y afirmación de nuestro yo más puro. Al final, lo que realmente importa no es la cantidad de personas que tenemos a nuestro alrededor, sino la calidad de las conexiones que establecemos, la profundidad de los vínculos que creamos con aquellos que están dispuestos a construir un mundo junto a nosotros, piedra por piedra, con amor, con respeto y con la maravillosa certeza de que cada uno de ellos vive en este lugar sagrado.

Hay quienes, aun estando lejos, se llevan nuestra esencia consigo. La distancia que se acorta con detalles.

Anyha

En el tema familiar, los primeros límites tuvimos que establecerlos con el círculo cercano de Daniel. Como yo llevaba años viviendo lejos de casa, mi convivencia con mi familia era esporádica, casi ocasional. En cambio, su entorno estaba muy presente, muy involucrado... A veces demasiado.

Daniel y yo coincidimos en algo que nos costó explicarle al mundo: un matrimonio, si quiere sobrevivir con dignidad, tiene que educar a su alrededor. Enseñarles a los demás cómo quieren ser amados, cómo quieren ser leídos, cómo quieren ser interpretados. Porque si no das la clase completa, te reprobarán con sus opiniones. Si abandonas esa batalla, te flanquean por todos lados. Así que dimos la pelea. Y todos, de una forma u otra, terminamos aprendiendo.

A lo largo del proceso entendimos que no basta con quererse mucho, hay que hablarse con ácida honestidad, armarse de paciencia y aprender a poner límites sin romper el alma en el intento. Aprendimos a abrazar las diferencias sin que nos dolieran, a encontrarnos en un punto medio que no fuera una batalla constante, ni una rendición pactada. Descubrimos que construir una vida en común es como afinar un instrumento: hay que girar las clavijas con cuidado, escuchar bien y tener claro que, a veces, hasta el amor más puro desafina. Pero también entendimos que la empatía, el respeto y la risa —sí, esa risa que nace justo cuando todo amenaza con irse al carajo— son los únicos atajos decentes hacia la paz.

Y sí, entre tensión y tensión, siempre supimos encontrarnos en las carcajadas.

> "Yo tenía la creencia de que la comunicación era la base de todo, **pero, al final, es la comprensión**".
>
> *Anyha Ruiz*

Daniel

Poner límites es un arte y uno bastante duro. Es tambalearte en una cuerda floja sobre un abismo de desaires, mientras la multitud —llámese familia, amigos o traumas con apellidos— espera que te caigas sin hacer mucho ruido. Un paso mal dado y terminas con heridas muy graves.

La tolerancia, mal entendida, acaba siendo complicidad. Y la mediación se vuelve ese pantano donde uno se hunde lento, mientras sonríe por educación. Yo sé perder con elegancia, pero la paciencia en medio de las discrepancias aún me la debo. Sigo en clases particulares, con muchos exámenes reprobados. No me gusta andarme con vueltas ni poner curitas sobre heridas que apestan a abandono. Yo soy más de estocada certera, limpia, y luego zurcir con esmero, aunque a veces dejo la costura chueca. Por eso, cuando hay que poner límites, prefiero que sea Anyha quien tome el bisturí. Tiene el don, la gracia y el tacto que a mí me faltan. Yo tengo la pólvora, pero ella el pulso.

Con mi madre, por ejemplo, si Anyha me dice: "Pasó esto con tu mamá", no me meto si no es necesario. Prefiero que lo hablen entre ellas. Porque si soy yo quien intenta explicar: "Oye, esto a Anyha le incomoda", se me nota la tensión y no suena igual. En cambio, si lo dice ella, todo fluye. Se entienden. Se huelen. Se leen. Y ahí sí se arma un puente real, no ese pasillo de cartón que se rompe con el primer desacuerdo. Eso sí: resolvemos. No dejamos que el fuego se convierta en incendio. Si hay que hablar con mi madre, mis hermanos, mis amigos o conmigo mismo, lo hacemos. Anyha es frontal, clarita como el agua y, para serte franco, mucho más sana que yo en eso de poner límites. Tiene más. Los respeta. Los defiende. Y no se disculpa por tenerlos.

Ahora bien, para que todo eso funcione sin dejar cadáveres emocionales en el camino, hay que reeducarse. Me desespera esa frase de moda: "No soy responsable de lo que entiendes". No, maestro. Uno sí es responsable. De lo que dice y de lo que deja flotando. Si alguien te malinterpretó, lo mínimo es decir: "Oye, no quise darte a entender eso". Así se afina una relación, hasta que logras la armonía.

"Infinitos tropiezos
nos avalan".

Daniel Habif

“El amor no es un **destino turístico**”.

Daniel Habif

Uno de los grandes problemas ha sido la envidia que hemos provocado. Sí, suena pedante, pero no hay otra forma de decirlo sin endulzar la cicuta: hay gente a la que le pica vernos bien. Y no es picazón leve: es sarpullido. Nos han querido poner a prueba con premeditación, alevosía y mucha mala leche. Y aunque suelen estrellarse contra una pared, lo que duele no es el golpe que se dan, sino descubrir que algunos de esos golpes vienen con la firma de gente que se decía amiga, colega, cómplice de sobremesa.

Hay quien no lo soporta: "Eso no puede ser verdad", "Algo raro habrá", "Nadie se quiere así sin cobrar algo después". Otros, más poéticos en su cinismo, preguntan: "¿Cómo hacen para ser tan amigos? ¿Cómo pueden pasar tanto tiempo juntos sin matarse? Eso no es amor, eso es dependencia". Pero, claro, quien no lo ha vivido, no lo va a entender. Y, francamente, tampoco tendrían por qué opinar, aunque bien sabemos que eso nunca detuvo a nadie con ganas de meter la cuchara. A veces nos topamos con personajes que ni siquiera orbitan en nuestra intimidad, pero se sienten con la autoridad de probar si lo nuestro es real. Se arman, nos apuntan y disparan, aunque las balas les regresen con interés. La envidia, ya se sabe, siempre quiere lo que no le pertenece. Y si encima le parece que lo tuyo brilla demasiado, buscará la forma de apagarlo o de robártelo.

Anyha y yo aprendimos a identificar a las personas que más peso tenían sobre nuestras decisiones. A veces eran familiares con cara de santos, otras, amigos con manos suaves y lengüita afilada. Ese aprendizaje fue clave en la relación, porque el veneno más peligroso no siempre viene en frasco oscuro: a veces se disfraza de favor, de regalo, de "aquí estoy para lo que necesites".

Y no siempre hay mala intención, claro. A veces lo hacen con cariño. Pero ya se sabe, el cariño sin límites es como un vaso sin fondo. Sin darte cuenta, esa gente que un día estaba sentada en tu mesa, termina durmiendo en tu sala. Se meten como la humedad: sin aviso, sin permiso y sin saber cómo demonios sacarla después.

Por eso nos pusimos firmes. Levantamos un sistema de seguridad emocional, mental y espiritual. Algo así como una alarma silenciosa contra las intromisiones disfrazadas de afecto. No se ve, pero funciona. Es una muralla invisible que no impide el paso de los buenos, pero que sabe reconocer al que llega con la sonrisa torcida y la mochila cargada de basura. Nuestra casa no es una fortaleza, pero tampoco un hotel sin cerraduras. Y si alguien quiere entrar, que toque la puerta y que venga con buenas intenciones, porque aquí ya no se acepta cariño con cláusulas escondidas ni lealtades con factura.

Queridos, cuando los envidiosos arrecian, me obligo a recordar quién soy, de dónde vengo y por qué estoy apostando todo lo que tengo. Porque sí, señores, tengo derecho a elegir cómo vivir, cómo amar y con quién enfrentar al mundo. Y ustedes también. La vida adulta consiste en eso: en tomar decisiones propias, con la cabeza fría y el corazón encendido.

"Prefiero muchas veces poner yo los límites antes de **que entre Daniel y se arme la de Troya**".

Anyha Ruiz

Anyha

En varias ocasiones tuve que frenar a mi madre antes de que lanzara algún comentario frente a Daniel. "Es mi pareja, y lo vas a respetar", le decía, con esa mezcla de ternura y pólvora que aprendí con los años. Como era inflexible y un tanto inaccesible, no daba lugar a discusiones. Sabía exactamente a dónde iba a parar si le dejaba el micrófono abierto. Luego hablaba con mi papá —que, para ser justos, nunca tuvo nada en contra de Daniel—, pero igual le advertía, por si las dudas, porque él solía apoyar a mi madre hasta en las causas perdidas.

Ese tipo de cosas, créanme, tienen que salir de uno. Porque cuando le dices al otro: "Oye, necesito que pongas un límite", lo que escuchas de vuelta no es comprensión, sino una orden camuflada, y no siempre estás seguro de si tu pareja tiene la fuerza —o el estómago— para llegar a ese punto. Lo más sano, lo más sabio, es que ese límite venga de adentro. Que cada quien marque su territorio emocional con quienes más quiere, sin que eso implique la guerra. Para eso hay que tener ojos que vean, oídos que escuchen y estómago que aguante.

La relación con mi mamá era una olla a presión con el pitido encendido. Pero al menos tenía el valor de decirle las cosas, sobre todo cuando no bastaba con pararla antes de que hablara. Lo hacía con la firmeza del amor cuando se vuelve maduro: ese que se defiende, pero no lastima.

Daniel, por su parte, siempre tuvo la confianza de decirme cuando mi madre se había pasado en algo. Y yo tomaba nota, literalmente. Tengo libretas llenas de diplomacia. Cuando llegaba el momento, le decía: "Aquella vez dijiste esto...". Sé que no le gustaba —a nadie le gusta verse en el espejo ajeno—, pero también sabía que no iba a discutir conmigo porque si lo hacía, yo brincaba como ninguno de sus hijos.

Lo que no sirve, lo que nunca ha servido, es aislar a tu pareja de su familia. Aunque vengan con historial clínico de manipulación, apartarlos por completo suele empeorar las cosas. Lo que sí funciona es ponerle límites a su influencia. Que no se metan en la cama, ni en la cocina, ni en los negocios. Ese equilibrio es una vigilancia constante. Es saber cuándo entrar con todo y cuándo hacerse a un lado y dejar que el otro lo resuelva. Es una habilidad que se aprende más por tropiezos que por teoría. Y sí, a veces es difícil. A veces arde. Pero cuando los dos están comprometidos con cuidar la relación, se nota. Y se agradece.

"Prescindir del rencor **es nuestro talento**".

Anyha Ruiz y Daniel Habif

Capítulo 6

Mención honorífica a las almas que coinciden y se habitan

Daniel

Contra todos los pronósticos, no había transcurrido un año de estar juntos cuando encontramos una pequeña casa. Íbamos caminando por los alrededores de Televisa San Ángel para ir hasta donde tenía estacionado el auto y nos detuvimos en seco. Por esos días, faltaba un mes para graduarnos.

Ahí estaba, como esperándonos, justo en la esquina al final de la calle: Antiguo Camino a Acapulco # 302. Anyha y yo volteamos a mirarnos cuando vimos que el garaje estaba abierto y dijimos al mismo tiempo: "¿Será que la rentan?". Por la ubicación en que estaba, lo primero que pensé fue: "Seguro costará mucho billete". En el interior había una señora mayor, a la que, casi sin saludar, Anyha le preguntó:

—Buenas tardes, queremos saber si tiene disponible algo para rentar.

Ella nos miró con una sonrisa y dijo:

—Sí, claro, tengo una cabaña.

—¿Cuánto cuesta la renta? —pregunté.

Eran unos 4.000 pesos mexicanos que, para entonces, no era ninguna pequeñez para nuestro bolsillo. Sin embargo, no renunciamos a la idea ni un segundo.

—¿Sabe qué, señora? Le dejamos 500 pesos y, por favor, no la rente. Lo que nos pida, lo conseguiremos —le dijimos.

Nos observó con atención, y juraría que, en ese instante, creyó en nosotros. No habíamos visto ni una sola pared por dentro, pero la decisión ya estaba tomada. Minutos después de sellar aquel acto de fe con un billete arrugado, nos invitó a pasar. El corazón nos latía en la garganta.

Quince días después, con las manos llenas de emoción y una tonelada de ilusión, le estrechamos la mano y nos rentó oficialmente la casa. Era una cabañita de madera, muy sencilla, pero acogedora. En la parte superior, un tapanco (altillo) diminuto sería nuestra recámara. Tenía un ventanal peculiar y un balconcito donde apenas cabía una persona, pero nos cupo un periquito australiano. Todo el espacio no llegaba a los 38 metros cuadrados, tapanco incluido.

El único baño tenía una pequeña ventana en la regadera que daba justo a la calle peatonal —la misma que, tiempo después, usaría para asustar a la gente que pasaba por ahí mientras me bañaba, para fumar o para comprarle a don Jesús las gelatinas que vendía en el garaje de la vecina—.

La entrada principal de nuestra cabaña estaba a pie de banqueta. La pared era tan delgada, que escuchábamos todas las conversaciones de los ríos de gente que pasaban justo afuera. La sala, en forma triangular, tenía una ventana que miraba directamente al garaje de la dueña de la casa.

El comedor era estrecho y apenas cabían dos sillas, porque el otro extremo reposaba contra la pared. La cocina tenía el refrigerador y la lavadora uno junto a la otra, y a un lado, cuatro pequeñas hornillas que hacían de estufa. El fregadero se llenaba con una taza de café y dos platos, y la alacena no tenía puertas completas, así que más que alacena era una vitrina improvisada. Era tan pequeño el lugar que no había espacio para arrepentimientos, pero de una extraña forma cabían nuestros sueños, nuestras ganas, y un gran pedazo de nuestra historia.

Éramos dos soñadores con más ganas que muebles, más fe que colchones y más amor que metros cuadrados. El agua caliente salía cuando quería, y el gas se acababa los sábados a mediodía, como si también él necesitara descansar. A veces el refrigerador hacía un ruido raro, como de queja existencial. Pero ahí, aprendimos a cocinar con poco, a reírnos con hambre, y a entender que nuestro amor no necesita más espacio que el que ocupa un abrazo. A veces cocinábamos con lo que había, y lo que no había lo reemplazábamos con ingenio: el sartén viejo era también tapa, las cajas de libros hacían de mesa de noche, y las canciones que nos gustaban eran nuestro mantel cuando el pan escaseaba. Teníamos algo que el dinero no puede pagar: la certeza de estar en el lugar correcto, aunque fuera chiquito y crujiera con cada paso.

Por las noches, cuando apagábamos la luz, se escuchaba todo. El crujido del techo, el motor del refrigerador, el murmullo de la gente, que se colaba por la ventana mal sellada. Y, aun así, dormíamos tranquilos, como si cada sonido fuese un arrullo y cada imperfección fuera parte del encanto.

Nos fuimos haciendo a la casa, y la casa se fue haciendo a nosotros. La silla con la pata agrietada sostenía nuestras pláticas más profundas. Ahí aprendimos que la felicidad no siempre entra por la puerta grande. A veces entra por una ventanita en la regadera.

No sabíamos si íbamos a llegar lejos, pero sabíamos que ya habíamos llegado a algo: a nosotros.

Anyha

> En ese momento me di cuenta de que no había dudas: Daniel era mi destino. Cuando vimos ese lugar, tuve la certeza de que

“Eres el corazón **al que me quiero mudar**”.

Anyha Ruiz

íbamos a construir una vida juntos, sin importar lo que eso causara en las personas que nos conocían. Para entonces, el tema de la edad me valía un comino. Yo lo sabía desde antes, pero esa cabaña lo confirmó: él era mi hogar, no importaba dónde estuviéramos. Esa cabaña fue nuestra primera patria. Nuestro primer manifiesto de rebeldía contra lo que "debería ser". Ahí no éramos la mujer mayor y el hombre joven. Éramos dos locos apostándole al milagro de construir un hogar con más fe que garantías.

Las paredes eran tan delgadas que a veces escuchábamos más de la vida ajena que de la nuestra. Pero no importaba, nosotros también hacíamos ruido: el ruido de los que hacen el amor sin miedo, el ruido de los que ríen a carcajadas a medianoche, el ruido de los que se inventan el mundo desde cero. No era el lugar. Éramos nosotros. Nadie más lo entendía. Y no hacía falta.

Daniel

Hasta que apareció la cabaña, Anyha y yo nunca habíamos hablado realmente de irnos a vivir juntos. La idea no se planeó, simplemente nació. Como esas cosas que no se deciden con la cabeza, sino con el cuerpo entero.

Anyha ya vivía sola, así que no tenía a quién pedirle permiso ni a quién notificarle la "gran noticia". Su libertad estaba firmada desde hacía muchos años. En cambio, yo sí tenía que decirle a mi mamá que me iba de la casa. Y no fue nada fácil. Porque, aunque yo ya era mayor de edad y sabía lo que quería, la casa de mi madre no era solo un techo: era el lugar donde estaba sembrado todo lo que fui.

Decírselo fue como arrancarme un millón de pelos de la nariz. Fue uno de esos momentos que no tienen palabras limpias. Recuerdo su cara cuando se lo dije. No hubo gritos. No hubo drama. Solo un silencio largo y lágrimas con esa mirada que lo decía todo: "¿Estás seguro?". Y yo asentí. Porque sí. Estaba seguro, aunque por dentro tuviera miedo. Sé que le dejé un hueco en el corazón. Y no hay forma de endulzarlo. No me fui por rabia, sino por amor. Y, a veces, irse por amor también duele. Un rato después, mi madre me dijo:

—Si te vas, no regreses. No ahora. Esta siempre va a ser tu casa, pero si estás tomando la decisión, no te quiero de vuelta aquí en tres o cuatro meses, porque sería muy injusto conmigo.

Tenía razón. Anyha me ayudó a sacar las cosas de la casa de mi madre y la vio muy consternada. Mi madre no se imaginó que ese momento llegaría tan rápido. Es más, estoy seguro de que fue uno de los peores días de su vida porque, con mi partida, se quedó sola. Mis hermanos ya vivían fuera y yo era el único que la acompañaba. El que aún llenaba de ruido la cocina, el que le pedía consejos a deshoras, el que todavía la hacía sentir imprescindible. Porque lo era. Porque lo fue siempre. Además de madre, había sido mi cómplice. Mi mánager, mi brújula cuando perdía el rumbo. La que sabía lo que necesitaba incluso antes que yo. Y yo no supe despedirme como debía. No supe decirle que no me iba por falta de amor, sino por necesidad de crecimiento. Fue todo muy abrupto. Muy rudo. Muy poco considerado. Después me disculpé. No por haberme ido, sino por no haberla preparado.

Ese día comprendí que avanzar duele. Que crecer, aunque suene noble, muchas veces implica dejar atrás algo que aún te sostiene. Y que la fidelidad a uno mismo suele tener un precio. No siempre justo. No siempre limpio. Pero inevitable.

Así empezó mi vida con Anyha. No como una fuga ni un capricho, sino como una elección nacida desde lo más hondo. Desde ese lugar íntimo y sereno que reconoce, sin estruendo, que ha llegado el momento de partir.

Anyha

Desde luego, el cambio para los dos fue del cielo a la tierra, y no solo porque era una nueva etapa en nuestras vidas, sino también porque, al llegar a la cabaña, no teníamos mucho para arrancar. Aun así, y sin mucho que ofrecer, hicimos la inauguración. Porque había que celebrarlo. Porque, aunque no teníamos muebles, sobraban los motivos. Esa noche llegaron los amigos, los que no preguntan por qué, sino dicen: "¿A qué hora llego?". Todos terminaron sentados en el piso, con platos de plástico en las piernas; otros, usando cajas como mesas improvisadas. Todos con cerveza en la mano. Todos brindando por algo que no se veía, pero se sentía como un nuevo camino. Fue una noche sin lujos, pero llena de riqueza. Nadie se quejó. Nadie extrañó una silla. Porque lo que había, bastaba. Y lo que faltaba, ya sabíamos que lo íbamos a construir.

Ese fue nuestro primer brindis como compañeros de casa. Como cómplices. Y, cuando todos se fueron y la puerta se cerró, nos quedamos los dos, sentados en el suelo, con la casa oliendo a cerveza, a comida recalentada que tiene el aroma similar al de la esperanza. Nos miramos. No dijimos nada por unos segundos, como si quisiéramos alargar ese instante hasta la mañana siguiente. Luego, Daniel se inclinó y me besó la frente. Hicimos el amor un par de veces. Teníamos que estrenar toda la cabaña. Esa noche dormimos abrazados sobre un colchón en el suelo, con la ventana abierta, oyendo los ruidos de la calle.

Daniel

Poco a poco le dimos vida a nuestra cabaña: primero conseguimos una base de cama, porque solo teníamos el colchón. Y, como no podíamos darnos el lujo de comprar un sofá, usamos dos troncos que encontramos en la calle para armar nuestra sala. Los primeros platos, e incluso una cobija que nunca le gustó a Anyha, nos los regaló mi mamá.

No nos cabían las cosas en el clóset, pues no medía más de metro y medio de ancho para los dos. Además, solo contábamos con seis cajones en total, así que nuestra ropa vivía apilada a un lado del cuarto, formando montañitas que sabíamos sortear con los ojos cerrados. Más tarde, cuando por fin logramos comprar una buena cama, tuvimos que conseguir unos recipientes de plástico para guardar debajo la ropa de trabajo. Cada centímetro era valioso.

No había espacio para lo superfluo. Solo lo esencial. Vivíamos con lo mínimo, porque no estábamos decorando una casa; estábamos construyendo un hogar. Quizás por eso todo era más real. Más nuestro.

A mí, lo que más me costó al inicio fue el orden, pues soy estúpidamente organizado; en cambio, para Anyha es una prueba diaria. Ambos realizábamos las tareas del hogar, porque no teníamos para pagarle a alguien que nos ayudara, así que yo me encargaba de orquestar qué se hacía cada día. No había delegaciones oficiales, pero sí una especie de coreografía doméstica que yo, por costumbre —y por manía—, dirigía.

Ella a veces sufría. En especial los sábados. Yo era de los que, con escoba y trapo en mano, empezaban a hacer ruido desde temprano. No importaba si había madrugado, si llovía, si era mi único día libre para descansar: a mí el cuerpo me pedía limpiar. Y la casa, como una extensión de mi conciencia, tenía que estar en orden. Me había acostumbrado a ello viviendo con mi mamá. Así me educó ella. Así me funcionaba el mundo.

Recuerdo una mañana en particular. Anyha estaba tapada hasta el cuello, intentando defender el sueño, mientras yo pasaba un trapo por tercera vez por el mismo rincón del tapanco, como si allí se escondiera para mí el sentido de la vida. Ella abrió un ojo, me miró y solo dijo:

—¿Podemos hacer un trato de paz con el polvo por hoy? —Y yo me reí, porque sí… exagero y nunca había vivido con ella.

Fui aprendiendo a ceder. A negociar entre nuestras naturalezas opuestas. A veces, el amor se demuestra guardando la escoba y respetando el sueño del otro. Que ser pareja no es vivir igual, sino aprender a vivir distinto sin joderse. Ella fue entendiendo mis obsesiones. Yo fui entendiendo sus pausas. Y, entre ambos, sin querer, creamos nuestras propias reglas: imperfectas, flexibles, vivibles. Justas para nosotros.

Para mejorar las diferencias, queridos, creo que fue fundamental algo que casi nunca se considera en las relaciones: la importancia del silencio. En el silencio escuchamos lo que otros omiten y lo que nuestra alma grita. Callar es un breve retiro meditativo, más en una época donde las voces y opiniones amenazan con ahogar la reflexión profunda. Adoptar el rol de observadores atentos desarrolla una mejor conexión con los demás, no solo a través de sus palabras, sino también por medio de sus silencios, sus gestos, sus miradas. En la quietud, somos capaces de escuchar aquello que yace en el subtexto de nuestras interacciones: las emociones no expresadas, las intenciones ocultas y hasta los sueños no verbalizados. Calla un poco más y aprenderás a leer las sutilezas de la comunicación humana que trascienden las palabras: un suspiro, una pausa, un cambio en la mirada. Estos detalles, a menudo inadvertidos, pueden revelar más sobre una persona que mil palabras.

El silencio, para mí, se ha convertido en una forma de resistencia y sabiduría, un balcón con vista a lo escondido y a las verdades más hondas.

"Más allá de prometerle el cielo, le prometí **saltar con ella para ver si lo alcanzamos**".

Daniel Habif

Anyha

Dentro de la casa enfrentábamos grandes retos, pero fuera de sus paredes librábamos otra gran batalla: la profesional. Mientras resolvíamos lo íntimo, nos perseguía una pregunta inevitable: "¿Cómo crecer y darle sentido a todo el esfuerzo compartido?".

Lo primero fue organizarnos. Establecimos un horario de oficina: de ocho de la mañana a siete de la tarde, de lunes a viernes; y en miles de ocasiones, sábados y domingos también. Nos inscribimos en todos los *castings* que encontramos: comerciales, teatro, cine, sesiones fotográficas, desfiles... lo que fuera. A veces nos llamaban solo para aparecer de fondo. A veces, ni eso.

Repartíamos nuestro tiempo entre ensayos, grabaciones, llamadas y búsquedas interminables en todo el medio del entretenimiento. Trabajábamos como burros. Hacíamos calendarios en hojas recicladas, anotábamos contactos en la parte de atrás de los recibos de luz. Todo parecía provisional, pero dentro de nosotros sabíamos que no íbamos a quedarnos donde estábamos. Queríamos más.

Por dignidad, por hambre de futuro, por el simple deseo de dejar de sobrevivir y empezar, al fin, a construir una vida que pudiéramos elegir. Y así lo hicimos. Con poco dinero, pero con cien pisos de voluntad. Cada día era una mezcla de rutina e improvisación: despertábamos temprano y salíamos a buscarnos la vida como si el éxito fuera cuestión de insistencia más que de talento. Algunos días nos sentíamos gigantes. Otros, apenas sobrevivíamos a la frustración. Pero jamás dejamos de movernos. Sabíamos que si nos quedábamos quietos, nos vencería el miedo. Así que nos inventamos ocupaciones, creamos proyectos que nadie había pedido, aprendimos a fotografiarnos, a grabarnos, a producir milagros con precariedad. Comíamos lo justo, cancelábamos salidas, repetíamos la ropa sin culpa y, aun así, encontrábamos razones para reír. Nunca dejamos de mirarnos como aliados. Teníamos una promesa: esto va a valer la pena.

Luego de muchos intentos, finalmente logré quedarme en un comercial de leche Nido, interpretando a una mamá. Cuando me lo anunciaron, grité como una loca desquiciada y compré un vino para festejar. No era el mejor, pero les aseguro que es de los más ricos que he tomado en mi vida. Eso hacen los objetivos cumplidos: le cambian el sabor a todo, hasta a los vinos que no llevan corcho.

En esa época, yo no creía del todo en mí misma y tenía muchas dudas acerca de mi capacidad para actuar, aunque fuera en un comercial. Sabía que tenía *timing* para la comedia, pero era completamente insegura en otros aspectos fundamentales para la carrera en la que estaba. Sin embargo, no me quedó otra más que, a punta de terquedad, empezar a creer en mí. No por inspiración divina, sino por pura necesidad. Porque cuando no te queda nada más, lo mínimo que puedes hacer es darte el beneficio de la duda. Y me dije: "A ver, cabroncita, si nadie te aplaude, te aplaudes tú".

Después de ese primer comercial, llegaron más oportunidades pequeñas. Personajes con una línea, luego dos. Apariciones fugaces que para mí eran protagónicas, porque representaban un paso más lejos del "no". Comencé a hacer redes con otros actores, a grabar cápsulas, a aceptar papeles sin paga con tal de sumar experiencia. Mientras tanto, Daniel también se movía con la misma hambre sagrada con la que se mueve hoy. Escribía, proponía, conectaba. Nunca nos quedábamos quietos.

La cabañita se había convertido en la base de operaciones. Ahí imprimíamos currículums, grabábamos audiciones, ensayábamos los guiones en voz alta, una y otra vez, hasta que las paredes podían recitarlos de memoria. No teníamos salario seguro, pero sí una rutina inquebrantable de trabajo. Ese tipo de trabajo que no se paga, pero que algún día cobra factura. Así fuimos pariendo no solo una carrera, sino también una causa. Una manera de decirle al mundo: "Aquí estamos, aunque nadie nos haya invitado".

> "No supe qué decirle y **solamente lo abracé**".
> *Anyha Ruiz*

Daniel

Un par de meses después de salir de la escuela, me quedé con un papel en una novela juvenil. Nada del otro mundo, nada que mereciera alfombra roja ni entrevistas de espectáculos. Y, aunque las escenas que me tocaban eran pocas y sin peso, para mí cada línea era una oportunidad de demostrarle al destino que no estaba jugando. Era un personaje menor, casi decorativo, pero para nosotros era oxígeno. Ayudaba a cubrir la renta y las ganas de seguir creyendo que esto iba para algún lado.

Mientras tanto, cuando no tenía llamado en la novela, corría de lado a lado por la ciudad, cambiándome de ropa en el baño de algún restaurante de comida rápida, esperando tres horas para un *casting* de comerciales o pidiendo prestado un saco para parecer "ejecutivo joven con futuro prometedor" en un cortometraje de estudiantes de cine.

Había días en los que iba de foro en foro como si tuviera agenda llena, cuando en realidad solo estaba buscando encontrarme con algún jefe de reparto que me diera la oportunidad de aparecer en cámara. Lo hacía con la dignidad intacta. No me detenía. Porque algo en mí —algo testarudo, algo iluso, algo benditamente terco— seguía creyendo que valía la pena.

Cada vez que me tocaba grabar, lo daba todo. Incluso cuando solo era pasar de un punto a otro del set, fingiendo que hablaba por teléfono. Yo me lo creía. Yo lo actuaba como si mi vida dependiera de eso. Porque, en cierta forma, así era.

No era solo actuar. Era resistir. Era madrugar sin garantía de nada. Era seguir creyendo, incluso cuando nadie preguntaba por ti. Era sonreír cuando te ponían a decir la misma frase quince veces con quince diferentes matices, porque sabía que el verdadero papel que estaba interpretando era el de no rendirme.

Recuerdo que, una tarde, tras una jornada eterna de "espera y ve si te llamamos", volví a casa con los pies molidos y las manos vacías. Me senté sin fuerzas en las escaleras que subían a nuestro tapanco; no pude ni llegar a la cama. Y entonces, como tantas veces, Anyha se sentó a mi lado sin decir nada. Solo puso su mano sobre la mía y me dijo:

—Tú ya estás haciendo que pasen tus sueños. Solo falta que el mundo lo note.

Y ahí lloré. Lloré de cansancio, de rabia, de amor y de alivio. Porque en medio de tanto no, yo tenía un sí. El suyo. Y eso era suficiente para seguir. Esa noche, nuestro único proyecto fue no soltarnos.

Al día siguiente, sucedió algo maravilloso: alguien reconoció mi trabajo. No fue una ovación. No fue una portada. Fue algo mucho más sencillo, pero importante. Estaba esperando para hacer otro *casting* y un tipo que trabajaba en producción se me quedó mirando y dijo:

—¿Tú sales en la novela de las 4, no? Lo hiciste bien, hermano. Se nota que le echas kilos de ganas.

Así, sin más. Y no sé qué expresión puse, pero por dentro sentí que algo me apretaba el pecho y me soltaba al mismo tiempo. Como si ese comentario breve, casi casual, hubiera valido más que cualquier aplauso.

A veces uno solo necesita eso: saber que alguien, aunque sea uno entre mil, vio que no estabas ahí por casualidad. Que no eras un relleno más. Que estabas luchando por algo, aunque fuera desde el rincón más pequeño del escenario.

Ese tipo de reconocimiento no se cuelga en la pared, pero te salva de abandonarte. No eran la fama ni el billete. Era saber que no era invisible. Esa diminuta chispa me fue suficiente para seguir ardiendo un día más.

Anyha

Una de mis mayores inseguridades eran las escenas románticas de Daniel en las novelas. No terminaba de acostumbrarme a la idea de que tuviera que besarse con otras mujeres en las grabaciones. Y ¿cómo no? Que alguien me diga a quién le gusta que le anden magullando los aguacates...

Recuerdo que, por esos días, Daniel se fue a grabar unas escenas a la playa con la actriz que hacía de su novia en una novela. Yo solo pensaba: "Híjole, esto está muy feo". Para colmo, no pude acompañarlo, así que la imaginación —esa traicionera que no necesita pruebas para condenarte— empezó a jugarme malas pasadas, a pesar de que, en el fondo, no tenía ninguna razón real para dudar de Daniel. Pero ya sabemos cómo funciona la mente cuando el corazón anda sin red: inventa, exagera, dramatiza. Y entre la distancia, el mar, las cámaras y los besos de ficción, cualquier mínima escena se volvía una película de terror en mi cabeza. Así que hice lo único que podía hacer: no llamar, no interrogar, no dejar que mis fantasmas arruinaran lo que habíamos construido. Confiar. No a ciegas, sino con los ojos bien abiertos. Y mientras él grababa escenas de amor que no eran nuestras, yo me prometía a mí misma algo: que no iba a permitir que el miedo fuera el precio de amar a un hombre libre y que no iba a cobrarle culpas que no le pertenecían.

Lo irónico fue que justo en esa semana en la que él estaba fuera, me llamaron para hacer un comercial de lo que en México conocemos como la Sección Amarilla (un directorio telefónico impreso que reunía información de empresas, negocios y servicios clasificados por categoría). Acepté. Cuando llegué al set, el director —a quien conocía muy bien— me recibió diciendo:

—Oye, ya está todo listo, ahorita llega el actor.

—Perfecto —respondí.

—Ve ensayando la escena del beso —agregó, como si me estuviera hablando de un apretón de manos. No pude contener la risa. Pensé que me estaba tomando el pelo—. Es un beso —insistió. Seguí pensando que era una broma... hasta que llegó el actor, comenzaron las tomas y me di cuenta de que la broma venía sin risas. Recuerdo perfectamente que, tras un par de grabaciones, el director aclaró—: Oigan, por favor, que sea un beso tipo telenovela: las bocas se rozan, pero sin meter lengua.

"No será tan grave", pensé, respirando aliviada. Pero a la tercera toma... al actor se le fue la mano (o, mejor dicho, la lengua). Y antes de que pudiera reaccionar, el director gritó:

—¡Corte y queda!

Me quedé ahí, parada en el set, sintiendo que la cara me ardía de la vergüenza y la incomodidad. El director, contento, daba indicaciones para la siguiente escena, como si nada hubiera pasado. Yo apenas podía procesarlo. No sabía si estaba enojada, si quería reírme, o si me convenía hacer como que no había pasado nada. Cuando terminé el día de grabación, me subí al taxi y me reí sola como una loca. Era risa nerviosa, de esas que son mitad desahogo, mitad incredulidad. Y mientras iba de regreso a casa, pensaba cómo le iba a contar a Daniel sin que sonara peor de lo que ya había sido. Porque, a ver, ¿cómo le explicas a tu pareja que justo en la semana que él se fue a besar actrices en la playa, a ti te tocó que te metieran la lengua hasta el esternón en un comercial de la Sección Amarilla?

Cuando Daniel volvió al día siguiente, le pregunté con toda la naturalidad que pude:

—¿Cómo te fue?

—Bien, tuve que grabar una escena donde le agarraba la mano a la chava y le daba un beso de piquito —me respondió, tan tranquilo.

Peor todavía. No sabía cómo contarle lo que me había pasado. Le solté:

—Oye, me tocó hacer un comercial.

Creo que mi cara me delató antes de que pudiera explicarme, porque Daniel, alarmado, soltó:

—¿Qué pasó?

Le conté todo. Desde el inicio, tratando de no sonar más culpable de lo que me sentía. Y el remate fue que el comercial salía en tres días. Cuando por fin lo vimos en la televisión, ya sabíamos que la escena "accidental" había quedado tal cual: con todo y el exceso del actor. Nunca voy a olvidar la cara de Daniel: se llevó las manos a la cabeza y soltó:

—No, no, no mames... ese wey te lavó la faringe entera. ¡Fue una endoscopia!

Los dos nos morimos de risa al final. Porque ¿qué otra cosa podíamos hacer? Era absurdo, ridículo y, en el fondo, la prueba de que nuestra relación no podía sostenerse en celos ni en posesiones, sino en algo mucho más raro y valioso: confianza, humor y la capacidad de reírnos, incluso, de nuestras situaciones más incómodas. Entendimos, que la vida iba a ponernos en jaque muchas veces. Que habría momentos torpes, absurdos, dolorosos, pero que si sabíamos reírnos juntos, podríamos sobrevivirlos. No se trataba de negar lo que sentíamos —los nervios, la incomodidad, las inseguridades—, sino de mirarlos de frente, reconocerlos, y luego tirarlas como un *ticket* de cigarros.

Daniel

> Creo que entendimos pronto la enorme importancia de decirnos las cosas que nos molestaban a tiempo, aunque no siempre fue así. Es un aprendizaje continuo, porque tienes que ir acumulando la valentía necesaria para poder tocar temas que solo se logran abordar cuando la relación madura. No se trata únicamente de encontrar el momento oportuno, también hay que tener la sabiduría y la sofisticación necesarias para saber cuál es. No todo se dice cuando uno quiere, sino cuando el otro puede recibirlo. Y no siempre se trata de soltar la verdad como si fuera una piedra, sino de entregarla como algo delicado y puede romperse si no se sostiene con cuidado.

No fue fácil. Hubo veces en las que callamos de más, y el silencio se volvió un muro. Otras veces, hablamos de menos, y la herida siguió abierta más tiempo del necesario. Pero fuimos entendiendo algo fundamental: no venimos a vencer al otro en una discusión. Venimos a proteger y salvar la relación.

La madurez no es evitar el conflicto, sino enfrentarlo con amor. Es elegir el momento, la palabra justa, la entonación precisa, la paciencia para escuchar sin interrumpir y la humildad para reconocer cuando uno también se equivoca. Es entender que discutir no es romper, que disentir no es traicionar, y que a veces la distancia más difícil de recorrer es el pequeño espacio entre dos corazones heridos. Hay batallas que se ganan no alzando la voz, sino bajando las defensas. Hay gestos —una mirada, un susurro, una pausa— que valen más que cualquier argumento brillante. No basta con amarse mucho: hay que aprender a amarse bien. A pelear sin destruir. A defender sin aplastar. A acercarse incluso cuando la tentación más fuerte es dar un portazo.

Justo hace un par de semanas, tuvimos uno de esos días larguísimos, lleno de mil pendientes y estrés, y bastó un comentario mío, aparentemente inofensivo, para que la atmósfera cambiara:

—No sé qué me gusta más de ti: tu risa o tu habilidad para perder las llaves.

"Cuando
las palabras
comienzan
a desgastarse,
**los hechos
empiezan a
hablar**".

Daniel Habif

Anyha se quedó en silencio. Yo también. No era una pelea abierta. Era ese tipo de distancia silenciosa que nace en un segundo, y que si no la detienes a tiempo, se convierte en algo peor. Podría haberme hecho el tonto. Podría haber fingido que no pasaba nada, esperar a que el enojo se le pasara solo. Pero algo en mí —algo que ya habíamos aprendido a fuerza de equivocarnos— me dijo que no. Me acerqué, respiré hondo, y sin discursos le pregunté:

—¿Te molestó lo que dije?

Anyha tardó un segundo en responder, como dudando si valía la pena entrar en eso. Pero al final, asintió con la cabeza. Me explicó, sin elevar la voz, que a veces mis bromas, aunque no fueran con mala intención, tocaban lugares donde ella estaba luchando.

No me defendí. No me justifiqué. La escuché. Me disculpé, de verdad. Algo que pudo habernos separado durante la noche se transformó en una victoria. Un pequeño acto de respeto, que recupera la sensación de estar del mismo lado.

Los exhorto a no dejar que las pequeñas ofensas crezcan en la oscuridad. Háblenlas, mírenlas y sánenlas a tiempo.

> "Las heridas tienen ojos. Aprendamos a **no mirar desde la herida, sino desde el alma**".
>
> *Anyha Ruiz*

Anyha

Quizás uno de los temas que más trabajo me costó abordar con Daniel fue el de su familia. Siempre que lo hacía, procuraba ser lo más amorosa posible, midiendo cada palabra como si caminara sobre vidrios. Todo se complicaba más cuando el asunto tenía que ver con su mamá. Mi mayor frustración era sentir que no podía mostrarle con claridad lo que yo veía. Fue muy difícil hacernos conscientes de los patrones que cada uno arrastraba de su historia familiar. Y ahí todo se volvía especialmente delicado. Esos temas son sensibles, casi sagrados, por lo que tocarlos sin cuidado podía sentirse como un gran insulto, una ofensa directa a quienes alguna vez nos cuidaron, o al menos lo intentaron. Tuvimos que entender que no podíamos comparar nuestras heridas ni competir en desventajas. A veces no puedes romperle la cadena al otro, pero puedes ayudarlo a alargarla, hasta que un día —ojalá— encuentre la fuerza para quitársela solo.

Los patrones no se borran de un día para otro. Algunos son tan viejos como las casas donde crecimos, y romperlos implica enfrentarse a lealtades invisibles, a culpas heredadas a miedos que uno ni siquiera sabía que cargaba. Había días en los que sentíamos que no avanzábamos nada. Otros en los que una sola conversación nos hacía creer que habíamos derribado un muro entero. Pian pianito fuimos deshaciendo nudos que no nos correspondían, soltando expectativas que nunca habíamos elegido.

Y en todo ese proceso hay algo fundamental: no rendirse. Aunque a veces quieras tirar la toalla porque has repetido la misma cosa cincuenta veces. Aunque la otra persona prefiera callar, sabiendo que cualquier palabra podría detonar una discusión. Por eso, siempre buscamos nuevas formas de tocar esos temas, de no esconderlos bajo la alfombra, porque si no los enfrentas, crecen, se enquistan, se vuelven mucho más difíciles de desarmar.

No es fácil. Hay épocas en las que el cansancio pesa más, o en las que uno se aferra con terquedad a una idea, incapaz de escuchar. Son temporadas en las que quieres hablar, pero no quieres que te respondan. Solo necesitas soltar. Sin opiniones, sin consejos, sin soluciones. Nosotros fuimos aprendiendo a advertir eso anticipadamente. Decir, por ejemplo: "Mira, te voy a contar algo, pero no quiero que me digas nada. No estoy para recibir información; solo necesito desahogarme". Y no es sencillo, porque, naturalmente, tu pareja va a querer ayudarte, va a querer intervenir, reparar, ofrecer una salida. Pero a veces el acto de amor es quedarse callado. Estar. Acompañar. Y dejar que el otro respire, sin querer taparle las heridas con palabras.

Daniel

Anyha tenía razón. Hablar de mi familia era picarme la cresta. Yo no lo veía en ese entonces, pero bastaba una pregunta inocente para que mi cuerpo entero se tensara. No era ella. Era la historia que me acompañaba, las lealtades invisibles que uno carga sin darse cuenta. Hubo días en los que me costaba escucharla. No porque no quisiera, sino porque cada palabra suya abría puertas que yo había mantenido cerradas durante años. Y no siempre estás listo para entrar a tus propias habitaciones oscuras. Hay heridas que uno aprende a decorar con excusas, con negaciones, con silencios. Abrirlas duele, aunque sepas que es necesario.

Pero ahí estaba ella: paciente, firme, amorosa. No queriendo cambiarme, sino ayudándome a soltar el peso que me impedía avanzar. No desde el juicio, sino desde la compasión. Poco a poco, entendí que hablar de mi historia no era traicionar a nadie. Que reconocer los patrones que me limitaban no me hacía menos leal, sino más libre. Que romper con ciertas cadenas era también un acto de gratitud hacia quienes me las habían puesto, porque ellos hicieron lo que pudieron y ahora me tocaba a mí hacer algo mejor. No fue un proceso rápido. Ni lineal. Hubo avances, retrocesos, días de rabia, noches de tristeza, silencios largos que parecían definitivos. Pero también hubo pequeños milagros: conversaciones que terminaban en abrazos, silencios que no eran castigos, sino refugios, lágrimas que al fin limpiaban en vez de ensuciar.

Y así, pian pianito, como dice Anyha, fuimos aprendiendo a comunicarnos mejor.

¿Te da miedo ser sincero con quien amas?

¿Crees que por decir la verdad siempre te metes en problemas? Bueno, hablemos de esto. La sinceridad es uno de los pilares para el crecimiento y la fortaleza de cualquier unión. Sin embargo, a menudo nos enfrentamos al miedo de decirle la verdad a alguien a quien amamos, temiendo las consecuencias que nuestras palabras puedan tener. Pero el amor verdadero echa fuera el miedo, ¿entonces por qué tememos?

Estas letras abordan la importancia de superar ese miedo y promover la ácida honestidad en nuestras relaciones afectivas. Quien te respeta te dice la verdad, aunque dude de tu capacidad para soportarla o manejarla. El asunto no es si podrás aceptar la verdad; el asunto es que, si hay amor, eso te hace digno de saber la verdad, aunque por el momento no la puedas manejar. Quien te ama no dilata la verdad y menos cuando dice ser una persona transparente. La gente que guarda la verdad, por lo regular, cuando se lo hacen a ellos, no sabe tragar, ni masticar, ni aceptar la verdad, ya que ellos creen que son los únicos dignos de custodiar la verdad.

La verdad es el fundamento de la confianza: la sinceridad y la honestidad son elementos esenciales para construir y mantener la confianza en cualquier tipo de relación, especialmente en las relaciones amorosas. Cuando nos guardamos la verdad, estamos poniendo en peligro la base misma de la confianza, lo que puede conducir a la inseguridad, al resentimiento y a la falta de conexión emocional.

La comunicación debe ser abierta: una relación saludable requiere una comunicación transparente y recíproca. Al compartir nuestras verdades con la persona que amamos, estamos fomentando una conexión profunda y auténtica. La comunicación sincera nos permite expresar nuestras necesidades, preocupaciones y emociones de manera constructiva, lo que a su vez promueve la comprensión mutua y la resolución de los conflictos más básicos o profundos. Esta forma de accionar eleva la relación y los pactos son blindados por la honestidad.

Es cierto que decirle la verdad a alguien que amamos implica un acto de vulnerabilidad; por lo tanto, es un acto enorme de valentía y riesgo, pero hay que pagar esa cuota para mejorar. Al enfrentar nuestros miedos y ser honestos, no solo fortalecemos nuestra relación, sino que también nos brindamos la oportunidad de crecer como individuos. La verdad puede ser incómoda en ocasiones, pero es a través de esa incomodidad que podemos aprender y superar nuestros propios límites, lo que nos lleva a un crecimiento integral. No puedes poner tu comodidad primero que la verdad. De ser así, entonces no le otorgas un valor real al otro.

Si ocultamos o guardamos la verdad, estamos presentando una versión distorsionada de nosotros mismos y privando al otro de conocer quiénes somos realmente. Te pregunto, ¿eso es lo que te avergüenza? ¿Presentarte tal y como eres? Queridos, solo esa vulnerabilidad y autenticidad en una relación pueden crear un ambiente de aceptación y amor incondicional, permitiendo que la relación se desarrolle sobre bases sólidas y verdaderas.

Es cierto que hay quienes se pueden aprovechar de tus puntos ciegos y frágiles, pero todo acto de amor conlleva un riesgo. Lo he dicho un millar de veces, confiar en alguien y acertar es uno de los más grandes éxitos a los que se puede aspirar.

Decirle la verdad a alguien que amamos puede no ser fácil, pero es un acto de amor verdadero. Dile la verdad. Aunque pueda haber momentos difíciles o dolorosos, enfrentar la verdad juntos establece un compromiso de crecimiento y apoyo mutuo.

Superar el miedo a decirle la verdad a alguien que amamos nos permite establecer bases sólidas que soportarán las tormentas de la vida. Solo así estamos eligiendo el amor verdadero y construyendo una relación duradera y satisfactoria.

Capítulo 7

Amar es sumergirse, es resistir bajo el agua

Daniel

> Es imposible tener un matrimonio longevo sin pequeños y grandes sacrificios. Sí, queridos, hay que hacer sacrificios, porque si no eres capaz de hacer algo tan simple como ponerle la tapa a la pasta de dientes después de usarla —aunque te parezca una tontería—, pero para tu esposa es algo que la desespera profundamente, el mensaje que le estás enviando no es solo desinterés: es desprecio. No le estás diciendo: "Olvidé taparla", le estás diciendo: "No me importa lo que a ti te importa". Y, peor aún: "Tú no me importas. Si quieres estar conmigo, vas a tener que aguantarte".

Nadie debería tener que vivir así. No se puede construir una relación sólida si no se está dispuesto a renunciar a ciertas comodidades, a cambiar pequeñas costumbres por respeto, por amor. No se trata de ceder siempre, sino de demostrar que el otro importa, incluso en los detalles que parecen insignificantes. Queridos, los divorcios no siempre están llenos de grandes traiciones, sino de cientos de pastas de dientes sin tapar.

Siempre fui un hombre de orden. Para mí, la limpieza no es una costumbre, es casi una filosofía. Pero en el amor de pareja, las convicciones más férreas aprenden a doblarse sin romperse. Tuve que aprender a decir: "Anyha, si a ti no te gusta, yo puedo ayudarte a organizar algunas cosas". Lo hago por paz. Por nosotros.

Ella se resistía. Venía de vivir sola durante muchos años. Para ella, el desorden era un tipo de libertad. Para mí, el orden era paz. Durante un tiempo muy largo, chocamos. No por maldad, sino por nuestra historia. Porque cada quien defendía su modo de existir. Sin embargo, con el tiempo, nos ajustamos. Nos transformamos. Ella comenzó a encontrar placer en lo que antes rechazaba. No en todo, no siempre. Pero en lo suficiente. Sin que yo se lo pidiera, un día la vi doblar su ropa con más cuidado. Otro día, la encontré ordenando sus cosas sin decir ni una palabra. Me miró y sonrió sabiendo que estaba haciendo algo por mí sin traicionarse a sí misma. Me dijo:

—¿Viste? No me volví tú, pero encontré una forma de hacer que esto también se parezca a mí. Gracias por hacer espacio para que yo llegara a mi ritmo.

Eso bastó para mejorar la armonía en un flanco del hogar y me llevó a entender que, si existe algo que genera una tensión para el matrimonio, existen formas de realizar intercambios: "Esto es muy importante para mí, pero puedo tomar la decisión de que no sea tan relevante; sin embargo, necesito que me apoyes en esto otro". No se trata de perder la batalla; de hecho, no me he dado por vencido en las cosas que son beneficiosas para mi matrimonio. Nunca he dicho: "No le vuelvo a decir a Anyha que levante esto". Es más, procuro insistirle: "Por favor, hagamos tal cosa". Ella también lo hace conmigo.

Para avanzar en un matrimonio tienes que aceptar que hay asuntos que a ti te pueden parecer pendejadas, pero son trascendentales para el otro y, por eso, deberían ser importantes para ti. Por ejemplo, a mí nunca me gustó tender la cama. A pesar de ser un hombre extraordinariamente ordenado y disciplinado, no tenía problema en dejarla desordenada y volverme a acostar así. A Anyha tampoco le gusta tenderla, pero no puede levantarse y dejar una cama desarreglada más de 10 minutos, así que la tendía aunque no fuera su actividad favorita. ¿Pero quién creen que ahora tiende siempre la cama? ¡Sí! ¡Pues yo! Y no saben el placer que me da dejarla como si fuera de un hotel de cinco estrellas.

Siempre aparecen nuevas cosas que pactar, siempre. A Anyha también le costó comprender por qué yo le dedicaba tanto tiempo al trabajo. A veces, cuando llegaba a casa después de grabar, le decía que tenía que ensayar con la banda o quedarme un rato escribiendo. Y es que, en aquellos días, sentía una presión extra: estar casado con una mujer mayor me hacía experimentar la urgencia de salir adelante, porque sabía que, si no estructuraba unos cimientos sólidos, no iba a ser posible construir el matrimonio que imaginaba.

En mi cabeza, lo entendía así: mientras regaba la siembra, tenía que proteger el poco cultivo. Quería que Anyha sintiera con cada acto, con cada decisión: “Soy capaz de salir adelante, de cuidarte, de resguardar lo que estamos creando juntos”. No se trataba de actuar como macho; simplemente pensaba que una mujer no podía pasar mucho tiempo al lado de un hombre incapaz, cobarde y, mucho menos, inútil. Y no lo digo desde la postura de “mira qué tamaño de cojones me cargo”, sino desde el balance entre la flexibilidad y la firmeza, entre la valentía y la ternura.

Por eso tenía muy claro el trabajo que debía hacer y que, si no lo realizaba en los primeros años, lo mío y lo de Anyha no iba a fructificar. Lo admito: temía. Porque había tenido la experiencia de ver muchas veces al “amor” salir por la ventana, escuchando a mujeres y hombres prometerse vida eterna. La cruda verdad es que nada es para siempre, pero, como digo con frecuencia, “aquello que cuidas dura más”. Y si le metes verdad a la ecuación, el resultado es maravilloso.

Anyha

Me costaba comprender por qué Daniel se sentía tan desprendido de las cosas materiales. Eso nos causó grandes problemas, porque él prestaba dinero, ropa, libros y, por lo general, no regresaban.

Al comienzo, cuando le reclamaba, él sentía que mi actitud era egoísta, hasta que la realidad de que no le devolvían lo prestado se convirtió en la regla y no en la excepción. A veces me decía:

—Son solo 200 pesos.

—Sí, pero son 200 pesos que nos sirven para comer.

—Como si ahora no tuviéramos para comer —replicaba.

Y yo le respondía:

—Pues no tenemos para comer como queremos.

—No entiendo por qué te enojas.

Pasaba algo parecido cuando Daniel le prestaba nuestro coche a alguien. Yo le preguntaba:

—Y si te lo chocan, ¿quién va a pagar?

Y él respondía algo como:

—No va a pasar nada.

Y yo quedaba atrapada entre su despreocupación y mi ansiedad. Eso generó muchos conflictos en los primeros cinco años de relación. No peleábamos por el coche, ni por los libros prestados, ni por los 200 pesos. Peleábamos porque cada quien estaba más ocupado en defender su forma de ver el mundo, que en entender el mundo del otro.

Yo pensaba en prevención; él, en provisión. Yo medía riesgos; él se lanzaba. Daniel sentía que yo quería controlarlo todo, y a veces tenía razón. Yo sentía que él tomaba decisiones sin incluirme e imprudentes, y a veces yo también tenía razón. Él se aferraba a su generosidad como si fuera una bandera de quién era. Yo me aferraba al cuidado como si ahí estuviera nuestra única posibilidad de sobrevivir. Los dos peleábamos por lo nuestro, y en esa pelea miles de veces le hicimos daño a nuestro matrimonio. El problema real era que ninguno quería ceder primero. Yo creía que, si soltaba, iba a quedar desprotegida. Él creía que, si cambiaba, iba a dejar de ser él.

Hubo un punto de quiebre. Una noche, después de una discusión especialmente absurda —creo que fue por una cafetera que alguien

“No
eres
mía,
soy
contigo”.

Daniel Habif

no devolvió—, terminamos sentados en la cocina, en silencio, sin energía para discutir más. Y ahí, sin buscarlo, se nos cayó la máscara a los dos.

—¿De verdad piensas que soy una controladora? —pregunté, con la voz llena hartazgo y orgullo.

—No —contestó sin mirarme—. Pienso que tienes mucho miedo.

—¿Y tú sabes cómo se siente tener que cuidar cada cosa porque, si se pierde, ya no hay otra?

—Sí, lo sé.

—¿Sí...? —solté, con una mezcla de duda y rabia.

—Sí —repitió, mirándome esta vez a los ojos—. ¿Y tú sabes lo que se siente vivir con la carga de creer que, si no das, eres culpable? ¿Que si no compartes, decepcionas? ¿Que si no prestas, no vales?

Me quedé callada unos segundos. No porque no tuviera respuesta, sino porque esa herida que me acababa de mostrar, yo no la había visto. No así.

—Entonces estamos igual —le dije, bajando la guardia por primera vez en mucho tiempo—. Tú vives con culpa si no das, y yo con miedo si no cuido. Tú crees que no vales si no entregas todo, y yo creo que voy a perderlo todo si no lo protejo. —Lo vi parpadear lento, como si esas palabras hubieran tocado algún rincón tenebroso—. Nunca quise controlarte. Solo quería sentirme segura. Sentir que no tengo que vigilar cada cosa para no quedarme sin nada.

—Y yo nunca quise pasarte por encima —respondió—. Solo quería sentir que podía seguir siendo yo sin que eso se sintiera como una amenaza para ti.

Nos quedamos callados. Todo estaba dicho. Ahí entendimos que los dos veníamos arrastrando culpas que no nos tocaban y responsabilidades que nadie nos pidió. Él traía su herida, yo la mía. Y las dos nos estaban gobernando. Yo había vivido pensando que proteger era sinónimo de amor. Él, que darlo todo era la única forma de ser querido. Y los dos estábamos agotados.

No fue una rendición, fue un acto de humildad: dejar de pelear por tener el control para empezar a construir confianza. Aprendimos que no todo lo que se rompe es fracaso. A veces, es solo el sonido de dos estructuras rígidas cediendo un poco para poder encajar mejor. Antes de dormir le pregunté:

—¿Y si aprendemos a cuidarnos, yo sin miedo y tú sin culpa?

Y por primera vez en medio de la discusión, los dos dijimos que sí. Ambos perdimos la pelea, y el gran ganador fue el matrimonio.

"Donde hay unidad,
la victoria se asoma".
Anyha Ruiz

Daniel

Hay momentos en la relación en los que uno de los dos debe dar el 99 %, porque el otro no puede dar más allá del 1 %, no sabe o, simplemente, no tiene la voluntad. Y si a ti no te pesa, si lo haces desde el amor y no desde el reclamo o la manipulación, ¿por qué convertir eso en una discusión o problema?

Anyha y yo nunca hemos dejado de negociar. Hasta hoy, seguimos afinando y mejorando nuestros acuerdos. Ya no sentimos la urgencia de "ganar" una discusión, porque entendimos que esas victorias cuestan más de lo que en verdad valen. Nos prometimos no echarnos las cosas en cara, mucho menos volver al *ring* con la intención de vencer al otro. Pensar "*yes*, ¡gané la discusión!" no suma nada, porque si uno gana y el otro pierde, el matrimonio también sale perdiendo.

Eso no significa que me guarde lo que siento —porque no puedo, nunca he podido—. Lo que calla el corazón, lo grita mi cuerpo. Pero no llevamos la cuenta de las fallas como si tuviéramos una libreta al estilo Pablo Escobar, anotando en una libreta: "Tú me hiciste esto el 14 de marzo a las 7:43 p. m.". Aunque a veces dan ganas de regresar al pasado y pasar la factura, aprendimos que "ya pasó" no es evasión, es decisión. Y que si vuelves a fallar en lo mismo, no es accidente: es necedad. Y esa necedad se tiene que desmantelar.

No es sano tratar el amor como un acta notarial donde se archivan los errores. El amor no necesita archivadores; necesita seres capaces de eclipsar el daño y reconstruirse cada día. Y no hablo de olvidar: hablo de sanar. De mirar al otro y decirle: "Sí, me dolió un chingo, pero quiero seguir caminando contigo, si tú también quieres caminar conmigo y nos comprometemos a no hacernos daño con lo mismo".

Eso exige mucha responsabilidad. Porque el perdón no es una licencia para repetir lo que ya se acordó, y el amor no es un salvavidas para que el otro nunca aprenda a nadar. Habrá ocasiones en las que uno cargará más peso, pero siempre dentro de los límites sanos. Yo puedo entenderte, pero no justificarte siempre. Puedo apoyarte, pero no voy a empujar un carro que tú ni siquiera estás intentando mover.

Por eso, en lugar de competir por quién da más o quién falla menos, decidimos sumar desde donde estamos. Hay días en que uno llega con las manos vacías y el otro con la despensa llena. Y está bien. El amor no exige justicia exacta; exige conciencia y voluntad. Por eso, cuando uno cae, el otro no pregunta únicamente cómo pasó, sino que se agacha a levantarlo mientras intenta entender qué lo derribó.

Aclaro: nadie puede amar por los dos. Nadie puede hacer el trabajo emocional del otro. Así como uno no puede sanar la herida que el otro se niega a mirar, tampoco se puede construir una relación cuando solo uno tiene los planos y las herramientas.

Nosotros tenemos un acuerdo: no vamos a castigarnos por nuestros tropiezos, pero tampoco vamos a romantizar la negligencia. Nos toca ser valientes, no solo para amar, sino también para corregir. Para pedir perdón sin manipular. Para cambiar, no por presión, sino por convicción. No se trata de quedarse a pesar de todo, sino de quedarse para transformar ese "todo".

Anyha

Otro acuerdo muy importante ha sido respetar el famosísimo "no quiero discutir ahora". Si alguno de los dos no tiene ganas, no tiene fuerza o, simplemente, no le interesa en ese momento,

> se le da su espacio. Y eso implica, además, que nos comprometemos a estar en buenos términos, como si no hubiera nada pendiente. Es decir, pausamos el tema, pero no nos castigamos emocionalmente.

Yo tengo la capacidad de hacer eso: poner en neutro mis emociones mientras resolvemos otras cosas. Puedo estar molesta, pero seguir sonriendo y funcionar con normalidad. Daniel, en cambio, no. Él nunca aprendió a camuflarlas. Simplemente dice: "No tengo ganas. Discúlpame, me excuso, no me siento bien". Si está enojado y llega alguien, no puede fingir que no pasa nada. Si yo estoy disgustada y alguien nos visita, él solo piensa: "¿Cómo le hace esta señora para estar de buenas?". A él se lo lleva la chingada. Literal.

Es como si yo tuviera un interruptor interno que me permite apagar el mal humor y encender la cordialidad al instante. Daniel, en cambio, es más bien como una alarma de coche: una vez se activa, no hay forma de ignorarla. Su enojo tiene volumen y batería de larga duración.

Una vez, en plena discusión sobre quién debía limpiar el arenero de los gatos, llegó un amigo a visitarnos. Yo, en modo zen, abrí la puerta con una sonrisa y lo invité a pasar, como si todo estuviera en calma, mientras Daniel seguía al fondo con cara deformada. Nuestro amigo, confundido, me miró y preguntó:

—¿Todo bien?

Y yo, sin perder ni tantita compostura, respondí:

—Sí, claro. Solo estamos resolviendo quién tiene el privilegio de limpiar la caca de los gatos.

Daniel, desde la cocina, incapaz de aguantarse, gritó:

—¡No hay nada que resolver, yo la limpio ahorita mismo!

Nuestro amigo soltó la risa, y yo, con mi mejor cara de póker, solo dije:

—¿Ves? Todo bajo control.

Este asunto requiere vigilancia constante, paciencia y una comunicación abierta. Es un arte. Uno que se aprende con ensayo y error, y que, con suerte, se perfecciona con el tiempo si ambos están dispuestos a aprender. Esto incluye callar cuando más te pica la lengua, ceder sin sentirte derrotado y sostener al otro sin anularte a ti mismo. No hay manual, solo voluntad. Y, aun así, hay días en que todo va a tambalear. A veces se filtra el ego, a veces se desajusta el deseo, a veces hay que demoler algo viejo para que quepa lo nuevo. Pero si el respeto no se quiebra, lo demás resiste.

En esto nadie se gradúa. Uno solo mejora el pulso, afina la escucha, aprende a respirar antes de responder. Y, con suerte, también aprende a reírse de sí mismo antes de hacer una tormenta por un arenero de gatos.

> "Qué mala costumbre la de suponer en vez de preguntar. **Por falta de comunicación se pierden grandes relaciones**".
>
> *Anyha Ruiz*

Daniel

> Con Anyha aprendí que no es necesario discutir en el mismo momento en que se presenta el desacuerdo, y que hay muchos beneficios en evitarlo. Lo aprendí, aunque en ocasiones aún me cuesta. Comprendí que si me pongo a pelear con ella en esos instantes, no me va a entender, no va a querer escucharme, y el debate se va a convertir en un problema más grande. Llegué a la conclusión de que debo darle el chance de estar abierta y de tener ganas de escucharme, porque sabe que lo que le voy a decir probablemente le ayude y le sirva. Pero eso no funciona cuando no tiene ganas de debatir.

Es comprensible, queridos. Nadie quiere que le debatan cuando está en su peor momento y menos cuando del otro lado se tiene cinta negra. Al comienzo me costaba mucho entenderla, y eso me ponía mal.

—¿No vamos a discutir y vamos a hacer como si no pasara nada? —le decía.

—No, no, no. Te estoy diciendo que no discutamos en este instante.

—¿Y cuándo sí? Porque a veces parece que nunca es el momento… y yo me quedo con todo atravesado.

—Es que cuando levantas la voz siento que quieres ganar, no entender.

—Pero yo necesito hablarlo.

—Lo sé. Solo te pido que lo hablemos cuando yo no quiera lastimarte.

Tenía razón.

—Entonces dime qué hago con todo lo que siento ahora.

—Abrázalo, si puedes. Y si no puedes, no lo dispares contra mí.

Tiene sentido. De hecho, es sabiduría ancestral, porque lo más seguro es que tengas la cabeza caliente y que te arrepientas de muchas cosas que digas. Ahora bien, no siempre es fácil, porque como leen, a Anyha no le gusta la confrontación y a mí me molesta dejar las conversaciones inconclusas. El "luego nos vemos" o el "mañana te hablo", y que la otra persona no cumpla, me lo tomo muy en serio. Lo mismo ocurre con el "te marco a las cuatro". Si quien lo dijo no lo hace, me pone mal. A esas cosas les otorgo mucho valor, porque me gusta ser responsable, anímica y emocionalmente. Sin embargo, he aprendido a navegarlo.

En ocasiones, cuando la charla queda inconclusa, a las tres horas le pregunto:

—¿Ya podemos hablar acerca de este asunto? —Si Anyha me dice: "No tengo ganas…", por lo general, le respondo—: Ok, venga. Nada más te pido el favor de que no descartemos esta discusión, porque me gustaría terminarla.

Y aunque al principio le costaba entender mi necesidad de resolver, ahora me mira y dice: —Ok, conversemos.

Yo no quiero discutir para ganar. Quiero discutir para no repetir. Para evitar confundir lo que pasó con lo que estamos sintiendo ahora. Para no mezclar viejos malentendidos con emociones nuevas. Me gusta discutir, sí, pero no por deporte, sino por amor. Porque mientras más claro dejamos el terreno, menos trampas escondidas hay en el futuro.

Discutir no es romper. Es construir. Evitar el conflicto no siempre es sinónimo de paz; a veces, solo es silencio acumulando resentimientos. Las conversaciones que no se resuelven, se reciclan. Se repiten con otro tema, en otro tono, pero con la misma raíz. Por eso, hablar de lo incómodo es también una manera de amar.

El tiempo que se invierte en discutir bien, se gana después en tranquilidad. Porque una conversación que se cierra con respeto evita veinte que se abrirán con reclamo. Resolver ahora evita gritar mañana.

Esperar el momento emocional adecuado no es posponer: es madurar. Si uno no está listo para hablar, se espera, pero no se entierra el tema. Se acuerda una pausa, no un olvido. Hablar en frío salva. Lo que se dice en caliente rara vez construye. En cambio, cuando uno retoma el tema con la mente más despejada, con menos adrenalina, puede ver no solo sus argumentos, sino también sus errores. Y resolver no siempre significa estar de acuerdo. A veces, el mayor logro de una discusión es simplemente entender qué siente el otro, aunque no compartas esa emoción. Porque la comprensión puede más que la coincidencia. Al final de este libro, encontrarán la técnica y el método bien estructurado para su aplicación.

En nuestra relación creamos los "pactos de pausa": si no podemos hablar ahora, nos comprometemos al cien por ciento a hacerlo después. Eso evita que el tema quede flotando, pudriéndose en el silencio. Además, tenemos frases clave que nos ayudan a no escalar: "¿Te parece que lo retomemos más tarde?", "No quiero que esto se convierta en distancia", "Necesito tu ayuda para entender esto".

Tener memoria sin archivo ha sido clave. Recordamos lo que aprendimos, pero no usamos el pasado como arma. No somos una corte penal de apelaciones, somos dos personas intentando no caerse al mismo abismo. Y siempre, siempre dejamos clara la intención desde el principio: "Estoy hablando de esto no para reprocharte, sino para que no nos pase de nuevo". A veces, solo esa frase desarma todas las defensas.

Es una forma de limpiar el terreno para que podamos seguir sembrando. De nombrar lo que no sabemos decir. De no permitir que lo no hablado se vuelva veneno. Discutimos para no odiarnos. Para no olvidar lo que prometimos. Para que el silencio no nos entierre. Para que el amor no se joda. Discutimos para quedarnos. Porque vale más hablar hoy, que arrepentirse mañana de todo lo que se calló.

Anyha

Otro de nuestros acuerdos más sagrados es no hacer de nuestras diferencias un espectáculo familiar o de amigos. Lo que pasa entre nosotros se queda entre nosotros. Y no por secretismo, sino por respeto. Creo que no necesitamos testigos para validar nuestras emociones. Ni jurado. Ni aplausos. Ni sentencias.

Pero eso no siempre fue fácil para Daniel. Él creció en una familia donde discutir a la mesa era parte principal del menú, donde callar era sinónimo de sumisión, y alzar la voz, la única forma de pedir ayuda sin parecer débil. Al principio, cuando discutíamos y nos tocaba ver a la familia, él no podía esconder su incomodidad. Se encerraba en ese silencio que solo yo reconocía o lanzaba indirectas que parecían sutiles, pero lograban arruinar el ambiente para todos. Como les dije, le costaba actuar como si todo estuviera bien cuando por dentro todavía tenía nudos.

Recuerdo una Navidad con su madre. Llevábamos una discusión arrastrada desde el coche. Uno de esos temas invisibles que parecen pequeños, pero esconden mucho más: un comentario que le hice sobre una decisión financiera que tomó sin compartírmela. Para él era un detalle; para mí, un asunto de confianza. Cuando llegamos, ya había varias personas esperándonos, pero él seguía envuelto en su coraje. Se sentó con cara de piedra, respondió lo justo, sin que nadie supiera exactamente lo que pasaba.

Yo, en cambio, me puse a sonreír, a servir platos, a escuchar con atención a cada familiar y a disimular con una templanza que —lo sé— a veces le parece irritante a Daniel. Me movía con calma, no por frialdad, sino por cuidado. Me dolía lo que habíamos discutido, pero más me dolía la posibilidad de arruinar un momento que era importante para todos.

Cuando la noche terminó, me dijo:

—¿Por qué fingiste?

—No fingí. Elegí protegerte. Elegí protegernos —le respondí. Y luego añadí—: Discutir contigo no me da vergüenza. Pero no quiero que lo que fue solo un momento oscuro entre nosotros se convierta en una sombra en el corazón de quienes nos aman. Ellos no tienen por qué cargar con lo que ya estamos intentando resolver.

Lo vi quedarse en silencio. Supe que esas palabras le habían llegado hondo. Desde entonces, tomamos una decisión que nos ha salvado mil veces: no herirnos en público, no disfrazar el dolor con sarcasmos, no soltar frases envenenadas frente a otros. Porque lo privado tiene su sacralidad, y cuidar una relación también implica custodiarla de la mirada invasiva del mundo.

Sé que contenerme en esos momentos no fue una debilidad, sino un acto de cuidado. Frenar el impulso de defenderme en público fue proteger algo más grande que mi orgullo. Porque quien cuida sus formas en público, incluso cuando está herida, ya te está perdonando desde la dignidad.

Discutir en privado es una de las mejores formas de preservar lo que no se puede reparar con disculpas. El respeto no se mide solo en cómo amas cuando todo está bien, sino en cómo te comportas cuando todo está mal.

“El amor
es una
decisión
y el milagro
**es decidirlo
todos
los días**”.

Daniel Habif

Carta a quienes todavía creen en el compromiso

A ustedes, que alguna vez dijeron "sí" sin entender del todo en qué se estaban metiendo:

Este libro no es un texto para idealizar el amor. Es una advertencia: no se puede compartir la vida con alguien sin tener la voluntad de transformarse. El amor, sin estructura emocional, es solo entusiasmo sostenido por la fantasía. Y la fantasía dura poco cuando la convivencia muestra su verdadera cara.

Estar en pareja es exponerse. Significa entregar al otro no solo lo mejor de uno, sino también lo que aún no ha sido resuelto. Muchos vínculos se deterioran no por falta de amor, sino por falta de responsabilidad emocional. Porque hay quien ama, pero no sabe dialogar. Hay quien acompaña, pero no sabe escuchar. Hay quien desea estar, pero no ha aprendido a quedarse cuando lo cotidiano deja de ser emocionante.

Estar en pareja no es sostener una identidad común, sino aprender a sostener dos mundos que no siempre van a coincidir. Y eso exige conciencia. Entender que no todo se trata de ti. Que no todo debe ajustarse a tus tiempos, tus hábitos, tus prioridades. Lo que para ti puede ser insignificante, para la otra persona puede representar dignidad, cuidado, respeto o herida. Si no estás dispuesto a validar eso, entonces no estás en una relación: estás en una conquista.

Dejarse moldear por la relación no es renunciar a uno mismo. Es madurar. Y madurar implica aceptar que el amor no es espontáneo todo el tiempo. Que a veces se sostiene con decisiones incómodas, con conversaciones difíciles, con límites claros. Implica asumir que no todo conflicto es una amenaza: muchos son oportunidades para reorganizar lo que ya no funciona.

Si todo desacuerdo se convierte en una lucha de poder, lo que tienen no es una relación: es un *ring*. Y nadie puede florecer donde todo el tiempo hay que defenderse. Las relaciones estables no son las que no discuten, sino las que aprenden a discutir sin joder el vínculo. Donde cada diferencia no termina en amenaza, sino en ajuste. Donde se puede estar en desacuerdo sin arruinar el respeto. Donde el silencio no se usa como castigo y la palabra no se utiliza como cuchillo.

Las buenas relaciones no se construyen con promesas. Se construyen con hábitos y pactos. Con acciones pequeñas, reiteradas. Con acuerdos que se respetan, aunque no haya ganas. Con renuncias que no humillan, sino que integran.

Y antes de seguir, una pregunta simple, pero definitiva: ¿estás dispuesto a hacer el trabajo que esto necesita? Si la respuesta es sí, entonces empieza. Pero empieza de verdad. Sin quejas absurdas. Sin mitos románticos. Sin discursos necios.

Empieza con hechos. Empieza hoy.

Capítulo 8

En banquetas y banquetes

Anyha

Luego de un año de convivencia y de estar dedicados por completo a los *castings*, descubrí algo de lo que no había sido consciente hasta ese momento: mi independencia —esa que durante años celebré como una virtud— también me había dejado un patrón rígido. El haber vivido sola tanto tiempo me había grabado una lógica: cada quien paga lo suyo. Para mí, todo estaba claramente delimitado: estas son mis cosas y estas, las tuyas. Fin del asunto.

Daniel, en cambio, venía de otra idea del amor, más integrada y compartida. Él siempre fue de la idea: "Lo mío es tuyo, y si no lo es, algo no está funcionando tan bien". No me lo exigía, ni me lo recriminaba. Pero yo podía sentirlo. Había una diferencia esencial entre nuestras maneras de concebir ese pedazo de la unión.

En algún momento, sin que él dijera una sola palabra, algo hizo clic dentro de mí. No sabía si lo estaba haciendo mal, pero sí sabía que no me sentía del todo bien. Había "algo" que no era evidente, pero que estaba ahí, como una puerta entreabierta que nadie quería cerrar. Así que, poco a poco, comencé a soltar. A dejar que el dinero que entraba no tuviera nombre ni apellido. A confiar. Empezamos a ponerlo todo en un mismo bote. El cambio fue casi simbólico: como si de pronto nos diéramos cuenta de que llevábamos meses cocinando en la misma cocina, pero con dos ollas distintas. Él preparando su parte, yo, la mía. En la misma estufa, pero cada uno midiendo sus ingredientes, sus tiempos, su gas.

Un día, sin necesidad de muchas palabras, decidimos unir las ollas. Y, de repente, las cosas empezaron a fluir de otro modo. Las comidas salían mejor. Tenían otro sabor. Ya no se trataba de quién puso qué, ni de cuánto le tocaba a cada uno. Se trataba de cocinar juntos. De preparar vida. De alimentarnos desde lo común, no desde la división.

No fue una renuncia a mi autonomía, sino una evolución de lo que entendía como intimidad. Porque compartir, cuando hay confianza, no se siente como pérdida. Se siente como pertenencia. Créanme, en ese gesto cotidiano, entendí que se puede amar en la practicidad. En la forma como se maneja un recibo, se parte un gasto, se carga una cuenta o se tiende la mano sin hacer cálculos.

Daniel

Hoy, en la práctica, cada uno tiene una función clara en la manera como gestionamos el dinero. Anyha se encarga de administrarlo, de lo operativo, de asegurar que las necesidades primarias estén cubiertas: comida, servicios, seguro médico, tarjetas de crédito, rentas, sueldos de las personas que nos apoyan en casa y oficina, entre otros.

Yo, por mi parte, me encargo de generar el ingreso. De abrir camino. De pensar a mediano y largo plazo. De construir puentes económicos para que el presente tenga base, y el futuro, estructura. Ese es mi terreno: el riesgo, la creatividad, la estrategia, la visión. Ambos asumimos nuestras partes con claridad, responsabilidad y confianza. Y eso ha funcionado. Cuando uno deja de controlar para empezar a confiar, las cargas ya no son discusiones, sino colaboraciones.

Pero, como lo menciona Anyha, no siempre fue así. Los primeros años cada quien tenía su cuenta, su dinero, sus gastos, sus propios límites. Para ella, separar era una forma de no depender. Para mí, unir era la manera más clara de construir. Así que sí, hubo muchas fricciones. Yo veía la oportunidad. Ella veía el riesgo. Yo me lanzaba con los ojos cerrados. Ella necesitaba el mapa completo, la brújula y hasta el pronóstico del clima.

Y ese fue un conflicto más profundo de lo que parecía. Porque no hablábamos solamente de dinero, hablábamos de lo que cada uno entendía por seguridad, por futuro, por confianza, por respeto. Nos costó entender que los dos teníamos razón, pero desde puntos de partida diferentes.

Durante estos veintitantos años, hemos construido acuerdos económicos esenciales. Uno de los más importantes: todo lo que implique una inversión significativa se conversa con calma, se calcula con los dos cerebros y se decide con una sola voz. Ese acuerdo cambió por completo la dinámica. No hay compras impulsivas. No hay sorpresas que luego se pagan en silencio. Aprendimos a dialogar considerando lo que el otro necesita, no solo lo que uno desea. Y si nos equivocamos, asumimos la responsabilidad juntos, sin culpas, sin reproches, sin necesidad de buscar un culpable para anestesiar el error.

A partir de ahí, también formulamos nuestras prioridades. Un día nos sentamos —sí, con una de esas libretitas que regalan en el supermercado, como en los viejos tiempos— y escribimos una sola pregunta: "¿Qué cosas valen nuestro dinero porque realmente enriquecen nuestra vida?". La respuesta fue clara: experiencias, un pasaporte lleno de sellos, buenos sabores, ayudar a otros y balcones con buenas vistas. Así, decidimos que si íbamos a permitirnos ciertas excentricidades, serían esas. Viajar y comer sabroso, ya fuera solos o invitando a la gente que amamos. Ese es nuestro verdadero lujo. Todo lo que venga después es un extra, un añadido que no define ni condiciona nuestra felicidad.

Eso está en la cima de nuestra jerarquía emocional y financiera. Si tenemos que decidir entre acumular o recordar, nos quedamos con

“Lo importante entre tú y yo **es el nosotros**”.

Anyha Ruiz

recordar. Invertimos en cenas que terminan en conversaciones largas. Para nosotros, viajar es de las pocas cosas en las que gastas dinero y te haces más rico. No solo por lo que conoces, sino por lo que descubres de ti y del otro. Un viaje revela cómo reacciona quien amas frente a lo inesperado, al cansancio, al cambio de planes, al idioma ajeno, a la cama incómoda o al vuelo retrasado. Es ahí cuando uno aprende si se adaptan juntos, si se acompañan en la incomodidad, si se ríen en medio de lo incierto.

Vivir bonito se volvió nuestra filosofía doméstica. *Bonito* no como sinónimo de abundancia, sino de intención. Lo que vale la pena conservar no es el estilo de vida, es la armonía de quien lo vive contigo. No es lo que puedes pagar, sino lo que pueden disfrutar juntos. Vivir bonito es elegir la intención por encima de la apariencia. La calma por encima del exceso. Y la relación por encima del lujo.

Y aunque hoy puedo contar esto, no siempre fue así. Para llegar a este punto tuvimos que atravesar todas las versiones posibles del desacuerdo: la desconfianza que se esconde detrás de las decisiones "individuales"; el impulso disfrazado de visión; la separación de cuentas que parecía protegernos, pero en realidad nos alejaba; la resistencia pasiva al cambio; la ansiedad de control que te hace creer que solo tú puedes mantener todo en pie; la omisión selectiva que maquilla las verdades a medias, y también la torpeza de las buenas intenciones, esas que, sin quererlo, lastiman muy hondo.

Y, por supuesto, la más peligrosa de todas: el binomio entre la ambición y la codicia desmedida. Cuando esa combinación se cuela en una pareja, termina pervirtiendo lo que antes era amor. Porque sí, a todo el mundo le llega ese momento: cuando empiezas a ganar, cuando por fin hay más de lo necesario, cuando el "por si acaso" se vuelve el argumento para justificarlo todo. Especialmente, si vienes de un lugar de carencia, si creciste con escasez, si te prometiste que nunca más ibas a volver a pasar hambre, no solo de comida, sino también de reconocimiento, de pertenencia.

Ahí es cuando se prueba el carácter. Cuando puedes comprar, pero eliges no hacerlo. Cuando podrías imponer, pero prefieres consultar. Cuando tienes la oportunidad de acaparar, pero decides compartir. Cuando entiendes que tu pareja no está para darte permiso, sino para ayudarte a recordar quién eres antes de que el dinero te haga olvidarlo.

Queridos, a la ambición se le vigila de cerca. Si se descuida, puede disfrazarse de propósito. Puede maquillar la codicia con discursos de superación. La ambición no es mala; lo peligroso es cuando deja de tener freno y comienza a justificarlo todo. En una relación, la ambición sin vigilancia te convence de que primero hay que alcanzar "eso" para después cuidar "esto". Pero muchas veces, cuando llegas, ya no queda con quién compartirlo. Por eso, en nuestra casa aprendimos que la ambición puede construir mucho, siempre y cuando no destruya lo esencial.

Hoy lo sabemos: nada vale si lo conseguiste perdiendo el respeto del otro. Ningún proyecto tiene éxito si en el proceso quebraste la confianza. Ningún logro es real si al final del día no puedes mirar a tu pareja a los ojos sin que te pese el método.

Nos ha pasado —y seguramente nos volverá a pasar— que nos deslumbra una idea, una oferta, una promesa de crecimiento. Pero ya no decidimos con entusiasmo ciego, sino en la conversación. Entendimos que, si no vamos al mismo ritmo, no vamos juntos. Y que si uno se enriquece y el otro se desgasta, eso no es avance: es abandono. Por eso creamos nuestros propios frenos. Nuestras alertas. Nuestras preguntas incómodas. Y cada vez que alguna oportunidad parece brillar demasiado, nos detenemos y nos preguntamos: "¿Esto sostiene lo que tenemos o lo pone en riesgo?", "¿nos da más, o nos divide más?", "¿es ambición o es ansiedad?". La respuesta no siempre es clara al principio. Pero si se busca con humildad, aparece. Y cuando aparece, la elección correcta se siente como paz.

Las parejas no luchan contra una tarjeta de crédito o una cuenta bancaria. Lidian con heridas viejas. Con egos que aprendieron a protegerse a través del control. Con historias familiares en las que el dinero no era solo un recurso, sino un símbolo de poder, de jerarquía, de amor condicionado, de venganza. Por eso, hablar de dinero en pareja es desenterrar creencias, narrativas, mandatos heredados. Es darse cuenta de que muchas decisiones económicas no las estás tomando tú, sino tus fantasmas. Tu miedo a la escasez. Tu necesidad de validación. Tu urgencia de no repetir lo que viviste en casa.

En medio de ese terreno, toca detenerse. Toca desaprender. Toca —juntos— mirar de frente lo que duele y decidir: aquí vamos a hacer algo distinto. Porque construir una economía emocional sólida no se trata nada más de aprender a administrar el dinero, sino también de aprender a usarlo sin que los domine. Sin que fracture el respeto y los aleje del propósito que comparten.

Y eso, aunque parezca intangible, es uno de los acuerdos más importantes de cualquier historia duradera.

Anyha

En nuestro matrimonio hemos pasado más tiempo sin dinero que con dinero. Durante muchos años no hubo solvencia económica. Había amor, había ganas, había sueños —como ya han leído—, pero no había margen. Vivíamos sin colchón ni garantías. No teníamos una estructura financiera; teníamos intuición, fe y la voluntad de no rendirnos. Simplemente, nos ajustábamos a lo que había. La conversación era práctica, directa y sin adornos: "Oye, este mes hay equis cantidad". Y esa cantidad la destinábamos a lo esencial. Lo demás lo navegábamos con creatividad. A veces eso significaba dejar de salir, posponer pagos o inventar soluciones que no estaban en ningún manual.

Hubo momentos muy tensos. Temporadas en las que las tarjetas estaban hasta el tope y nos llamaban los bancos como si fuéramos los únicos en el planeta. Tuvimos que pedir prestado más veces de las que me gustaría recordar. Y no, no siempre lo manejamos con elegancia. Discutimos por dinero. Nos dijimos cosas que dolieron. Llegamos a frustrarnos profundamente. Yo no dormía bien, sentía que los números me perseguían, que vivía calculando el día exacto en que algo podía vencerse. Pero si me quebraba, iba a ser inútil.

Y lo último que necesitábamos era que la escasez también nos quitara el ánimo.

Lo más difícil de esos años no fue solo la carencia material. Fue la imposibilidad de planear. Vivir siempre en modo emergencia. Ver el futuro como un lugar lejano, casi inaccesible. Esa angustia te erosiona de a poco, sin que te des cuenta. Por eso, cuando empezamos a salir a flote, no nos deslumbramos: nos organizamos. Hicimos muchos acuerdos. Pusimos límites. Definimos qué queríamos conservar y, sobre todo, qué no queríamos repetir nunca más. Y eso es algo que mucha gente no ve: que antes de poder elegir del menú sin mirar el precio, hubo noches sin cena.

Y aunque hoy tengamos más margen, seguimos valorando —y mucho— la paz de saber que, si mañana se cae todo, sabemos vivir con poco sin deshacernos por dentro. El dinero puede resolver muchas cosas, sí. Pero no te da temple, no te da dignidad, no te enseña a cuidarte cuando no hay nada. Eso lo aprendimos en la escasez. Y por eso, incluso ahora —cuando hay mucho más de lo que hubo— decidimos seguir invirtiendo en lo que nos expande, no en lo que nos distrae.

> "Si la pareja se elige, **el mundo puede esperar**".
> *Anyha Ruiz*

Daniel

> Yo vi a Anyha sostener mucho cuando lo más fácil habría sido rendirse. La vi hacer malabares con las cuentas que no cuadraban y nunca me cobró la escasez con desprecio. Y ustedes bien lo saben: eso no es común. He visto a muchas parejas pelear por lo que falta, destruirse con lo que no alcanza y desconfiar brutalmente cuando los números aprietan.

Pero ella no. Anyha supo distinguir entre la carencia material y la dignidad del otro. Y créanme, hay pocas cosas más valiosas que eso

“Entre sus gustos raros **estoy yo**”.

Daniel Habif

en una relación. No sé en qué momento exacto lo entendí, pero sé que fue mirando cómo ella respondía a lo que no teníamos. Me queda claro que una relación no se mide por los lujos que tiene, sino por la forma como sobrevive a la escasez y enfrenta la fidelidad cuando la vida tiene descuento.

Permítanme contarles una de esas tantas y largas aventuras que, si no fuera por Anyha, jamás habría pasado de ser una idea absurda y más aún, considerando la situación económica en la que nos encontrábamos en ese momento: mi banda de *rock*.

¡Ya sé lo que estás pensando!: "Qué imprudente eres, Daniel". ¡Pues sí! "Qué infantil, Daniel". Pues no. Esto no era un capricho y menos una fuga. Era una forma de no rendirme, un acto de fe en medio de lo absurdo y, aunque suene romántico, era un sueño profundamente real.

Arrancamos como empiezan casi todas las bandas: sin mucho más que ganas de hacer ruido. Ensayábamos donde se podía, con el equipo prestado, pidiendo favores, juntando lo que teníamos a mano. El cliché es verdad. Todo empezó con mi vecino. Nos pusimos a componer canciones sin plan, sin estrategia, sin otra intención más que la de crear. El hijo de la dueña de la cabaña era pianista, y poco a poco se fueron sumando otros músicos *amateurs* que conocimos en el camino. De a poco, comenzamos a armar algo que —si se le miraba con cariño— podía llamarse una banda. No teníamos nombre, ni un estilo claro, ni rumbo. Para ser sincero, yo era el único realmente comprometido. Los demás lo veían como un *hobby*, un pasatiempo sin demasiadas consecuencias. Algo que haces para distraerte un rato, no para apostarle todo.

Supongo que mi terquedad —esa mezcla de necedad y convicción que me ha metido en muchos problemas, pero también me ha sacado de otros tantos— terminó por hacerlos dudar. Dudar de que tal vez no era una completa locura. De que, con algo de fe, ensayo y empeño, podíamos ir más allá de un *hobby*.

Lo primero era escribir un par de temas. Al final, todo se reducía a eso: ¿éramos capaces o no de hacer buenas canciones? Porque lo demás —el nombre, el equipo, el estilo, incluso los escenarios— podía venir después. Pero si las canciones no conectaban, no había nada que construir. Fueron meses de ensayo tras ensayo. De probar acordes, borrar versos, volver a empezar las veces que fuera necesario. Y entonces, después de mucho intentarlo, logramos terminar nuestra primera canción. No era épica, pero sonaba a algo honesto, a una identidad que empezaba a cuajar. Recuerdo que no gritamos de emoción. Solo nos quedamos en silencio, como si no quisiéramos romper el momento.

A los días, le puse la canción a Anyha. La puse en una grabadora de voz, la dejé en la mesa, no hice antesala, ni le di contexto. Me senté frente a ella con muchos nervios y emoción, esperando su reacción. Ella la escuchó entera, sin interrumpir o fingir entusiasmo. Cuando terminó, me dijo con esa calma que a veces me irrita:

—Por fin te escucho a ti ahí adentro.

Me reí nervioso, no supe qué hacer con ese comentario tan directo. No sabía si agradecer, si justificarme, si preguntar qué significaba exactamente. Pero no hizo falta. Anyha tiene esa extraña habilidad de decir mil cosas en una sola línea o con una mueca. Sabía que ese sonido por fin tenía alma. La mía.

"No me alcanzan
las estrellas fugaces **para todos
mis deseos**".

Daniel Habif

Yo seguía grabando novela, haciendo *castings*, componiendo canciones y buscando oportunidades con los ojos bien abiertos. Pasaron los meses, y apenas logramos terminar un par de canciones. No más. Los ánimos del resto del grupo eran bajos: unos hablaban de dejarlo, otros simplemente dejaron de aparecer. Pero, para ese entonces, yo ya estaba infectado con la bacteria de la música, y cuando algo te toma el alma, no esperas a que todos lo entiendan. A mí no me importaba si ellos lograban ver lo que mi corazón presentía. Así que no desistí.

El hecho de tener acceso libre a las instalaciones de Televisa por la novela me permitió conocer a mucha gente relacionada con la industria musical, en todos sus niveles. Yo apenas alcanzaba los más *amateur*, sí, pero lo pequeño no es pequeño cuando se hace con excelencia. Cada contacto, cada saludo, cada plática podría ser la grieta por donde se colara una posibilidad. En una de esas miles de caminatas por los pasillos de la empresa, me crucé con una chica que saludó a uno de mis compañeros de elenco. Platicaron un par de minutos, algo casual y en su conversación escuché lo justo para que todo cambiara: el novio de ella estaba produciendo música para Televisa Networks y para algunas novelas.

¡Bam! Yo necesitaba un productor musical. Urgente. Así que, sin pensarlo dos veces, interrumpí su despedida:

—Perdón, yo tengo una banda —le dije—. Pero, sobre todo, tengo dos rolas terminadas y como treinta letras que, la neta, siento que tienen algo importante. Me encantaría mostrárselas a alguien que sepa.

—Pídele mi teléfono a Jorge. Llámame mañana y reviso si mi novio te recibe en su casa.

Llamé al día siguiente. Fueron, sin exagerar, las 24 horas más largas del mes. Marqué una vez. Nada. Dos veces. Nada. A la tercera ya empezaba a pensar que me había bloqueado. A la cuarta, ya ni sabía qué iba a decir si me contestaba. Esperé dos horas más y volví a marcar. Literal, recordé cómo me hablaba American Express para cobrarme. Y apliqué la misma técnica: insistencia sin culpa. Llamé hasta que, por fin, contestó.

—¿Hola?

—Hola, querida. Soy Daniel. Ayer nos conocimos con Jorge, me pediste que te llamara. Ya sé que no te llamé… te perseguí. Lo siento mucho. No te quiero hacer perder el tiempo, ni sonar intenso, pero… bueno, ya estoy sonando intenso, ¿verdad? Perdón, solo quería...

Me interrumpió, como si ya hubiera escuchado mi discurso muchas veces, pero esta vez con algo de ternura en la voz:

—¿Sabes dónde está la Comercial Mexicana de Avenida Toluca?

—¡Sí, claro! —respondí de inmediato, sin saber a dónde iba la pregunta.

—Bueno, pues la calle que sigue es donde vive mi novio. Apunta la dirección. Te vemos ahí hoy, a las ocho de la noche.

—¡Listo!

Colgó. Había una puerta abierta. Y esta vez, me estaban esperando a mí del otro lado. Llegó la hora. Me presenté en aquella casa donde vivía el novio productor. Me recibió con amabilidad y un *look rockero* clásico. Nos saludamos con naturalidad y, desde el primer minuto, hicimos clic. Subimos hasta el tercer piso, donde yo imaginaba que me encontraría con un tremendo estudio, con pantallas enormes y botones por todos lados. Pero ¡nop! El espacio era modesto, pero bien montado. Se notaba que ahí se trabajaba con seriedad y cerveza.

Empezamos a platicar sobre música: gustos, influencias, estilos, bandas, anécdotas. La conversación fluyó rápido. Hasta que llegó el momento inevitable. Iba a sacar mis canciones, cuando me detuvo:

—Espérame. Ahorita me enseñas lo tuyo. Déjame te muestro una rola en la que estoy trabajando hoy. Se llama *In Love With What I'm Believing*. —Me aclaró—: La voz que vas a escuchar es de un amigo mío, también productor. Pero solo tengo la primera estrofa. Quiero que me digas qué opinas.

Yo, con cara de "¡qué coño le voy a decir al productor!", apreté los dientes y escuché, porque no me quedaba de otra. Y entonces, bastó el primer acorde. Supe de inmediato que este tipo traía las canicas en la mochila. Era una *power ballad* como Dios manda. Y cuando entró la voz del vocalista, me cagué. No era una voz cualquiera. Era lo suficientemente rasposa y dulce como para hacerte dudar de tu orientación sexual. Cruda y emocional, pero precisa. Pasó la estrofa. Llegó el coro. Reventó el tema. Me miró de reojo, como diciendo: "¿Te gusta?". Y yo, por dentro, pensando: "¡Esas notas no las alcanzo ni aunque me peguen una patada en las bolas!". Terminó el *track*. Silencio. Me miró.

—¿Qué opinas?

Tragué saliva. Asentí con una sonrisa diplomática. Saqué un gallo involuntario de la garganta.

—Mmm... muy chingona. Felicidades. Suena con un par de cojones.

Se rio.

—Qué bueno que te gustó... ¿Te latería grabar el coro para ver cómo te sientes?

Y ahí, amiguitos y amiguitas, viví un microinfarto. "¿Y ahora qué? ¿Me invento una excusa nivel 'marca llorarás'? ¿Finjo que estoy afónico? ¿Le digo que no llego ni con escalera a esa nota?". Pero no dije nada. Solo respiré:

—A ver, pásame la letra y veo qué puedo hacer.

Queridos, hasta el día de hoy no sé cómo carajos lo hice. Pero lo hice. Canté donde era, con la fuerza que era, y le puse la piel chinita a él y a mí también. No por emoción espiritual, sino porque no entendía qué estaba pasando. Era como si otra versión de mí hubiera tomado el control de mi garganta. Literal, en cuatro tomas saqué el coro. Después de eso, no hubo más que hablar. Él me miró y dijo:

—Tú y yo vamos a hacer una banda. Y yo la voy a producir.

Y así fue. Ahí empezó mi banda de verdad. Después de un par de meses a ritmo frenético —novela, ensayos, letras, grabaciones— logramos tener cinco canciones sólidas y grabar un demo. Las letras hablaban de cómo un chamaco de 18 años vivía la sensualidad y el erotismo. Hablaban de esa fuerza magnética, cruda, poderosa, que gobierna sin pedir permiso. También hablaban del amor, claro. De lo eléctrico del amor. ¿De qué más podía escribir en medio de mi relación con Anyha?

En aquellos días ocurrió una tremenda coincidencia: la fusión entre EMI Music y Televisa. Y yo, una vez más, aproveché que tenía gafete y, como buen infiltrado, hice todo lo posible para que nuestro demo llegara a la mayor cantidad de oídos posibles dentro de la empresa.

También le pedí a un buen amigo que me ayudara a conseguir una cita con alguien importante en la disquera. Me dijo que sí, pero con una condición:

—Antes de recomendarte, quiero escuchar el material.

—¿Pero tú qué vas a entender, carnal? ¡Eres contador! —le solté con mi típica imprudencia.

Y sin inmutarse, me dijo:

—Llevo más años que tú en esta industria. Yo te voy a decir si te van a recibir o no.

Le puse la primera canción, *Mustang*. Un tema que le escribí al auto: al sonido del motor, al galope, a la sensación de libertad. La escuchó con cara de ¡WTF! y, al terminar, me hizo la seña de: "Ponme la siguiente".

Entonces le puse *Eléctrico*. ¡ROLOTA! La chispa y el voltaje invisible que sacude a dos personas sin explicación y lo vuelve todo salvaje. Cuando terminó, estaba todo sacudido:

—Esto es un madrazo —dijo y levantó el teléfono ahí mismo—. *Brother*, tienes que recibir a este tipo.

Del otro lado, alguien respondió:

—Estoy entrando a mi oficina. Mándamelo ahorita si puede.

Salí volando. Literal. Las oficinas estaban ahí mismo, en Televisa. Llegué, y yo creía que solo iba a dejar el demo. Pero no. Me recibió el director artístico de la disquera:

—Quédate. Vamos a escucharlo juntos. ¿Cuál pongo primero?

—*Eléctrico* —sugerí.

La puso a todo volumen. No estaba mezclada ni masterizada, pero eso no importó. Cuando terminó, escuché las palabras que todo artista sueña:

—Te voy a firmar. Esto no lo había sentido antes.

No solo fue el momento correcto, fue la canción adecuada: *Eléctrico*. La pasión que ven en mis videos, la energía con la que hablo, con la que vivo, es la misma que tenía para cantar. Le dije que tenía que conocer a la banda. Los llamé. En 30 minutos estaban en Televisa. Nos entrevistó y dijo:

—Quiero que hagan un *showcase*.

—¡Claro! —respondimos sin pensar.

La verdad es que nunca había cantado en vivo con una banda.

—Hard Rock Café —dijo—. En tres semanas. Presentación oficial para los otros ejecutivos.

Veinte días después, ahí estábamos. El evento se llenó: el director artístico, el director de *marketing,* todos. Canté. Y sí, desafiné como una cabra con tos, entré a destiempo en todas las canciones, pero les di un *show heavy.* Cuando bajé del escenario, pensé: "Nos van a mandar al carajo". Pero no.

—Tienes que mejorar como cantas —me dijeron—. Pero tu *performance* es un 10.

Y, por primera vez en mi vida, el fuego que llevo dentro había encontrado su gasolina. Las cosas no se dieron de inmediato. Tardaron, y no salieron bien. Menos mal que aún seguía grabando la novela. Y antes de que esa producción terminara, ya me había ganado un segundo papel: un personaje antagónico. No tenía muchos capítulos, pero sí peso en la historia de la familia protagonista. Compartí escena con actores importantes del universo televisivo, y eso, además de experiencia, nos dio a Anyha y a mí un respiro económico muy necesario.

Además, logré que Televisa me diera una exclusividad. No me la regalaron. Me la gané después de quince años de estar en la compañía. Mil dólares mensuales comenzaron a entrar en nuestra economía y los celebramos como si hubieran sido un millón. No era solo dinero. Era dignidad.

Mientras tanto, terminé la segunda novela, o más bien, me la terminaron. Por aquella época hacía mucho ejercicio porque creía que eso me iba a beneficiar profesionalmente. Tenía buen cuerpo, y en la producción lo notaron. Me pidieron hacer una escena de *striptease* en tanga, que reescribieron un día antes sin que yo supiera. Me negué. Una semana después —ja, ja, ja— cortaron mi personaje.

En paralelo, con la banda seguíamos adelante. Ensayando, componiendo, aferrados. Y finalmente lo conseguimos: EMI Televisa nos firmó. Nos dijeron que grabaríamos el disco en Madrid. Estábamos eufóricos. El sueño estaba tomando forma.

Llegó el día más esperado: todos con nuestras maletas en el aeropuerto de Toluca, listos para viajar y grabar nuestro primer disco en

España. Pero ahí mismo comenzaron a aparecer las primeras grietas. Al llegar al aeropuerto nos dimos cuenta de que la disquera no había pagado varias cosas: no teníamos boletos de avión confirmados, ni transporte para la batería. Tuvimos que recurrir —una vez más— a la tarjeta de crédito del hermano de Anyha. Y aunque sabíamos que era una locura, pensamos: "Así ha de funcionar esto, al fin nos firmó EMI. ¿De qué nos quejamos?". Anyha lo resolvió, y nos fuimos a Madrid.

Pero a los tres días de haber llegado a España, justo un día antes de grabar mis voces, me quedé afónico. Me ganaron los nervios, el estrés, el ego, el miedo. No tenía técnica. Ni preparación. Era un cantante inexperto con un micrófono de miles de euros frente a la boca, la presión de una disquera sobre los hombros y la insoportable sensación de ser un impostor en ese mundo. Traté de disimular. Me tomé todos los tés que me ofrecieron, calenté la voz como pude, hice ejercicios que ni sabía si servían. Pero cuando abría la boca, sonaba mejor el quejido de un camello. Mi garganta estaba cerrada: temblorosa, insegura, rota y sin fuerza.

Nadie lo decía en voz alta, pero el estudio apestaba a decepción. Por suerte, a los días mejoré y listo. Lo peor no fue la afonía. Fue darme cuenta de que no tenía control de nada. Ni de las canciones, ni del proceso, ni del resultado final, ni de mí mismo. Lo que estábamos grabando ya no era nuestro. Ya no me representaba. Ya no tenía alma. No íbamos a grabar nuestra música. Eran canciones modificadas, intervenidas, con estructuras ajenas, con letras que apenas reconocía. Una mezcla terrible entre lo que éramos y lo que alguien más quería que fuéramos.

Me encabroné varias veces. Le dije al productor: "Esto no es lo que escribí. Estas no son nuestras canciones. Va a salir como una mierda". Para ellos, era un discazo. Para mí, era una traición. Los de la banda me decían:

—Dale, güey, después hacemos lo que queramos. Primero salgamos con esto.

Pero yo no podía. Por más que el sueño me llenaba de ilusión, sabía que me arrepentiría tarde o temprano. Mandamos al carajo al que nos firmó. Intentaron maquillarlo todo con frases como "es parte del proceso", "así funciona la industria", "confíen, esto es solo el comienzo". Pero yo ya sabía que ese no era mi camino. Nos tenían amarrados a un contrato por tres discos. Uno no terminado y dos fantasmas. Y mientras tanto, no podíamos movernos. No podíamos salir, ni seguir, ni desobedecer. Estábamos atrapados en una idea que había dejado de tener sentido, en un sueño que ahora era una maldita deuda.

No había otra: iba a recuperar mi libertad, aunque tuviera que pagarla. Porque no hay éxito que valga si te cuesta la voz, si te obliga a traicionarte, si te exige que seas alguien que no eres.

Queridos, me encantaría contar todo lo que sucedió con esa etapa de la banda, porque hay historias para morirse de risa y de rabia, pero este libro no trata de una banda, sino de lo que permanece cuando los planes no salen, cuando el ego se estrella, cuando la realidad se impone sin pedir permiso. Así que no, no voy a contar cada detalle, pero sí les puedo decir que, mientras todo eso pasaba, Anyha seguía ahí. Acompañándome. Sosteniéndome. Entendiendo que lo que más dolió no fue grabar, sino perder la voz.

"Para estados creativos: **la duda**".

Daniel Habif

Anyha

Después de todo el caos de Madrid, Daniel estaba muy bajoneado y desesperanzado. Y no era para menos. Le habían arrancado algo más que el control creativo: le habían quitado la fe en sí mismo. Se le notaba en la forma en que ya no hablaba de "lo que sigue", sino de "lo que fue". Él, que siempre tenía una idea bajo la manga, ahora se quedaba en silencio mucho más de lo que yo estaba acostumbrada. No era un silencio pacífico, era uno que se tragaba las paredes de nuestra casa y se metía en la cama con nosotros.

Me hablaba menos. Lo veía pelear contra fantasmas y no sabía cómo ayudarlo; pero por esos días me enteré de que Alejandro Sanz estaría de visita en México para firmar autógrafos. Faltaban como tres semanas para su llegada, pero empecé a idear una estrategia desde que supe la noticia: "Voy a escribirle una carta y se la entrego en la firma de autógrafos, a como dé lugar". La escribí a pulso, contándole todo lo que Daniel había hecho con la banda. Saqué unas fotos y anexé también una copia del primer demo (no el que grabaron en Madrid).

Llegó el día del encuentro con el público, programado para un martes, a las dos de la tarde, en el Auditorio Nacional. Me fui en el auto a las once de la mañana y la fila ya tenía unas mil personas. Me formé como todos y, en algún momento, escuché decir a una fan:

—¿Saben qué? Nada más va a firmar cien autógrafos.

Con el fólder en los brazos y un poco frustrada, me fui. Salí caminando, pero alguien en la fila decía que Alejandro iría luego a otro lugar, a una plaza. Así que decidí intentarlo allá. En el camino hacia el coche vi a dos chicas supertristes que soñaban con tomarse una foto con él.

—Si quieren, les doy un aventón —les propuse sin saber del todo la razón. Sé que esto suena a invento, pero prometo que así fue. Literal, fue una corazonada.

Mientras íbamos las tres en el carro, platicaban que Alejandro estaría esa noche en el programa *Otro rollo*, de Televisa. ¡Uff! No tendría mejor oportunidad que esa. Ahora ya sabía por qué les estaba dando el aventón. Sin la generosidad, no habría tenido la posibilidad de saber eso. "Con el gafete de Televisa puedo entrar e interceptarlo", pensé. Llamé a alguien de la compañía y le dije:

—Sé que Alejandro Sanz va a estar en *Otro rollo*. ¡Te lo ruego con el alma!: quiero entrar al programa para verlo.

—Lo voy a intentar —me respondió. Los boletos para ingresar eran *hiper mega super codiciados*, pero trabajar en Televisa tenía sus ventajas. Y ser buena amiga, aún más—. ¿Y vas con Daniel? —agregó.

—No, voy con dos amigas —contesté.

Les pedí a las chicas que fueran a su casa por sus credenciales y regresaran a la hora del ingreso. Estaba en mis manos darles algo único y no iba a desaprovechar la oportunidad de intentarlo. Daniel y yo nos encontramos antes del programa y le sugerí:

—¡Vamos!

—¿Estás loca? —me respondió.

—Vas a ver. Le entregamos tu material y le va a gustar —le aseguré.

Al llegar, las chicas estaban enloquecidas porque las pusieron adelante de la fila. Mientras tanto, Daniel y yo fuimos al camerino haciendo uso del gafete y de los contactos. Desde luego, había mucha seguridad y personas que querían una foto. No había manera de pasar, así que decidimos esperar al final del programa. Cuando Alejandro terminó de cantar, salimos corriendo a buscarlo otra vez. Él apareció rodeado de un séquito de gente, y solo se me ocurrió gritar:

—¡Alejandroooooooo! —Él se volteó—. ¿Me puedo tomar una foto contigo? —le pregunté.

—Sí —respondió.

Le di el celular a Daniel para que la tomara y, antes de que siguiera su camino, le pedí:

—Por favor, lee lo que hay en este sobre amarillo. —Pero no quedé tranquila solo con decirle eso, pues pensé: "Va a creer que es la carta de una fan". Así que, sin pudor, lo volví a llamar antes de que se subiera al coche que lo estaba esperando. Me miró nuevamente y le dije señalando a Daniel—: Oye, el material que te di son las canciones de él.

—Mucho gusto —dijo Alejandro, en medio del gentío.

Ahí estábamos, sin creerlo, en medio de una escena que parecía sacada de una comedia romántica: Daniel, yo y un montón de fans alrededor, intentando captar la atención de Alejandro Sanz. Aunque en el momento parecía una locura, yo solo quería ayudar a Dani a recuperar la ilusión.

Después de toda esa absurda jugada, tampoco me sentía totalmente confiada. Así que regresé al camerino a revisar si Alejandro había dejado el fólder. Ja, ja, ja... ustedes habrían hecho lo mismo. Uno nunca sabe. Busqué en los botes de basura, en el baño y no estaba.

En el documento le había escrito mi teléfono y mi correo electrónico, así que durante esos días revisé religiosamente el correo esperando una señal. Pasaron el miércoles y el jueves sin noticias, pero seguía confiada en que algo ocurriría. El viernes fui al supermercado. Mientras caminaba por los pasillos del Superama de Avenida Toluca, escuché una canción de Alejandro Sanz sonando y pensé: "Esto debe ser una señal". Subí al coche con las compras y regresé a casa. Al bajarme con las bolsas en los brazos, sonó el teléfono. Contesté rápidamente mientras abría la puerta:

—¿Sí?, ¿bueno?

—¿Hablo con... con An... con An...?

—Hablas con Anyha. ¿Quién es?

—Alejandro Sanz.

No le creí, obvio. Pensé que era mi mejor amigo tomándome el pelo.

—¡Ay, sí, pendejo! —le dije sin pensarlo.

Sí. Así, tal cual. Le dije pendejo a Alejandro Sanz. Y él, con ese acento españolísimo que no deja lugar a dudas, me contestó entre risas:

—¡Hombre, tía, que me has dado un sobre amarillo...!

No lo podía creer. Estaba atorada entre la llave que no giraba, el helado que se estaba derritiendo en la bolsa y la impensable posibilidad de que el mismísimo Alejandro Sanz estuviera del otro lado de la línea. Hubo un momento, les juro, en que sentí que leía el guion de una película de bajo presupuesto: "Cabañita vieja. Mujer despeinada. Héroe español entra por llamada telefónica". Acto seguido, él continuó:

—Oye, mira, he revisado el material. Me gusta mucho y quiero que lo reciban en mi disquera, Warner. —Insisto, no podía creer lo que estaba escuchando. Me sentía eufórica, pero no quería sonar como una tremenda loca—. Por favor, anota los datos de la persona.

Tomé nota, colgué y corrí, volé o no sé qué hice para llegar donde estaba Daniel. Le conté lo que acababa de ocurrir y quedó atónito.

—Hay que hablarle para darle las gracias —le dije.

—Pero ¿y a dónde? —preguntó.

—Pues hay que marcarle al mismo número.

Lo hicimos. Marcamos al Hotel Intercontinental en Polanco, como si estuviéramos llamando para pedir pizza.

—¿Nos puede comunicar, por favor, con Alejandro Sanz? —pregunté, con una seguridad nivel Dios.

Y claro, la risa se me salía por los poros. Me estaba pasando de loca. Tremenda fan con iniciativa emprendedora. Del otro lado, la recepcionista, probablemente con cara de "otro día normal en mi vida", me mató rápido las ilusiones con su protocolo:

—Señorita, no hay nadie acá con ese nombre.

Y ahí me pelusearon pero sabroso. Como si hubiera preguntado por Chayanne en un Oxxo.

Ja, ja, ja. Me reí para no llorar, pero como yo no suelto fácil, insistí:

—Bueno... ¿nos puede comunicar con la gente de Warner Music?

Hubo un silencio. Un clic. Y entonces:

—Un momento, por favor.

Y ahí se me cortó la risa. Me quedé con el teléfono pegado, sudando ansiedad, sin saber si me iban a pasar con una secretaria o con don Alejandro Sanz. Pasaron la llamada. Contestó una chica y le solté, con fingidísima autoridad:

—Disculpa, ¿podrías comunicarme con Alejandro? Recién me llamó por teléfono.

Pensé que me colgarían, pero Alejandro tomó el teléfono. Lo saludé, le expliqué el motivo de la llamada y le pasé rápido el teléfono a Daniel.

—Mira, Daniel —le dijo— me encantó tu música. Ya hablé con tu esposa. Quiero que te vean, que te escuchen.

Ninguno de los dos podía creerlo.

—Gracias, Alejandro —fue lo único que pudo decir Daniel.

Colgamos y gritamos por toda la cabaña.

"Nunca subestimes la importancia **de dar pequeños pasos**".

Anyha Ruiz

Daniel

Y para no dejarlos en ascuas, les cuento el final de ese episodio. Sí, nos recibieron en la disquera. Nos abrieron las puertas con ese entusiasmo que uno cree que solo existe en las películas o cuando te recomienda Alejandro Sanz. Les gustó la música, les gustó el concepto, les gustó el proyecto entero. Pero, como ya les advertimos antes, si fuéramos a contar todo, lo que es todo, necesitaríamos una serie de televisión.

La estocada final llegó con un nombre que ya nos dolía pronunciar: EMI Televisa. Teníamos un contrato firmado con ellos. Uno que nos ataba y ahogaba. Nos habían usado. No hay otra palabra. Usado. Nos exprimieron el sueño, nos disfrazaron de algo que no éramos y, cuando ya no les servimos, nos dejaron varados, pero con una cadena enorme.

Pero ahí estaba yo, con la esperanza entre los dientes, pensando que tal vez Warner querría tanto el proyecto como para pelear por nosotros. Pensaba que, a lo mejor, la música podía ser suficiente para romper cadenas. Que el arte podía hacer lo que los abogados no. Y aunque sé que a veces pasa, esta vez no fue así. Pocos luchan por un preso que no conocen.

La única opción era pagar el disco que habíamos grabado en España. Literalmente. Comprar nuestra libertad. Así que pedí dinero prestado y Anyha hizo lo impensable: puso en venta su casa en Monterrey. Era su único patrimonio, la única cosa que tenía a su nombre y la vendimos. A la carrera y en una ganga. Ya saben que la urgencia no negocia precios, solo exige sacrificios.

Cuando por fin reunimos el dinero y nos entregaron la carta de liberación, ya habían pasado dieciocho meses. Dieciocho. Un año y medio en el que el entusiasmo de todos se enfrió. Las prioridades habían cambiado. Los directivos también. La vida se había movido sin esperarnos.

Para entonces, la banda ya no era una banda. Éramos un "casi". Algo que había tenido que aprender a vivir con una pieza que siempre nos faltaría. Los integrantes tomaron otros caminos, y yo terminé trabajando para pagar una deuda que pesó años en el alma.

Queridos, con nuestra historia no buscamos compasión, sino despertarles la convicción. Quiero que entiendan que cada gota de sudor, cada lágrima derramada y cada noche sin dormir es el cincel de ese futuro que hoy parece una utopía. Ahora mismo —aunque no lo veas— estás en el laboratorio secreto de tu propósito, moldeando no solo un camino, sino también un legado que hablará por ti cuando ya no estés en esta Tierra.

Miles te gritarán que no lo lograrás. Y cada palabra suya, lacerante y venenosa, perforará tu espíritu como una lanza. Pero también será el detonante para apretar los puños, ajustarte el alma y levantar la frente sin tenerle miedo a nadie. No te rendirás. No hoy. No mientras haya aire en tus pulmones.

Vendarás tus heridas una por una, no para ocultarlas, sino para recordar que aún estás en pie. Y mañana despertarás antes que el sol. Saldrás a buscarlo, desafiando la oscuridad con los dientes apretados. Ni el frío, ni la fatiga, ni la indiferencia del mundo lograrán detenerte. Cada cicatriz tuya será una letra más en el testamento de tu resistencia.

La negación de los demás —sus burlas, sus dudas, su frialdad— solo avivará tu obstinación. Porque en tu corazón no vive el capricho: vive un fuego que no se apaga. El fuego de los que saben para qué están aquí. Ese fuego no lo encendiste tú: lo sembró la gracia divina en lo más hondo de tu quebranto. Y ahí, sin pedir permiso, creció.

A cada embestida responderás con una mejor estrategia. A cada rugido del viento, con una determinación que no retrocede. Porque los que caminan con Dios no corren detrás del destino: lo construyen. Así que mantén los ojos fijos en los pies de Cristo. Llénate los pulmones con el aliento del Espíritu Santo. Y deja que el fuego de

Dios —ese que no se negocia, ni se explica, ni se detiene— te empuje, incluso ante la incredulidad de todos.

Anyha

> No fuimos rescatados. Nos arrastramos fuera del hoyo. Sin público, sin aplausos, sin disquera. Y no les voy a mentir: hubo momentos en los que me tocó verlo apagarse por completo, y decidí quedarme a oscuras con él en lugar de salir a buscar luz en otro lado. Eso también es lealtad. No siempre se ve bonita, ni se siente heroica. Pero salimos. Y eso ya es más de lo que muchos logran.

Tuvimos que volver a empezar sin saber por dónde. Volver a inventarnos la fe. Volver a creer en lo que ya habíamos enterrado. Y lo más difícil: perdonarnos por haber apostado todo por algo que no fue. Nadie te prepara para eso. Para ver cómo se enfría un sueño frente a ti sin poder hacer nada. Y, aun así, pagar la renta, lavar los trastes, sonreírle a tu familia y decir "todo está bien".

Lo que quedó, lo que sobrevivió a la deuda, al desencanto, a la rabia, esa parte fue la que valió la pena. Porque lo que quedó éramos nosotros, sin adornos. Solo él, yo y la verdad de lo que fuimos capaces de aguantar sin rompernos completamente. Nos quedó la mirada limpia, sin idealizaciones, pero llena de respeto.

Y aún estamos aquí, porque lo perdido nos vació, pero no nos venció.

"No hay límites en el corazón, **y eso no lo entiende la mente**".

Anyha Ruiz

La pareja se edifica en el amor

Dense todo el amor hoy, ahora mismo. No se guarden nada para mañana. No pospongan los abrazos ni las palabras buenas, no escatimen el afecto como si tuvieran siglos por delante. Fortalézcanse, edifíquense en el amor cada día; es la única forma de estar armados y despiertos cuando la tentación pase por la puerta de su casa. El amor no es un adorno para colgarse en días festivos, es la frontera donde se defiende lo sagrado. Y cuando toque defender, háganlo con uñas, con garras, con las rodillas en la tierra y los ojos en el cielo.

Aprendan a no depender el uno del otro, pero también a no hacer nada importante separados. Porque el amor no es una cadena, es una decisión constante de caminar a la par. Si tropiezan —y lo harán, no tengan duda—, recuerden que en Cristo siempre hay una forma de levantarse, de mirarse sin juicio, de volver a empezar sin contar los daños. En el amor no hay lugar para máscaras, ni para la obsesión de fingir perfección. No existen los matrimonios perfectos, solo dos personas dispuestas a pelear por lo que construyen.

El amor exigirá sacrificios. Les va a doler, los va a confrontar, los va a desnudar de orgullo. Pero también les va a enseñar a quedarse donde quieren, no donde necesitan. Ese es el milagro real: decidir amar. Decidir quedarse. Decidir volver.

Y para los que ya llevan un buen trecho recorrido —con momentos buenos, malos, absurdos, pesados—, que les dé exactamente lo mismo si la juventud ya les pasó por un costado. Mientras sigan admirándose, como los niños a las cometas, seguirán teniendo de qué aferrarse. Porque el respeto nunca envejece. Y la ternura, bien cuidada, sobrevive a todo. Incluso a ustedes mismos.

Y si Cristo está en medio, hasta los momentos más oscuros terminan forjando algo hermoso.

En las banquetas y en los banquetes

Anyha y yo tenemos una visión del matrimonio que, en estos tiempos, roza lo subversivo. Decir que quieres un amor para toda la vida es fácil; pero cumplir aquella promesa que hiciste en treinta segundos es un acto verdaderamente revolucionario. Porque en una época en la que todo es desechable, en la que las relaciones tienen fecha de caducidad antes de empezar, apostar por la eternidad es ir contra corriente.

La verdadera insurrección está en provocar felicidad con lo que el mundo llama insignificante. Un "te amo" sin previo aviso. Una canción que la hace bailar a mitad de la calle. Un "te extraño" que se siente como un disparo al alma. La copa de vino del día. El abrazo sorpresa por la espalda. Revisar fotos antiguas y regresar, aunque sea por un instante, a los lugares donde soñaron juntos. Salir afónicos de un concierto. Sacar tiempo de donde no lo hay para contar estrellas mientras sollozan y la mañana llega.

Que te abra una cerveza mientras lloras de rabia. Ponerle el pelo detrás de la oreja con la misma delicadeza con la que el viento acaricia las hojas. Despertar con los ojos hinchados y verla, después de tantos años, aparecer con el aroma del café entre sus manos.

¡Carajo! Estos son los gestos cotidianos que desafían la fugacidad de nuestros tiempos. Son el milagro de descubrir que se necesita muy poco para tocar la plenitud de la vida. Y, a la vez, son los cimientos invisibles, pero irrompibles, de lo nuestro.

Amarnos ha sido la mejor decisión de nuestras vidas. Una decisión, como todas, imperfecta, pero absolutamente consecuente. Porque amar no es solo querer, es sostener. Es elegir, incluso en los días en que hacerlo parece imposible.

Esa promesa de "en la salud y en la enfermedad, en la riqueza y en la pobreza" —o, como nosotros decimos, "en las banquetas y en los banquetes"— no son solo un par de frases románticas; son una verdad que hemos vivido en carne propia. No un amor que nace en los cojones y muere en el capricho, sino uno que brota del alma, de las entrañas, de lo más profundo del ser.

Y como creemos que el amor tiene el poder de transformar el mundo, hemos querido dejar en estas páginas nuestro testimonio. Para que otros lo lean. Para que otros se atrevan. Para que otros, como nosotros, se sumen a esta revolución.

"Yo no te vi, solamente te reconocí. **Mi alma ya sabía quién eras**".

Daniel Habif

Capítulo 9

No solo es resistir la tragedia, sino también levantarse del destrozo

Anyha

Unos meses antes de decidir la venta de la casa para liberarnos de la disquera y cancelar las deudas que habíamos adquirido, atravesamos un abismo oscuro. No teníamos dinero y las cuotas que debíamos pagar, para estar el día con las tarjetas, nos superaban como olas gigantescas en una tormenta. Del banco nos llamaban sin cesar, como si fuéramos fugitivos de la justicia. El acoso fue bárbaro, tanto que un día tuvimos que ir a carearnos con un abogado y, aunque insistimos desde el comienzo que íbamos a pagar, nos metieron un terror psicológico que ni los mejores filmes de suspenso logran igualar. Era como si esperaran que lleváramos la plata en una maleta, al estilo de una película de gánsteres.

Para quitarnos de encima el acoso y respirar un poco más tranquilos, decidí pedirle dinero prestado a mi mamá. Ella, con su escepticismo maternal, me lo dio con la condición de que le firmara un acuerdo de pago.

Cancelamos la deuda con el banco, pero todavía necesitaba encontrar la manera de pagarle a mi mamá con prontitud. Fue entonces cuando se me ocurrió la idea de poner en venta la casa. Sin embargo, el proceso tomó más tiempo del esperado, casi como si la propiedad tuviera vida propia y decidiera cuándo y a quién quería ser vendida. Mientras tanto, vivíamos en una especie de *reality show* financiero, esperando que algún comprador valiente apareciera y nos diera el alivio definitivo.

Daniel

Habían pasado ocho semanas cuando, agobiados en casa porque las cosas aún no iban bien, el 24 de diciembre tocaron el timbre. No fueron buenas noticias. Al bajar, me entregaron un documento inesperado.

—¿Qué es eso? —me preguntó Anyha.

—Tu mamá te demandó —respondí con voz atónita.

Anyha no podía creerlo. Su mamá se atrevió a dejar en la puerta de nuestro hogar, y en víspera de Navidad, ese papel con el que nos apretaba, todavía más, la soga que ya teníamos en el cuello. Por supuesto, Anyha la llamó y no pudo contener ni su rabia ni su frustración. Cada palabra de ida y vuelta era como un dardo envenenado que marcaba el fin de una relación ya desgastada. La comunicación se cortó definitivamente con ella. Estuvieron sin hablarse años.

Anyha

El abogado que nos estaba ayudando con los trámites de la deuda nos dijo que teníamos que vender la casa para pagarle ese dinero. Su tono fue claro y directo, sin lugar a interpretaciones:

—Mira, si quieres, podemos entrar en un pleito largo con tu mamá— sugirió, tratando de ofrecer una salida temporal.

Pero le respondí con firmeza:

—No voy a actuar como ella.

La decisión de no seguir el mismo camino que nuestros padres era una cuestión de principios, un intento por romper el ciclo de comportamientos que, en primer lugar, nos había llevado a esa situación. Daniel y yo entendíamos que vender la casa era una necesidad pragmática, la única opción viable para saldar nuestras deudas y empezar de nuevo. Era una decisión fundamental porque no consistía solo en resolver un problema financiero, sino que se trataba también de tomar el control de nuestras vidas y asumir la responsabilidad de nuestras decisiones.

"Gracias, dolor, **por hacerme todoterreno**".

Anyha Ruiz

Daniel

Lo peor de todo es que, en una situación como la que estábamos pasando, cuando la gente sabe que estás jodido a veces te percibe débil y te patea, en lugar de darte la mano. Es como si vieran a un náufrago aferrado a un trozo de madera en medio de una tormenta y, en vez de arrojarle un salvavidas, le lanzaran piedras.

Para ayudarnos a pasar la página mientras se vendía la casa, decidí pedirle un préstamo a mi familia. El día que fui a recibirlo, me aventaron el dinero al suelo. Fue una época muy difícil, en la que cuando apenas lográbamos alzar la cabeza, llegaba otro nocaut.

"Algunas personas quemarán el puente y **luego preguntarán por qué no los visitas**".

Anyha Ruiz

El colmo de la situación llegó cuando un amigo en quien confiábamos nos traicionó: le prestamos dinero y, además de no pagar, nos amenazó con lastimarnos. Nos quedamos sin patrimonio y sin un peso en los bolsillos.

Y aunque no nos permitimos derrotarnos, sí hubo días en los que estábamos desesperados. A veces, no nos podíamos levantar de la cama o, cuando lo hacíamos, era solo para ir a otro cuarto a platicar, a ver la televisión o estar con nuestros gatos. Después, íbamos de nuevo a la recámara a dormir. Así pasábamos nuestros días por aquella época.

Es muy difícil entender que la gente a la que quieres te haga daño y es muy fácil que te hieran de una forma profunda, cuando tu cabeza no tramita esa información, pues no está en tu *software*. En momentos como esos es casi imposible comprender cómo tu familia puede hacerte eso. Es como si el mundo se hubiera vuelto al revés y los aliados se convirtieran en enemigos, dejándote en un estado de confusión y dolor.

Sin embargo, aunque no lo merezcas, a veces pasar por eso es necesario. Por supuesto, también depende mucho de cómo decidas vivirlo. Esos golpes son los que, a la larga, te van enseñando y te van forjando. Son como el fuego que templa el acero, haciéndote más fuerte y resistente.

Por eso es importante que mantengas tu enfoque, incluso en los momentos más oscuros. La determinación es una virtud forjada en las pruebas, no en la comodidad. Aprende a valorar cada paso del proceso, incluso aquellos que te exigen más de lo que pensabas que podrías dar. En lugar de ver cada desafío como un obstáculo, intenta verlo como una oportunidad para crecer, para fortalecerte y para afirmar tu propósito. Debes ser como el león, que no necesita anunciar su presencia, pero cuya fuerza y determinación se sienten con solo pasar. Así, sin detenerte por las distracciones menores, seguirás avanzando hacia tu éxito, definido en tus propios términos.

"*Sostener* es una palabra hermosa **y en peligro de extinción**".

Daniel Habif

Anyha

Nos sentíamos solos y perdidos, pero encontramos sostén en nuestros amigos. Mientras nos refugiábamos en la relación, que con tanto esfuerzo habíamos construido, y tratábamos de sortear los desafíos económicos, ellos nos brindaron cobijo, cariño y, sobre todo, compañía. La mayoría de ellos eran personas de provincia que vivían lejos de sus propias familias, lo que facilitó la creación de una comunidad solidaria. Ese respaldo nos ayudó a superar, al menos momentáneamente, algunos de nuestros embates diarios.

Sin embargo, nuestros amigos no podían estar presentes todo el tiempo, porque cada uno tenía sus propios asuntos y trabajos. Llegó una época en la que pasábamos los fines de semana solos, sin recibir siquiera una llamada o un mensaje. No era por falta de interés, sino porque cada uno estaba inmerso en su vida y sus proyectos.

Fue en esos momentos de soledad cuando más nos unimos como pareja. Nos abrazamos y encontramos consuelo en el hecho de que nos teníamos el uno al otro para continuar y hacer de tripas corazón. Sin embargo, no dejábamos de preguntarnos: "¿Hacia dónde volteamos?". No sabíamos qué camino tomar.

Esa incertidumbre nos llevó a reflexionar sobre nuestras prioridades y objetivos. Nos dimos cuenta de que, aunque el apoyo externo era valioso, la verdadera fortaleza debía surgir de nuestra relación y de nuestra capacidad para enfrentar juntos las adversidades. Así, poco a poco, comenzamos a delinear un camino, guiados por la convicción de que, mientras estuviéramos unidos, podríamos encontrar la dirección correcta.

Daniel

> En esos momentos de aislamiento, a pesar de las dificultades y la carencia, aprendimos una lección invaluable: no tiene sentido aferrarse a quienes no te permiten florecer o no se toman el tiempo para entenderte. En esos momentos la familia no nos alentaba. Por el contrario, nos asfixiaba. Alejarse, a veces es más un acto de autoconservación que una huida, porque si continúas en una eterna relación tóxica, no te estás protegiendo. Al darte espacio, tomas una decisión crucial de amor propio.

No siempre se trata de tener una familia numerosa a tu alrededor, sino de la calidad de la conexión que estableces con ella y la profundidad del vínculo. Por eso, debemos hacernos la pregunta difícil: ¿qué sentido tiene permanecer en una relación, incluso si es con tu propia familia, si no te valoran, si no miden sus palabras para no herirte, o si mueves montañas por ellos y solo se quedan mirando? No, no tiene sentido.

La familia es una entidad viva en constante evolución. Cada experiencia, cada encuentro y desencuentro, va marcando y aportando algo a tu historia. Lo importante es saber cuándo no quedarse anclado en ese momento, en ese lugar y elegir la autoconservación para apostar por una conciencia de tu yo más puro.

Ahora bien, hay una ley de la vida: los problemas no solo ahuyentan a los más cercanos, ahuyentan a todo el mundo, porque el éxito es muy atractivo, un imán, y a la gente le gusta más rodearse de personas que prosperan y que son bienaventuradas. Sin embargo, nadie vive en ese nirvana perpetuo y, por eso, tu familia, tus más cercanos, deberían estar a tu lado sin importar que estés en el samsara.

"Me diste tantos golpes que creo que confundiste **mi corazón con el hígado**".

Daniel Habif

El deber de la familia es facilitarte el camino, estar pendientes y conectados contigo. No puedes decir que eres familia si no hay un compromiso en los momentos más difíciles, si no respondes a una llamada, a un correo electrónico, a una necesidad. Eso no significa olvidar que pueden coincidir los tiempos en que ambas partes la estén pasando muy mal y, por esa razón, ni una ni otra puedan ayudarse. Debemos ser conscientes de que cuando alguien se aleja, no siempre lo hace porque no quiera ayudar, sino porque también tiene sus propios problemas. Incluso, a veces, esa persona intenta estar, pero no se encuentra en su mejor situación.

Sin embargo, siempre hay que hablar, hay que decirlo, hay que hacer el llamado, debes contar por lo que estás pasando. Muchas personas se alejan de su familia porque nunca hablan de sus problemas, pero suponen que deberían saberlos. Y no es así.

En esto, las familias a veces cometen graves errores, porque hay quienes piensan que si se callan, no hay problema o si se anulan, no hay conflicto. En cualquier caso, es fundamental dejar claro que no quieres o no puedes ayudar en ese momento. "No" también es una respuesta válida y suficiente.

Anyha

> Desde luego, en este momento y a esta edad ya no culpo a mi familia. Ahora entiendo que en ese tiempo actuaron con las herramientas que tenían a su disposición. Aunque en esa época me generaba un gran sentimiento de injusticia pensar "¿por qué a mí?", hoy comprendo las razones detrás de sus decisiones y comportamientos. Ahora trato de vivir mi vida de la mejor manera posible y los respeto, pero eso no significa que deba estar con ellos siempre. Es más valioso apreciar los buenos momentos que podamos compartir, en lugar de lacerarnos y victimizarnos, ya que eso no nos llevará a ningún lado.

Ahora, otra cosa es cuando, definitivamente, no hay nada que hacer, porque las personas siguen igual y no quieren cambiar. En esa situación también es necesario reconciliarse con la idea de que, a veces, las relaciones simplemente no prosperan. En esos casos no hay mucho que hacer, salvo desear lo mejor para esa persona y despedirse. No vale la pena forzar las cosas, ya que pueden causar más daño que bienestar.

Aceptar esta realidad nos permite liberarnos de expectativas poco realistas y nos ayuda a enfocarnos en nuestro propio crecimiento y bienestar. La clave está en encontrar un equilibrio entre el respeto hacia los demás y el cuidado de uno mismo, reconociendo que no todas las relaciones están destinadas a ser cercanas o permanentes. Al final, lo importante es vivir con integridad y paz interior, sabiendo que hemos hecho lo mejor posible con lo que teníamos.

Daniel

> Por aquellos días, también nos encontrábamos inmersos en un proceso espiritual profundamente intenso. Me resistía a muchas cosas y mi visión estaba nublada, pues la neblina que nos envolvía parecía impenetrable. Todo a nuestro alrededor se presentaba confuso, como un laberinto sin salida.

No obstante, en medio de ese caos, nos acercamos más a Dios. Esa cercanía nos permitió comenzar a sanar, a reconstruirnos poco a poco. Empezamos a vislumbrar una luz al final del túnel y a encontrar maneras de ocuparnos en lugar de preocuparnos.

Nos dedicamos con fervor a diversas tareas, aceptando todo tipo de trabajos dentro de nuestras posibilidades. Cada tarea se convirtió en un paso más hacia la luz, un avance significativo tras tanta oscuridad. Sentíamos que, a pesar de las dificultades, una fuerza superior nos guiaba, ayudándonos a encontrar nuestro camino en medio de la penumbra.

Así, con cada pequeño logro, con cada acto de fe, nos fuimos levantando, descubriendo que, incluso, en los momentos más oscuros, la esperanza y la guía divina pueden iluminar nuestro sendero. Casi sin querer, entendimos que la vida es una serie de ciclos, de estaciones, y que, al igual que el león, debemos saber cuándo es tiempo de actuar y cuándo es mejor conservar las energías. No todos los días serán de caza, algunos serán para descansar, observar y planear. La paciencia es vital en este juego largo que es la vida. Reconoce los momentos de espera como el espacio necesario para preparar tu próximo gran salto.

"Sin Dios, enfrentábamos la vida desde el temor y la angustia. Pero ahora que hemos conocido a Cristo, **les hacemos frente a los problemas con paz y confianza**".

Anyha Ruiz

Fue entonces cuando, junto con un colega llamado Roberto, ganamos un *casting* para ser conductores de *Sin reservas*, un programa de RitmoSon, el canal de videoclips de Televisa Networks enfocado en géneros tropicales como salsa, merengue y bachata. Este canal se había convertido en un trampolín para muchos presentadores, que luego se transformaban en figuras clave de la televisión.

En aquel tiempo, la televisión por cable estaba experimentando un crecimiento exponencial, y *Sin reservas* comenzó a ganar relevancia, la gente lo veía con entusiasmo. Sin embargo, a menudo me sentía como un verdadero desastre, pues mi irreverencia no era una postura ni un personaje, sino una reacción visceral a todos los quebrantos que había atravesado. Me comportaba con rebeldía y mi actitud era siempre la de confrontar.

Además, mi conocimiento musical, que formaba parte de mis entrañas, me permitía llevar las entrevistas a un nivel más profundo, lo que a veces ponía nerviosos a los artistas. Sin embargo, el programa no solo funcionó, sino que también empezó a crecer y crecer, extendiéndose hasta llegar a 67 países. En ese espacio entrevistamos a figuras como Enrique Iglesias, Maroon 5 e, incluso, Sara Friedman. Recuerdo especialmente una vez, en mitad de una transmisión en vivo, cuando presenté a Ricardo Montaner como Ricardo Arjona. Fue un desliz que se convirtió en una anécdota memorable. Conocí y entrevisté a cientos de estrellas. Muchos de ellos, con el tiempo, se convirtieron en amigos, tejiendo una red de relaciones que me acompañaría en mi camino profesional.

Había logrado levantar la cabeza y, aunque la impronta de aquellos meses oscuros seguía siendo una espina clavada en el corazón, comenzó una época de crecimiento y aprendizaje.

Anyha

En el programa que hacía Daniel había varias secciones. Pronto las entrevistas pasaron del estudio a la calle o a diferentes escenarios. De repente, Daniel viajaba en el avión de Wisin y Yandel, haciendo una entrevista a 30.000 pies de altura. Otras veces podía encontrarse conversando con Enrique Iglesias en algún rincón pintoresco de la ciudad, intentando mantener la compostura mientras hordas de fans emocionados trataban de unirse a la conversación.

Daniel

Pude entrevistar, además, a Alejandro Sanz y a Franco de Vita, quien también tiene un lugar importante en nuestra vida (pero eso lo contaremos más adelante). Así mismo, creé una sección que se llamaba "Denúncialo", en la que le daba un espacio en vivo, sin nada de *playback*, a nuevas bandas de Latinoamérica. Esta sección se hizo muy famosa y atraía a artistas *underground* de Perú, Bolivia y Argentina que viajaban con la esperanza de darse a conocer. Se imaginarán el amor que le tenía a esa sección, porque yo había sido uno de esos artistas que tocan puertas. Es más, de ahí nació la idea. Era mi manera de devolverle al universo algo de lo que me había dado, de tender una mano a aquellos que, como yo, soñaban con ser escuchados.

Anyha

Al programa de Daniel le fue de maravilla, pero en un momento llegó a un tope en el que ya no pudo subir más y comenzaron a limitarle su capacidad creativa para innovar y explorar nuevas ideas. Esto hizo que se sintiera enjaulado y la chispa de entusiasmo que lo acompañó por varios años empezó a apagarse lentamente. Aunque disfrutaba lo que hacía, la falta de libertad creativa transformó esa pasión en una rutina monótona, y esto lo llevó a cuestionarse sobre su futuro en el programa.

Daniel

Todos los días terminaron volviéndose iguales, una rueda que giraba sin cesar, como las de los ratones en sus jaulas. Lo peor era que ganaba poco dinero.

Trabajé allí casi cuatro años y realicé más de ochocientos programas en vivo. Aprendí muchísimo, hice grandes amigos que hasta hoy siguen en mi vida, colegas que más adelante me tenderían la mano, y planché el camino para usar toda esa experiencia en mi siguiente aventura.

En una ocasión participó en la sección "Denúncialo" un grupo mexicano que fue a tocar en vivo. Ese día conocí a un chico con quien, tiempo después, me encontraría en un lugar clave para mi carrera como productor. Intercambiamos teléfonos y nada más. Ninguno de los dos imaginaba que ese gesto mínimo sería el inicio de algo mucho más grande.

Anyha

Pasado un tiempo fuimos a Antara, un famoso centro comercial en Polanco que acababa de abrir. Allí había un bar al que, si querías entrar, debías ser casi tan famoso como la reina de Inglaterra. Íbamos con unos amigos y al llegar a la entrada, encontramos un chico que se nos hizo muy familiar.

—¡Qué onda, Daniel! ¿Me recuerdas? Fui con mi banda a tu programa.

—Claro que sí, ¿cómo estás? ¿Qué haces aquí? —respondió él.

—Trabajo aquí. De hecho, trabajo para el dueño del lugar.

Entramos y nos guio en el centro nocturno y de espectáculos. Todos los lugares que formaban parte de ese complejo se unían por un túnel. Nos llevó a varios de ellos hasta que llegamos a uno que se llama Voilà Acoustique. El sitio me impactó porque tenía el formato de cena-*show* o canta-bar. Cabían unas 300 personas y tenía la apariencia de un cabaret francés a lo Moulin Rouge.

El espacio era increíble, pero solo había tres mesas ocupadas y una persona cantando. Nuestro guía nos mostró lo que hacía falta y vi que a Daniel le cambió la cara. Al terminar el recorrido se puso a platicar con él y le dijo:

—Oye, ¿quién es el dueño de este lugar? Esto está muy desperdiciado, ¿no me sentarías con él?

—Lo veo complicado, es un tipo raro y ocupadísimo.

—Ponme con él y yo me encargo de lo demás —insistió Daniel.

Si bien no logró nada en ese momento, se puso a la tarea, como hice yo con Alejandro Sanz. Lo llamaba con frecuencia y le repetía: "¿Cuándo me vas a sentar con él?".

Creo que fue por hartazgo que un día le contestó: "Oye, ¿sabes qué? Le voy a hablar a la secretaria para que te ponga una cita". Habló con ella y le abrieron un espacio de diez minutos —literalmente— para el día siguiente.

Daniel ya no se sentía entusiasmado en RitmoSon, pero continuaba en el programa porque lo necesitábamos. Sin embargo, en ese momento sintió que tenía un as bajo la manga y no pensaba desaprovecharlo. Todo iba a cambiar.

Al día siguiente, nos sentamos antes de la hora de la cita en un Starbucks. Recuerdo que oramos juntos. Después, él se fue y empezó a correr el tiempo. Estaba programada una reunión de diez minutos, la cita era a las 4:00 p. m. y a las 4:30 aún no salía. Luego, dieron las 5, las 6, las 7... salió a las 8 de la noche y me dijo:

—¡Tenemos trabajo! Ya me lo dieron.

—Y ¿cómo? —le repliqué.

—No sé, pero ya me lo dieron.

Entramos a la casa a la medianoche y le pregunté:

—Oye, ¿qué le dijiste?

—No sé, Anyha, no era yo hablando. Dios me puso las palabras. Lo único que recuerdo es que le sumé un cero a mi sueldo anterior.

—¿Y?

—Y me dijo que sí.

> "Me contó sus metas, me emocioné, soñamos juntos, **hicimos equipo y Dios nos bendijo**".
>
> *Anyha Ruiz*

Daniel

> En la reunión conseguí la dirección de espectáculos de todo el grupo. Todo se interconectó: los años en RitmoSon y mis conexiones con los artistas y los *managers* me llevaron a ese momento y a ese lugar. Ese día no solo me dio el trabajo, también me dijo: "Mañana te quiero aquí".

Es más, me hizo regresar esa noche a su oficina porque necesitaba que le resolviera algo. Y a todo le dije que sí, aunque no supiera.

Nunca había hecho un *show*. Nunca había contratado a un artista. Nunca había vendido un solo boleto. Nada. Le pregunté:

—¿Qué tenemos? ¿Cuál es la cartelera?

Tampoco había nada. Ahí empezó otra aventura. Faltaban 20 días para el 14 de febrero: el Día de los Enamorados. Debía actuar rápido, así que recordé que cuando estaba en RitmoSon conocí a Omar Chaparro, un conductor de Telehit (un canal de *rock* y pop latino) que se había vuelto uno de los comediantes más importantes de México. Era una de las pocas personas de quien tenía el teléfono directo, así que pensé: "Voy a hacer un *show* de Omar Chaparro en Voilà para el Día de los Enamorados".

Nunca había hecho publicidad ni contratado una pauta de radio, televisión o prensa. Tampoco había tenido que pegar pósteres en la calle. Sin embargo, dije: "Me vale madres". Ahora bien: ¿cómo iba a pagar todo eso? Tuve que entender, en tiempo récord, cómo era el proceso de las facturas y los contratos. No dormía por las noches, con la cabeza a mil. Pese a todo, organicé el calendario y entré a negociar con el mánager de Omar.

—¿Para el Día de los Enamorados? Claro, aún lo tenemos disponible, pero nos tienes que pagar mañana mismo —me dijo.

—Acabo de entrar a este lugar y voy a convertirlo en un punto importantísimo en México, fíame.

—¿Cómo crees que te voy a fiar?

—Me conoces hace años, dame el chance de pagarte en 15 días. Así son los procesos.

—No, *brother*; si me quieres apartar la fecha, me tienes que dar la lana.

Entonces, tuve que darle 1.500 dólares de mi dinero para que aceptara. Por fin un respiro en medio de ese correcorre.

—¿Puedo salir a la venta ya? —le pregunté.

—No hasta que tengamos el contrato firmado.

Como Omar era locutor de uno de los programas de radio más escuchados de México, el de 6 a 9 de la mañana en *Los 40 Principales*, diseñé el contrato para asegurarme de que él se encargara de la

“No
serás suficiente
para otros, **hasta
que lo
seas para ti**”.

Daniel Habif

publicidad de su propio *show*. Con la premura, todo se me hizo eterno, pero logré cerrar ese primer evento. Salimos a la venta y fue *sold out* en un par de días.

El evento estuvo lleno, no cabía un alma.

Anyha

> Fue una época en la que pudimos respirar un poco y decir: "Ah, esto está padre. Ya no tienes que preocuparte por tarjetas, ni cómo vas a pagar la comida o la renta". Por fin había lo necesario para no tener que endeudarnos.

Poder dormir sin que te despierten las pesadillas financieras, sin tener que jugar al Tetris con las facturas para ver cuáles pagar primero era un alivio tremendo. Claro, no estábamos exactamente viviendo como soñábamos, pero al menos no teníamos que preocuparnos de si podríamos permitirnos el lujo de comprar papel higiénico. Y lo mejor de todo era que nos apasionaba nuestro trabajo.

No hay nada como levantarte cada mañana y saber que vas a hacer algo que realmente disfrutas.

Daniel

> Ahí fue como empezó la época de Atomic Thoughts, nuestra primera compañía. En realidad no era una compañía, éramos dos peleles que vimos una oportunidad de negocio. Empezamos a manejar a los meseros y a la gente de producción, audio e iluminación que se contrataba para los *shows* del lugar y a producir los eventos privados.

Con el paso del tiempo, fuimos ganando confianza y decidimos traer también marcas patrocinadoras. Un día, cerramos un trato con una institución financiera muy importante de Estados Unidos para hacer conciertos con los tarjetahabientes de las categorías *platinum* y *gold*, y traer artistas de mucha talla.

Ahora que lo menciono parece fácil, pero fue una vaina de gran determinación. Muchas veces dormía en los lugares y me convertí en un absoluto burro de trabajo. Cada día era una maratón de desafíos y sacrificios. Al concretarse ese trato con la institución financiera, me empecé a ganar un renombre como productor y promotor.

Ahí fue cuando entró en nuestra historia Franco de Vita, aunque, como les conté, ya había tenido una breve aparición en nuestras vidas en RitmoSon. Lo había entrevistado para *Sin reservas* en el Hotel Intercontinental en Polanco. En ese entonces me dijeron: "Tienes 15 minutos", pero la conversación duró casi una hora. Franco y yo estábamos gozando, divertidísimos hablando de música, de arte y de productores, hasta que llegó César, su mánager, y cortó la entrevista: "Ya es suficiente". César me dio su tarjeta de presentación y nos despedimos.

Luego de cerrar el trato con la institución financiera, pensé: "Quiero traer a Franco de Vita", así que busqué la tarjeta y llamé a César.

—Hola, soy Daniel Habif, hace un tiempo entrevisté a Franco en *Sin reservas*, espero que me recuerdes —le dije en un mensaje de voz. Nunca me respondió.

Seguía empecinado en la idea, así que me acerqué a alguien de alto nivel ejecutivo en el mundo de la música (Arturo Velasco, el hijo de Raúl Velasco, el productor y presentador de televisión mexicano), y le pedí:

—Arturo, ayúdame, nada más dame un empujón.

Y me lo dio, pero yo tenía que encargarme de la producción y del contrato. Franco es una estrella, así que el sitio se encontraba a reventar. Los dueños de la empresa se sentían fascinados porque estaban teniendo los mejores conciertos de su vida en el patio de su casa. A Franco, sin embargo, no le cayó muy bien la altura y, por un momento, pensamos que no podría salir a dar el concierto. A mí se me hizo un nudo triple en la garganta. Tuvimos que conseguir un par de tanques de oxígeno. César me miraba con cara de "Esta te la voy a cobrar, porque Franco estaba ahí más por un favor, que por otra cosa". Total, conseguí lo que tenía que conseguir y cumplí mi cometido: el concierto salió espectacular. Franco, impecable, y la gente, fascinada.

La historia con César no terminó ahí, pero aún pasaría mucho tiempo antes del reencuentro.

Luego de ese *show*, el negocio siguió creciendo. No solo tuvimos artistas de talla mundial en el lugar, sino que también después quitamos las mesas y les apostamos a conciertos de 800 a 900 personas.

Comenzamos produciendo los eventos y los espectáculos de Antara y luego llegamos al mundo de los casinos. Una cadena muy famosa en México, de dueños colombianos y españoles, nos contrató para hacer lo mismo para ellos. Entonces, producíamos los eventos de Antara y los casinos de martes a domingo. Desde luego, la compañía, que había empezado con dos personas, un diseñador y una computadora que pagamos a doce meses, creció a la par.

Con el éxito de los *shows* que producíamos para nuestros clientes, se me ocurrió hacer un concierto propio fuera de sus lugares y traer a Carla Morrison y a la banda de *rock* Enjambre, para que compartieran escenario. No recuerdo que alguien estuviera haciendo ese tipo de *shows* con *featuring* y mucho menos en el lugar que elegí: Six Flags, el parque de diversiones.

Me tardé tres meses en conseguir que me dieran la oportunidad. Y aunque me recomendaron hacerlo en otros escenarios, como el Auditorio Nacional, la elección del sitio no fue un tema al azar, lo tenía muy bien pensado. Cuando salimos a taquilla con ese concierto, vendimos 7.500 boletos y logramos una tremenda ganancia para nuestra compañía. Sin embargo, y como suele pasar en la vida, queridos, eso llevó a que mis clientes me hicieran solicitudes igual de desafiantes.

Después de eso, el negocio se expandió de manera exponencial. Me dieron otros seis casinos en México para producir sus *shows*. En ese entonces, trabajaban para nosotros entre 100 y 150 personas de manera directa e indirecta. Yo apenas era un chamaco de 24 años.

Quise arriesgarme un poco más, así que se me ocurrió traer artistas y *DJs* de diferentes países, en especial de Estados Unidos. Sí, queridos, hice mucho dinero. Sin embargo, esos proyectos empezaron a generar conflictos de intereses con los casinos y con Antara.

—¿Por qué no traes a estos artistas acá? —me decían.

—No dan los números —les respondía—, es imposible hacer un *show* de esa categoría vendiendo solo 800 boletos.

Para zanjar el asunto, Anyha y yo decidimos producir un espectáculo inédito, llamado Black Ties Femme, un *show* de *burlesque* con músicos jóvenes. Ella eligió toda la música, buscó el vestuario, hizo el *casting* de las bailarinas y armó el concepto estético.

Anyha

Dedicaba la mitad de mi tiempo al *show* y a la parte administrativa de Atomic Thoughts: pagaba los cheques y las nóminas. La otra mitad, a rescatar animales. En aquella época me metí de lleno en eso. Era y ha sido mi gran pasión.

Imagínense, por la mañana estaba lidiando con números y balances, asegurándome de que todos recibieran su paga a tiempo. Por la tarde, me convertía en una versión moderna de Ace Ventura, corriendo tras gatos, perros y hasta alguno que otro hurón perdido. Era un equilibrio curioso, una mezcla de vida corporativa y aventuras animales. Un día estaba en una reunión discutiendo estrategias financieras y, al siguiente, escalando árboles para rescatar a un gatito. La verdad, ambos mundos tenían su propio tipo de adrenalina.

> "Nadie puede decirme que Dios no existe cuando yo misma he visto **cómo ha obrado en mi vida y en la de mi familia**".
>
> *Anyha Ruiz*

Daniel

Cuando Black Ties Femme salió al aire, fue un éxito. La audiencia no solo llenaba el lugar, lo abarrotaba con una energía inolvidable, como si cada función fuera la última fiesta de sus vidas. Además, el espectáculo comenzó a venderse también en eventos privados, convirtiéndose en la joya de la corona de nuestras ofertas. Estábamos en una época de renacimiento en la que todo lo que tocábamos parecía convertirse en oro. Cada semana era una nueva oportunidad para brillar y cada éxito reforzaba nuestra determinación y pasión por lo que hacíamos.

La atmósfera estaba cargada de posibilidades y esperanza, como un amanecer perpetuo o una confirmación de que estábamos destinados a dejar una huella indeleble en la industria del entretenimiento.

Fíjate quién sigue ahí

Cuando haya terminado la tempestad, fíjate quién sigue a tu lado, quién preguntó cómo estabas o si necesitabas algo. Revisa bien el teléfono para dejar claro quién llamó, quién escribió y quién no. Así sabrás quiénes dijeron que estarían contigo en las malas y lo cumplieron.

Queridos, estos momentos de adversidad siempre actúan como un filtro, porque revelan la verdadera naturaleza de nuestras relaciones. Los tiempos difíciles son un espejo que no miente y muestra claramente quiénes valoran nuestra compañía y bienestar a pesar de estar mal. No es solo una cuestión de recordar quién estuvo físicamente presente, sino quién te brindó su apoyo emocional genuino, quién extendió una mano cuando tu mundo parecía desmoronarse.

No podemos olvidar que la amistad y la lealtad son piedras angulares de la vida; sin embargo, a menudo, estas cualidades se proclaman con facilidad, pero solo se comprueban en la adversidad. Es muy simple declararse amigo y estar presente en

momentos de alegría y celebración. Sin embargo, el verdadero testamento de la amistad se manifiesta cuando todo va mal, cuando la presencia y el apoyo requieren más que solo palabras. Mi recomendación de mirar quién queda es una verdad incómoda, pero necesaria, acerca de la naturaleza humana. Forma parte de la realidad de las relaciones. La revisión de quién realmente llamó o escribió en momentos de crisis es más que un acto de llevar cuentas; también es un proceso fundamental de reconocimiento y valoración de aquellos que sí demuestran su amor y compromiso no solo con palabras, sino también con acciones muy concretas.

Esta crítica no proviene de un lugar de rencor, pero sí de un entendimiento profundo de que el amor y la amistad se construyen sobre cimientos de acciones y no de intenciones o palabras. Los que se alejan, los que optan por el silencio o la indiferencia cuando la vida nos pone a prueba, muestran una desconexión entre lo que dicen y lo que hacen. Este tipo de comportamiento es a la vez doloroso y revelador. Nos enseña que algunas relaciones no son tan sólidas o genuinas como pensábamos.

Abandonar a un amigo en su hora de necesidad es una traición al compromiso que define una verdadera amistad. Tal comportamiento no solo desilusiona, sino que también hiere, dejando cicatrices que pueden ser más duraderas que el apoyo temporal que se necesitaba.

En la calma que suele seguir a la tormenta, es muy importante reconocer y valorar a aquellos que no se alejaron, sino que enfrentaron contigo la fuerza del viento. Estas personas son tus verdaderos pilares, los que no solo dicen, sino que también demuestran su lealtad y amor en los momentos más críticos con hechos. No hacen como que hacen.

Aprovecha este espacio no solo para agradecer, sino para reflexionar sobre cómo tú puedes ser también esa clase de persona para los demás. Pregúntate si has estado allí para los que ahora necesitan de ti, si has sido el apoyo que esperas de los otros.

“Somos dos *CEO* al mando **de la empresa más importante: nuestro hogar**”.

Anyha Ruiz

No subestimes el poder de un "gracias" y un reconocimiento sincero por su ayuda; hazles saber a esas personas la gratitud que habita en ti.

Más allá de la razón

Con frecuencia nos preguntamos qué ha hecho que lo nuestro resista lo que tantas otras historias no han podido. Nos lo cuestionamos mientras lloramos en la oscuridad, mientras empujamos un carrito en el supermercado o mientras nos recuperamos de una discusión. Y entonces, en medio de la rutina o el caos, a uno de los dos le interrumpe el pensamiento una misma pregunta: "¿Te das cuenta de que en todos estos años no nos hemos cansado de estar juntos todo el día, todos los días?".

Si me lo contaran, no sé si lo creería. Nosotros mismos seguimos sorprendidos. Pero cuando ponemos los motivos sobre la mesa, la conclusión trasciende cualquier razonamiento: Dios ha sido el alquimista de este amor, y nosotros lo hemos custodiado como nuestro mayor tesoro. Esta temporada, que alcanza los 24 años, ha desafiado todos los augurios en un mundo donde el amor está lleno de turistas. Desde luego, hemos librado violentas guerras individuales, pero, como pareja, nuestro matrimonio se ha convertido en el cuartel al que ambos regresamos después de cada batalla.

No sé qué tanto puede enseñarte este libro, pero si algo queremos dejarte claro es esto: escoge a tu compañero como si fueras a la guerra con él. Porque la vida no pregunta si estás listo para pelear, solo te empuja al campo de batalla. Y cuando eso pase, necesitarás a alguien que no salga corriendo, que sepa cubrirte la espalda, que esté dispuesto a sostenerte cuando todo lo demás se derrumbe.

Capítulo 10

A la confianza no se llega con atajos

Daniel

> Con Atomic Thoughts, Anyha y yo cumplimos un par de sueños, pero para seguir adelante tuvimos que sacudirnos el fantasma del fracaso. Era como si estuviéramos atrapados en esa historia de los primates enjaulados: arriba, un racimo de plátanos; en medio, una escalera; abajo, el miedo. Cada vez que uno intentaba subir, todos eran castigados con un chorro de agua helada. Con el tiempo, dejaron de intentarlo. Peor aún: empezaron a impedir que otros lo hicieran, aunque ya no hubiera agua y nadie recordara por qué. El castigo se había convertido en costumbre, y la costumbre, en ley.

Así pasa cuando el fracaso te cala hasta los huesos: dejas de subir por miedo a un dolor que quizá ya no existe, pero que sigue dictando tus pasos. Cuando el temor se disfraza de prudencia, puede ser una jaula invisible. No se trata de no tener cuidado para no caer, sino de no olvidar que los plátanos siguen ahí, esperándonos, y que la única forma de alcanzarlos es subiendo, aunque tiemble toda la escalera.

Para que se hagan una idea: comprar un espectáculo de los que nosotros hacíamos podía costar desde veinte mil hasta cientos de miles de dólares —y en ligas mayores, incluso diez veces más—. Las apuestas crecían como un gigante que, si llegaba a caer sobre nosotros, nos aplastaría sin piedad. Y si fallábamos otra vez, el golpe no solo sería más caro, sino, tal vez, fatal.

En esos días reducíamos al mínimo el margen de error, pero era muy complejo porque decidí dedicarme al único negocio en el que tú pagas, pero no mandas: manda el artista. El negocio de los conciertos es para locos, audaces y adictos a la adrenalina. Es jugar póker y hacer *all in* sabiendo que la mano final no está en tus cartas, sino en las de alguien más: tú apuestas la casa, y rezas para que el crupier te sonría.

Empezamos a viajar a Los Ángeles, Nueva York y Chicago, a visitar agencias globales de representación artística —desde estrellas consagradas hasta talentos *underground*— y enviábamos correos todos los días. Y sí, empezamos a facturar mucho; pero a veces uno se compra la utopía de que, al construir una compañía, tendrás más tiempo para ti mismo. Mentira. Si quieres emprender —y más aún si lo haces en pareja—, olvídate de la fantasía de "ser tu propio jefe". Dejé de tener superiores directos, pero mi compañía se convirtió en un jefe más duro que cualquiera que hubiera tenido antes.

Y cuando crees que ya controlas el juego, te das cuenta de que no hay descansos ni respiros. Las vacaciones se vuelven un concepto ajeno, como si fueran parte de una vida que alguna vez viviste, pero ya no te pertenece. Y aunque soy de los que disfrutan los retos "imposibles" y estaba en la edad para empujar con toda la fuerza, todavía no sabía nada de balance ni de armonía. Mi energía iba siempre al máximo, pero sin dirección hacia el equilibrio: pura pendiente, puro ascenso, como si la única forma de vivir fuera subir, hasta que el aire empezara a escasear.

Descubrí que tenía una capacidad de orden y disciplina casi quirúrgica. Tanto, que me volví excesivamente meticuloso y algo tiránico. Ni cortesías excesivas, ni preámbulos: para mí, todo se trataba de eficiencia. Ese ritmo empezó a colapsarme y, de paso, a Anyha. Fueron meses difíciles, marcados por mi carácter y temperamento. El equipo también lo sintió. Poco a poco se marchitó ese hombre entusiasta, cariñoso y divertido que yo había sido.

Siempre he pensado que eliges las armas según la batalla. Y no siempre son fusiles ni fuerza bruta: a veces son la inteligencia para leer el terreno, la astucia para anticiparte y la paciencia para esperar el momento justo. En ese momento, ya no estábamos en asaltos improvisados, sino en operaciones precisas dignas de un equipo SWAT: rápidas, precisas y sin margen de error. Y cuando eres el que menos cargamento y capacidad táctica tiene, la única forma de sobrevivir es compensar con brutal disciplina, orden obsesivo y un plan sin fisuras. No había espacio para improvisaciones románticas ni para errores por descuido: cada paso debía estar calculado. Es fácil decir que se está listo para ese ritmo, pero vivirlo es otra cosa. Me decían: "Eres extraordinariamente intolerable". Y sí, lo era. A donde queríamos llegar no había margen para fallar.

Era similar a estar en las grandes ligas de apuestas de Las Vegas. En una mesa de *high rollers* (grandes apostadores), la mayoría de los que están ahí pueden perder una y otra vez sin parpadear; su *bankroll* (así se le llama a la cantidad total de dinero disponible para apostar) es tan grande que 20 manos malas no lo mueve. Tú no. Un par de golpes y estás fuera. Si te ven nervioso o con miedo, no te consideran jugador: te ven como el gato que no mata ratón. Y ahí, la presa no dura. Si tienes el valor —o la inconsciencia— de sentarte, debes estar dispuesto a pagar el precio. Porque si titubeas, te tiran un *all in*. Para ellos es como arrancarse un pelo; para ti, volver a la miseria. Y lo peor: no solo te levantan de la mesa, sino que te cierran todas las demás, dejándote tirado para que no vuelvas a intentarlo.

Ese era el juego que estábamos jugando, y yo tenía un plan ambicioso. Ese camino exigía recortar todo lo que no fuera esencial.

“La lealtad no transcurre **en la boca**”.

Daniel Habif

Anyha y yo empezamos a tener problemas: el siguiente nivel significaba cero distracciones. No digo que fuera la mejor decisión, pero fue la que tomamos.

Queridos, cuando pides un nuevo nivel de compromiso, la compañía se depura sola: unos siguen, otros se bajan. Lo más duro es cuando los intereses de tu equipo cambian en pleno vuelo y el único que se estrella eres tú.

Anyha

> Me aguanté, pero por las malas, porque eso de fingir frente a mi esposo no se me da. No soy de las que sonríen para que no se note el cansancio. Y Daniel lo sabe: cuando algo me incomoda, me brota por los ojos. No me pidan sutileza, no vine equipada con ese accesorio. Las mujeres me entienden: tenemos todo un sistema de señales que los hombres llaman "misterio" y nosotras llamamos "claridad absoluta".

En la cima tal vez nos esperaba la vista más hermosa, pero en el ascenso yo sentía que algo mío se quedaba atrás, como si cada paso costara un pedazo de mí que no estaba segura de recuperar. Y en medio de esa subida, empecé a vivir una paradoja que suena a cliché cuando la escuchas y a absurda cuando la vives: soñar con algo grande y, una vez dentro, querer bajarte antes de la cima.

Desde fuera parece ingratitud, como si olvidaras todo lo que anhelaste y lo que Dios te ha dado. Desde dentro es otra cosa: es la mente humana reaccionando al contraste brutal entre la fantasía y la factura real que se paga por ella. Hay una parte de nosotros que asocia el éxito con plenitud y expansión, pero no contempla que el mismo logro pueda reducir tu mundo, recortar tu tiempo, comprimir tu aire. Entonces sobreviene un choque: la persona que soñó es la misma que ahora quiere huir, y esa incoherencia duele porque no es fácil aceptar que tu propio deseo pueda volverse una carga.

Quizá por eso tantos grandes sueños acaban solos: porque nadie te prepara para la disonancia entre la gloria romantizada y la trinchera real. Lo llaman "perder la ilusión", pero no es eso. Es descubrir que la cima no es un lugar de descanso, sino otro inicio, y que el verdadero reto no está en llegar, sino en permanecer ahí lo suficiente para después bajar sin que se te rompa el alma.

"No te confundas: aceptar a otro **no es precisamente aprobación**".
Anyha Ruiz

Daniel

> En el ascenso, los pasos que das para subir son muy cortos, y cuando los bajas son tan largos que te vas de hocico. Y es justo ahí cuando empiezas a escuchar: "Ya no puedo. Me cuesta respirar. Bájame al campamento". La frustración es enorme, porque el que tiene que bajar a todo el equipo es el mismo que dijo: "Vamos a subir".

Yo entendía la evolución empresarial de forma distinta. Para mí, lo que estábamos haciendo era un proceso de cimentación estratégica. Y ese tipo de procesos, tanto en arquitectura como en negocios, requieren una inversión inicial que no siempre produce gratificación inmediata. Es el equivalente a la fase de *deep work* en la psicología del rendimiento: trabajo intenso, de baja visibilidad externa, pero de alto impacto estructural.

En términos constructivos, si quieres un edificio de 20 pisos necesitas excavar ocho hacia abajo solo para colocar cimientos sólidos. Y cuanto más alto aspiras, más profundo debes ir. Esa etapa no luce en las redes, no genera aplausos inmediatos, pero es lo que determina la resistencia del proyecto frente a crisis futuras.

Me hago plenamente responsable de haber tomado decisiones que eran saltos de mucho riesgo, aunque para mí no implicaran temor. Ahí cometí un error de liderazgo: asumir que el umbral de tolerancia al riesgo es homogéneo en todo el equipo. Pensaba: "Si yo salto, la gente saltará también". Pero no todo el mundo procesa la incertidumbre con el mismo marco mental. Para algunos, la exposición constante a riesgos eleva la motivación; para otros, erosiona la seguridad necesaria para rendir.

En cualquier expedición —y el liderazgo empresarial es una— hay perfiles "Caleb": individuos con sesgo hacia la aproximación, que miran a los gigantes y no se amedrentan. Y hay perfiles con sesgo hacia la evitación, que regresan diciendo: "No vayan, esa tierra está llena de gigantes". Ambos aportan perspectivas útiles, pero si predominan los segundos, el clima organizacional se contamina de miedo, y eso desanima y corroe.

Esa dinámica me llevó a tomar decisiones drásticas: despidos, pérdida de personal clave. Aunque me repetía "voy a morir en esta batalla", la realidad estratégica era evidente: no se puede conquistar una plaza como Constantinopla si en la línea de ataque solo quedan tú y un par de entusiastas.

En medio de ese desgaste apareció la oportunidad de "vender" una parte de la compañía. Una de las peores decisiones de mi vida. Me asocié con un financiero y su familia, movido por el escape: estaba saturado del Excel y quería concentrarme en lo que me energizaba —desarrollo de conceptos, construcción de marcas—. En teoría, la empresa estaba en su mejor momento: facturación alta, equipo sólido, curva de crecimiento sostenida. Según mi interpretación, era el instante de subir un par de escalones más.

Con la ilusión de inyectar flujo de caja y acelerar el crecimiento, cedí una porción del control que hasta entonces había sido absolutamente mío. Esa cesión tuvo un costo: el poder de decisión sobre mi equipo y sobre la cultura de la compañía. El traslado a nuevas oficinas no fue solo un cambio logístico; fue, en términos culturales, una mutación genética. Pasamos de un entorno flexible y vivo a un sistema con control de huella digital para entrar.

Anyha

> Era como una cárcel, se vivía esa angustia que te hace sentir que hasta respirar tiene protocolo. Escuchabas al equipo murmurar —o, a veces, decirlo en voz alta, porque la discreción ya había renunciado—: "¿A dónde nos trajiste? ¿Con quién te asociaste? Sí, nos subiste el sueldo, pero esto es una mazmorra".

Y había un gran porcentaje de razón. La libertad que habían tenido antes se evaporó. Pasaron de trabajar con música y mesa de ping pong a pasar lista como reclusos, como si cada idea creativa necesitara permiso para salir al patio una hora al día. Lo más triste es que, cuando tocaba "hora de patio", ya nadie tenía ganas de jugar.

Daniel

> Hay algo que pocos te dicen cuando emprendes en este tipo de industria: no importa cuánto pagues, si matas la cultura, matas el alma del equipo. Si asfixias el ambiente donde se gesta la creatividad, no hay cheque que lo resucite. Puedes subir el sueldo, ponerles sillas ergonómicas y café orgánico, pero si el aire se siente pesado, las ideas no vuelan, se arrastran.

Fue una decisión inmadura, tomada con más ilusión que juicio. La sociedad duró apenas un año y todo terminó muy mal. Era como si hubiera vendido mi pasión a cambio de una estabilidad que, en realidad, me encadenó. Pasé de ser capitán de mi propio barco a marinero en un navío ajeno. La urgencia me había subido a un barco equivocado: no hacía paradas y avanzaba en dirección contraria a mis sueños.

Recuerdo un día que todavía me hierve la sangre: me llamaron de una agencia de *booking* con un nombre que podía reventar la taquilla —The XX—. En este negocio, oportunidades así no esperan. Entré a la sala de juntas con el teléfono todavía caliente en la mano. No había tiempo para protocolos; había que decir "sí" y cerrar el trato ya. Pero lo primero que escuché fue:

—¿Y The XX tiene algo que ver con pornografía?

La brecha cultural y de visión con mis socios era abismal. En teoría de la negociación, esto se reconoce como "desalineación de contexto": cuando las partes no comparten el mismo marco de referencia, la velocidad de decisión se desploma y la oportunidad se degrada. Mientras ellos me solicitaban informes y presupuestos "para la próxima reunión", yo sentía el estómago contraerse por la impotencia.

Meses después, The XX ofreció el concierto que había imaginado: éxito rotundo, dos fechas adicionales, todas *sold out* y una recaudación extraordinaria. Y mientras contaban los billetes en otra parte, yo seguía sentado en la oficina, viendo cómo la oportunidad que había tenido en la mano estaba siendo disfrutada por otros.

No fue un caso aislado. Así como ese, se nos fueron otros: The Flaming Lips, Pixies, Tiesto y una lista que aún me da dolor de hígado recitar. En este negocio, cuando apuestas siempre a lo seguro, en realidad estás apostando a perder despacio.

Anyha me lo había dicho:

—La vas a cagar. No te asocies.

No la escuché. Me sentí culpable. Y tuve razón para estarlo. La compañía quebró.

"Mucha fuerza se necesita para **no temerles a nuestras debilidades**".

Daniel Habif

Anyha

A estas alturas de mi vida, sé que la intuición no es un presentimiento vago, sino un mecanismo que integra años de experiencia, observación y una memoria emocional bien entrenada. Un día escuché a Daniel llamarla "procesamiento inconsciente de patrones". Yo, a mis 54, simplemente la llamo "sabiduría acumulada": la misma que huele el incendio antes de ver la chispa. Por eso, cuando él me preguntó más de una vez:

—Oye, ¿qué opinas de asociarnos?

Yo siempre respondí:

—No me da paz.

Ese "no" no era una reacción impulsiva. Era el producto de la prudencia práctica de mi edad: esa bonita capacidad de tomar decisiones no solo con lógica, sino también con la lectura de las circunstancias y las consecuencias a largo plazo. Sabía que estaba en lo cierto y, aun así, temía que, si se tomaba la decisión de decir "no" y resultaba equivocada, yo cargaría con la culpa de haber cerrado una oportunidad muy importante. Ese es uno de los dilemas más perversos en las relaciones: el miedo no siempre es a fallar, sino a tener razón y que esa razón genere una condena compartida.

Cuando la realidad confirmó mis temores, apareció esa voz interna repitiendo: "Te lo dije, lo sabías". Esa voz, aunque es íntima, es brutalmente corrosiva. Y aquí entra otra lección que me dio la vida: la verdad, sin gestión emocional, puede ser destructiva. Decidí no pronunciarla. La guardé en lo que yo llamo un "cajón de contención emocional": un recurso consciente de autorregulación para evitar que un conflicto abierto escalara hasta la ruptura. Nadie apaga un incendio lanzando combustible, y en las relaciones como la nuestra, todo combustible arde muy rápido.

La vida de pareja es implacable en este aspecto: puedes fingir con el señor que te da mal el cambio, con el vecino que deja la basura mal puesta, pero con tu marido no. Ahí las miradas son radiografías, y aunque no digas una palabra, el silencio lleva subtítulos. El cerebro humano procesa incongruencias con una precisión quirúrgica que espanta. Puedes engañar a un extraño, pero no a alguien como Daniel, que ha memorizado hasta tu respiración.

Y es una paradoja: tienes la razón, pero pierdes la paz. Entonces, debes elegir que la unión valga más que el orgullo. Es confiar en que, si el barco se hunde, Dios puede sacarte a flote, pero no para que digas "te lo dije", sino para que ambos aprendan a remar en la misma dirección. El "te lo dije" es una satisfacción efímera; no un salvavidas. Si entra agua, te hundes igual. Y la única forma de llegar a la orilla es seguir remando, incluso cuando no llevas el timón.

Daniel

> Queridos, el reclamo de alguien que te ama es uno de los mensajes más difíciles de procesar. En el matrimonio, las palabras y los gestos llevan un peso distinto. Recuerdo gestos mínimos que se volvían símbolos: me hacía el café, pero lo dejaba en la cafetera. Era una microseñal de que algo se estaba agrietando. No hacía falta un grito ni una discusión; esos gestos eran párrafos enteros.

Lo más complicado para mí no era solo su frustración —que se le notaba y mucho—, sino, además, mi incapacidad para gestionarla. Vivía bajo una doble presión: equilibrar el fuego cruzado de la oficina con el peso emocional de casa. Dentro de mí habitaba la sensación permanente de haber tomado una decisión equivocada y no tener la madurez ni las herramientas para manejar sus consecuencias. Y reconozco que, en esa época, tampoco tenía la actitud más encantadora del mundo. A veces le decía:

—Estoy de acuerdo con lo que piensas y sientes, pero dame tregua, no puedo llegar a mi casa y sentir que me minas.

No negaba mi equivocación, pero la decisión ya estaba tomada. Y aquí muchas parejas tropiezan con el mismo patrón: cuando uno de los dos se siente atrapado en una decisión ya en marcha, el otro intenta cambiar el rumbo desde el timón emocional. El problema es que, en ese momento, las discusiones no funcionan como mecanismos de corrección, sino como multiplicadores de tensión. Es como discutir en medio de un aterrizaje de emergencia: la prioridad no es debatir la ruta, sino asegurar que el avión toque tierra con el menor problema.

La forma más saludable de resolverlo —y lo sé ahora, no entonces— es construir un espacio seguro y diferido para esas conversaciones. No en caliente, sino en un terreno neutral donde ambos puedan bajar la guardia. Ahí se separa la decisión del vínculo, la equivocación del amor, y se protege la relación mientras se analiza el error.

En aquel momento no lo tenía claro. Pero, instintivamente, hice algo que al menos evitó que nos estrelláramos del todo: reduje los frentes abiertos. No contestaba cada gesto con otro gesto, no devolvía cada palabra con una réplica. No era una estrategia sofisticada; era más bien un instinto de contención.

¿Fue suficiente? No para resolver el conflicto, pero sí para que nuestro matrimonio resistiera el golpe. Lo curioso es que, sin saberlo, los dos terminamos aplicando la misma táctica: contener. Ella lo hacía con plena consciencia, guardando lo mejor posible su "te lo dije" y yo lo hacía de manera más torpe, bajando el volumen de mis respuestas para no abrir otro frente de batalla.

Esto se llama regulación emocional diádica: cuando dos personas, de manera explícita o implícita, modulan sus reacciones para proteger un vínculo, aunque eso signifique postergar la resolución del conflicto. Para mí no es la fórmula ideal —porque lo no resuelto sigue ahí—, pero a veces es la única maniobra posible para que la relación no se joda.

Anyha

> Lo pienso ahora y entiendo que esa contención fue un instinto de preservación. No se trataba de huir del conflicto, sino de posponerlo hasta que pudiéramos abordarlo sin destruir lo que aún valía la pena salvar.

Con los años uno comprende que en las relaciones largas no todo se resuelve al instante. Hay problemas que requieren tiempo para que las emociones se enfríen y la razón pueda entrar en la habitación. Pretender resolverlo todo en caliente es como intentar coser una tela con la aguja en llamas: lo único que logras es quemarlo todo. Mi padre siempre ha dicho: "Respira antes de romper algo que no podrás recomponer". Callar no es rendirse, sino concederle a la

"En los momentos de duda más profunda, recuerda **el coraje que tuviste en tus victorias pasadas**".

Anyha Ruiz

verdad el tiempo que necesita para ser escuchada sin que el orgullo la contamine.

En mi camino espiritual aprendí que ciertos silencios también son oraciones. Es una forma de decir: "Señor, no confío en mis palabras ahora mismo, así que confío en que Tú pongas las correctas en su momento". Es entregar la conversación a un tiempo más sabio que el nuestro, dejar que la calma haga su trabajo antes de que la lengua deshaga lo que el corazón quiere conservar.

Daniel

> Aunque tenía una sociedad, terminé siendo el chivo expiatorio. Desaparecieron inversionistas, amigos y empleados. Recibí una condena dura y pasé por momentos oscuros. Sí, había fallado, pero me asaltaba una pregunta que nunca tuvo respuesta: "¿No les gustaría compartir un poco la responsabilidad conmigo?". Pero nadie lo haría. Es sencillo: las ondas del fracaso se alargan, mientras que los éxitos se evaporan de inmediato. El morbo y la crítica siempre encuentran un banquete en el derrumbe ajeno, y en ese momento yo era el plato principal.

El fracaso no solo fue profesional, también personal. Una frase me taladraba la cabeza sin descanso: "La cagué". De golpe, la fuerza que creía tener se disolvió, dejándome expuesto y sin armadura. Hasta entonces, tenía certeza en mis decisiones. Pero empecé a titubear en todo. Nunca fui de los que huyen de las consecuencias, pero me volví un hombre temeroso, porque esa decisión y su error tenían mi nombre y apellido. Y muchos, incluso en mi propia familia, se encargaron de recordármelo una y otra vez, hasta desgastarme.

Me atormentaba "lo que pudo ser", esa realidad paralela donde quizás todo habría salido distinto. La duda se volvió tan grande que llegué a pensar: "A lo mejor no estoy hecho para ser dueño de una compañía ni para dirigir. Voy a ser empleado". Y así fue: regresé a ser empleado.

La firmeza que solía tener en mi juicio se erosionó hasta volverse mugre. Comencé a resignarme a un destino que no era el mío, sofocando mi espíritu bajo el peso de la conformidad. Volver a un escritorio fue, para mí, un golpe bajo. Sé que no tiene nada de malo, pero es como creer que un león enjaulado sigue siendo un león. Esa vaina me mató poquito a poco. Sentía, día tras día, cómo se moría la fuerza que alguna vez me impulsó a construir, a arriesgar y a soñar.

Podría decir que mi identidad estaba fusionada con mi rol, y cuando ese rol cayó, sentí que yo también me derrumbaba. Pero hoy sé que ninguna pérdida externa puede robarte lo que eres; lo que cambia es la narrativa que decides contarte sobre ti mismo.

Ese escritorio, que viví como una derrota, terminó siendo un laboratorio: el lugar donde la jaula me obligó a conocer mis barrotes, y al conocerlos, pude empezar a doblarlos. El orgullo herido tardó en sanar y el león no dejó de ser león, solo tuvo que esperar el momento exacto para volver a rugir.

Anyha

> No dejé de creer en Daniel, pero tampoco quería volver a pisar ese lugar donde ya habíamos estado: el de no tener, el de pedir, el de enfrentar la humillación, el lugar donde se juntaban las discusiones con mi madre y las tensiones con mis cuñados. Ese era mi verdadero miedo.

Cuando era niña, mi mamá repetía y repetía: "Piensa mal y acertarás". Crecí bajo ese código de desconfianza. Por eso, alguien como Daniel me confronta: tan seguro, tan confiado, tan lanzado hacia adelante. De manera inconsciente, cada vez que algo se movía, mi mente corría al mismo sitio: "Si esto está ocurriendo, es porque algo malo va a pasar". Lo que para él podía ser un reto emocionante, para mí era la antesala del desastre. Y aunque Daniel había sido siempre mi ancla, esas memorias distorsionaban mi capacidad de ver su visión con nitidez.

Daniel era el espejo de esa herencia emocional. Su seguridad chocaba con mi exceso de prudencia, pero también me invitaba a revisarla, y eso me enojaba. Ahí radicó el cambio: comencé a entender que no todo riesgo es una amenaza.

Daniel

> Cuando uno trae consigo memorias de escasez, abandono o traición y el otro camina con un paso decidido, no basta con pedir "confía en mí". Hay que reconocer que ambos operan con mapas distintos y que ninguno es más real que el otro; solo muestran diferentes rutas para llegar a un mismo destino. La clave está en armonizar esos mapas, no en imponer uno sobre el otro.

En la práctica, este proceso de la pareja implica tres acciones:

1. Nombrar el miedo para que deje de operar desde la sombra.
2. Escuchar la visión del otro sin intentar filtrarla a través del propio trauma.
3. Acordar decisiones desde la complementariedad, no desde la competencia de quién tiene razón.

El amor maduro no consiste en que ambos vean el futuro igual, sino en que aprendan a caminarlo juntos, aunque uno mire el horizonte y el otro, el suelo. Porque en un matrimonio, la visión y la cautela no son opuestas; son dos formas de cuidado que, bien alineadas, construyen un terreno firme para cualquier sueño.

"Hay silencios **que arañan**".
Daniel Habif

A partir de lo que pasó entendí que el liderazgo auténtico no se sostiene en el poder ni en el estatus, sino en las relaciones. Cuando un líder se aferra a una posición, se corrompe; pierde el sentido de su misión y se convierte en rehén de su propio título. Dirigir a través de órdenes y autoridad jerárquica, en lugar de hacerlo por influencia y vínculo genuino, convierte a toda la organización en una escenografía: una fachada que aparenta solidez, pero que se desmorona en cuanto falta la presión del control.

La autoridad impuesta puede forzar resultados temporales, pero la influencia cultivada a través de la confianza genera transformaciones sostenibles. Yo lo aprendí de la manera más dura: a través de pérdidas económicas y quebrantos emocionales que me despojaron de lo accesorio y me dejaron solo con lo esencial. Y lo esencial fue esta lección: un líder que no cultiva el respeto y la conexión humana está construyendo sobre arena.

El liderazgo no es un trono, sino un puente.

Me voy a recuperar

Me juro ahora mismo que me voy a recuperar, me voy a levantar del derrumbe a pesar de que los sueños que tengo, por el momento, se ahogan, y mis anhelos se desvanecen como promesas no cumplidas. Sé que, en algún lugar de mi corazón, persiste el deseo de recuperar lo perdido. Solo estoy perdido, no muerto. En un rincón de mi alma se ocultan tesoros enterrados y promesas que se perdieron en el camino, pero hoy voy a escombrarme y buscaré en cada esquina de mi memoria la esperanza de reencontrar lo que extravié. Solo me hace falta que llegue un suspiro de anhelo para que aparezca la fe que me impulse a recuperar todo lo que una vez fue.

Comprendo que, por el momento, puedes estar sumido en un laberinto, buscando ansioso lo que has perdido, con tus manos extendidas hacia el ayer, tratando de recuperar lo que ya no puedes ver. Sal de las sombras del olvido; tus sueños no se pierden si renuevas tu fe. Es hora de ascender al lugar que te corresponde. Es hora de ascender a tu cumbre, es hora de ascender a los lugares que siempre quisiste ver. Desde el derrumbe se puede trascender.

Repite conmigo: No me rindo, no doy un paso atrás, no voy a luchar por lo perdido, sino por lo que encontraré y me va a sorprender. No solo recuperaré los sueños, las risas y la ilusión; construiré un nuevo horizonte. Hoy renuevo mi compromiso de seguir adelante, no importa si el aviso que tengo frente a mí dice: "Detente" o me gritan: "¡No eres capaz, no lo vales!".

Querido mío, hallarás la bonanza. Conviértete en una oda a la perseverancia y al valor. Hazte una promesa de resurgir y, en el camino, encontrarás una y mil razones para seguir. Te recuperarás sí o sí. Dios no pierde ni extravía a sus hijos. Recuperarás tanto que se te caerá de las manos. Vas a sobreabundar.

Capítulo 11

Te traje un poco de lo que queda de mí

Daniel

> Me contrató un alcohólico. Violento, humillante, despiadado. Lo peor no fueron sus gritos ni sus órdenes, sino lo que me hizo sentir: "Esto es lo que merezco". Y cuando llegas a creer eso, ya estás derrotado. Yo estaba otra vez quebrado, temeroso. Hay personas que huelen ese miedo y lo aprovechan como carroñeros. Él lo supo desde el principio: que yo venía sin confianza, que mi autoestima estaba rota. Supo que podía exprimir mis talentos no solo por mi necesidad económica, sino también porque yo ya no tenía fuerza para resistirme.

Perdí mi carácter. El hombre que meses antes podía plantarse frente a 25 empresarios sin que le temblara la voz se convirtió en un ciervo asustado. "Ve por esto", "Haz aquello", "¿Dónde estás?", "Te quiero aquí en cinco minutos"... Y yo obedecía sin chistar, con la docilidad que ya no distingue una orden de una condena.

Cuando la autoestima está erosionada, el sistema nervioso entra en un modo de sumisión aprendida. Es el mismo mecanismo que se observa en quienes han sido golpeados por la vida una y otra vez: en lugar de responder con resistencia, responden con obediencia automática, porque el cuerpo interpreta que luchar es más peligroso que ceder. No es que me faltara capacidad, es que me faltaba convicción de merecer algo distinto.

Y la culpa, queridos, la maldita culpa, tiene algo particularmente siniestro: no te persigue, te seduce como el flautista de Hamelin. Poco a poco te convence de que "eso fue lo que te buscaste". Y en cuanto lo crees, tu pasado se convierte en juez y carcelero: te condena una y otra vez por la misma falta, hasta que pierdes la brújula. Esa repetición obsesiva de pensamientos que no resuelven nada, pero desgastan todo. Ahí es cuando empiezas a marchitarte.

Anyha

> Atomic Thoughts había quebrado, yo me sentía insegura y cuando les contamos la situación a mi suegra y a mi papá —ambos de la vieja escuela—, insistieron en que lo mejor era un trabajo estable, "para estar tranquilos y seguros". No los culpo: esa generación fue educada bajo la lógica de que la seguridad es el mayor bien. Un sueldo fijo, un horario, una empresa que respalde son para ellos sinónimo de tranquilidad y éxito. En su época, arriesgarse era casi una imprudencia. Pero lo que para ellos significa seguridad, para Daniel era una muerte lenta.

No siempre lo que protege a una generación sirve para la siguiente. La seguridad que da un empleo estable puede convertirse en asfixia cuando lo que uno tiene adentro es espíritu de constructor y no de custodio. La estabilidad para Daniel nunca estuvo en un cheque mensual, sino en un proyecto de vida que no le quebrara la dignidad ni le robara el alma. Esa es la seguridad que aprendí a su lado. Apostar por él, incluso cuando ya habíamos vivido caídas amargas, significó renunciar a mis propios miedos y redefinir lo que llamaba certeza. No era seguirlo ciegamente, era elegir confiar en el hombre que conocía, aunque sus decisiones hubieran tenido un precio alto. Descubrí que el verdadero riesgo estaba en dejar de creer en él, en reducirlo a la suma de sus fallas. Esa fue mi lección: la seguridad no está en blindarme contra la incertidumbre, sino en sostenernos mutuamente en medio de ella.

Daniel

> Aun con el respaldo irrestricto de Anyha, no me alcanzó para aguantar. No era solo convertirme en empleado, sino también de quién lo era: alguien que encontró en mi vulnerabilidad el campo perfecto para ejercer poder. Y yo, en lugar de rebelarme, me dejé desmantelar por completo. En una de sus tantas llamadas de madrugada, repletas de gritos, balbuceos, humillaciones e insultos, algo en mí se desgarró. Cuando colgué, me quebré.

Lo recuerdo con una precisión dolorosa: ese zumbido hueco en los oídos, un ardor que me subía por la garganta, un sabor metálico en la boca que me recordaba la sangre. Las manos empapadas de sudor, los músculos tensos, rígidos, como si todo mi cuerpo se hubiera preparado para un golpe letal que nunca llegó.

El pecho me pesaba como si un elefante estuviera haciendo un berrinche encima de mí. Cada respiración era un esfuerzo y el llanto no fue suave: fue convulsivo, un desborde animal que me arrancaba sollozos ásperos, cargados de rabia y vergüenza. El olor era el del sudor frío, ese que no nace del esfuerzo físico, sino del miedo. Todo mi cuerpo estaba en huelga. Nunca había vivido un ataque de pánico y de furia tan intenso como ese.

Pocas veces lo decimos en voz alta, pero a los hombres nos cuesta reconocer nuestra fragilidad. Nos educan para resistir, para no llorar, para ser los que cargan y nunca los que se desploman. Sin embargo, la verdad es que sostener la fachada de fortaleza no nos salva: nos hunde más rápido. Ese día entendí que mostrarle a mi esposa mis lágrimas no me hacía menos hombre, me hacía más humano.

"A todos nos toca aguantar cosas que no merecemos, **pero que necesitamos**".

Daniel Habif

Anyha

Para mí fue duro, porque esa madrugada descubrí lo difícil que es amar a alguien que se siente impotente. No porque el amor se apague, sino porque uno quisiera devolverle la fuerza con sus propias manos, pero no es posible. Lo único que tienes es tu presencia, y a veces eso parece insuficiente frente al peso de la vergüenza y la rabia que desfiguran a quien amas.

A los hombres se les ha entrenado para asociar el llanto con derrota y la vulnerabilidad con deshonra. Y lo vi en Daniel: no lloraba solo por lo que le habían hecho, lloraba porque se sentía menos hombre por estar llorando. Es el círculo perfecto de la trampa cultural. Nuestra labor como pareja no es alimentar esa trampa con frases del tipo "sé fuerte" o "tú puedes". Al contrario: en ese momento lo que Daniel más necesitaba era que yo validara lo que sentía y reconociera su herida sin minimizarla. Cuando un hombre se quiebra frente a su esposa no se reduce: se revela. Ese Daniel vulnerable me mostró una profundidad que nunca habría visto si se hubiera seguido tragando las lágrimas en silencio. Su humanidad se volvió más visible y, con ella, nuestra relación se volvió más real.

Hoy puedo decirlo, esa madrugada fue un parteaguas. Ese día entendí algo que después confirmé muchas veces: la verdadera fragilidad de un hombre no está en el dolor que siente, sino en el instante en que cree que ya no puede proteger y protegerse. Lo que veía en Daniel era la devastación de sentirse inhabilitado para defender su propia dignidad. Y ese, quizás, es uno de los dolores más profundos que pueden habitar un ser humano.

Mujeres que me leen: no teman a la vulnerabilidad de su esposo. No intenten reprimirla ni cubrirla con frases que lo devuelvan al molde cultural que lo lastima. Escúchenlo, sosténganlo, acompáñenlo. Porque en esas lágrimas no se está desmoronando un hombre, se está abriendo el espacio donde puede nacer un gigante. Y si se atreven a quedarse allí, al lado de esa "fragilidad", su matrimonio tendrá un arsenal para un millar de tormentas.

Daniel

Es cierto. Lo que más me dolió no fue el insulto; fue no haber tenido los "huevos" de ponerle un alto. Cuando terminó la llamada, se lo dije a Anyha sin rodeos:

—Siento que la vida me cortó los huevos.

No era una broma. Experimenté una especie de castración simbólica: antes, cuando me equivocaba, pensaba: "Sí, fallé, pero los tengo bien puestos"; tragaba dignidad y seguía. Esta vez no. Esta vez me descubrí sin voz, sin pulso, desnudo y sin bolas. Empecé a repetirme: "Soy incapaz de defenderme... soy incapaz de levantar la voz... soy un castrato, un Farinelli". Y sí, creo que muchos hombres que han pasado por dinámicas abusivas entienden esta derrota. No hablo de masculinidad en términos de fuerza bruta o testosterona; hablo de la capacidad de trazar un límite, de decir "hasta aquí" y sostenerlo.

No necesitaba gritarle "¡vas y chingas a tu madre!". Eso habría sido más de lo mismo. Lo que necesitaba era asertividad, no violencia: sentarme en mi postura y decirle, con calma y firmeza, "no voy a permitir que me hables así; si continúas, esta conversación termina y la retomamos cuando haya respeto", y cumplirlo. O mínimo mirarme al espejo después de una humillación y repetirme: "Tengo la fuerza para defenderme". No lo hice.

Hoy entiendo por qué. La experiencia te lo explica con conceptos provenientes de la psicología que, dicho sea de paso, te caen como un puñetazo seco en la mandíbula cuando te topas con ellos:

- **Vergüenza tóxica:** esa creencia que se arraiga en tu ser y no critica la conducta, sino tu identidad (en lugar de pensar "hice algo mal", piensas "yo soy el que está mal").
- **Autoeficacia erosionada (Bandura):** es la incapacidad de confiar en las capacidades y recursos propios. Dejas de creer que tus acciones pueden cambiar el resultado; por eso no actúas.
- **Respuesta *fawn* (de cervatillo):** el trauma te lleva a responder apaciguando o complaciendo al agresor para reducir el daño inmediato, a costa de ti mismo.

Nada de eso me hacía menos hombre; me hacía un hombre herido. Y las heridas, si no se limpian, se infectan. La mía se llamó *culpa*.

¿Qué habría sido "tener los huevos bien puestos" en ese momento? No pegar ni gritar, sino poner límites claros y ejecutables. Cosas sencillas y concretas, de esas que hoy sí recomiendo a cualquier hombre (y mujer) en una situación similar:

- **Guion breve de límite:** "No acepto gritos. Si continúas, cuelgo" (y de verdad cuelgas).
- **Registro y plan de salida:** Documenta incidentes, define un horizonte de salida (fecha, pasos, red de apoyo).
- **Ancla fisiológica:** Respira lento (exhalación más larga que la inhalación) para recuperar tu ventana de tolerancia antes de responder.
- **Pedir respaldo:** Pareja, mentor, terapeuta; hablar no te debilita, te organiza.
- **Criterios no negociables:** Respeto, horario, tareas; si se rompen de forma sistemática, te vas.

El coraje no es no tener miedo; es actuar a favor de tu dignidad aun con miedo. Ese día no pude. Y esa es la verdad que duele. Pero también es el punto de partida: la primera vez que reconoces que fallaste en protegerte es, paradójicamente, la primera vez que empiezas a hacerlo de verdad.

"Ofrecer disculpas cuando **te tocaba mandar todo a la mierda**".

Daniel Habif

Anyha

En medio de aquella vulnerabilidad, cuando lo lógico era detenerse y sanar, no me pregunten cómo ni por qué —porque lo tengo borrado del disco duro—, pero Daniel terminó emprendiendo uno de los capítulos más extraños y contradictorios de nuestra historia: una discoteca. Sí, una discoteca con un socio alcohólico. No solo suena absurdo: es como saber que te vas a estrellar y, aun así, acelerar. Hoy solo puedo decir que así son las fugas que muchas veces intentamos fabricar cuando estamos brutalmente heridos. No siempre se trata de buscar lo correcto, sino de intentar huir de lo insoportable. No hay justificación, es patético recordarlo, pero también es cierto que mucho aprendimos de ahí. Déjenme contarles un poco más.

Daniel, en un chispazo de fuerza, le dijo a su empleador que no quería seguir siendo empleado, que quería asociarse y que tenía una idea: RAVEN, una discoteca dedicada al mundo del entretenimiento. Había visto un local en Masaryk, en Polanco, la calle más famosa de esa exclusiva zona de la Ciudad de México. Conocía a quienes lo estaban traspasando, conocía a la gente de la zona, ya tenía experiencia en operar lugares cuando producía *shows*, dominaba contactos en la delegación, permisos, meseros, seguridad, literalmente, casi todo.

Se volcó con la fuerza que lo caracteriza: movilizó permisos, convenció a inversores, reunió dinero, diseñó el concepto y puso en marcha un lugar distinto y disruptivo. Durante un tiempo, todo se veía sólido, brillante y viento en popa. Trajeron *DJs* internacionales, abrieron con Dita Von Teese, pasaron por ahí Jack White, Bob Sinclar, grandes empresarios y políticos. Había socios de renombre, una puerta con entrada por huella digital, y todo inspirado en uno de los poemas favoritos de Daniel: *The Raven*, de Edgar Allan Poe.

Ya imaginarán: un ambiente que poco a poco se comenzó a impregnar de excesos. Lo que al inicio parecía un negocio prometedor se transformó en un espacio enrarecido, un antro que terminó siendo el bar personal de su socio alcohólico. Ya no quedaba nada del proyecto y sí mucho de decadencia. La realidad tiene muchas texturas; porque el éxito económico no siempre es sinónimo de éxito vital.

Y, aunque no lo crean, Daniel, en medio de esa historia surrealista, comenzó a hablar de Dios. En esas madrugadas improbables, entre empresarios, artistas y personajes del mundo de la noche, abría conversaciones que parecían imposibles en un lugar así. Esa contradicción era casi grotesca: la cueva del exceso convertida, en ocasiones, en un pequeño púlpito improvisado.

El objetivo inicial era recuperar la economía, volver a sentirse libre económicamente; ya sé, ya sé: ¿qué libertad puede haber en un ambiente así? Pero como les dije, no siempre entendemos por qué hacemos lo que hacemos cuando estamos en esos hoyos. Ese contraste me dejó una lección que atesoro hasta hoy: incluso el proyecto más vistoso se convierte en trampa si se levanta sobre cimientos torcidos. Lo más cruel fue que mientras el dinero entraba, la paz se escapaba.

Tal vez a estas alturas digan: "¿Y estos son los que escriben un libro sobre el amor? Con ese nivel de errores...". Pues sí, y precisamente por eso. Tenemos un doctorado en caídas y en levantarnos. Y todavía faltan los capítulos donde todo se tiñe de más colores, donde las contradicciones son tan intensas que tal vez te rías. Esa extraña dualidad de paz y tormenta que, aunque suene discordante, también forjó lo que somos.

Daniel

Edgar Allan Poe, con el estribillo *"nevermore"* en su poema *The Raven*, dejó para mí una de las imágenes más potentes de la literatura universal. Ese cuervo que repite, sin cansancio ni varia-

> ción, la expresión "nunca más", es mucho más que un pájaro oscuro: es la encarnación de lo inevitable, del límite humano frente al deseo y de la imposibilidad de recuperar lo perdido. El cuervo en este poema no es un simple mensajero, es un espejo cruel. Cada vez que el protagonista le pregunta por Lenore, su amada muerta, el ave responde con la misma sentencia: "*nevermore*". Allí se condensan la muerte, el duelo, la obsesión y el sinsentido. El cuervo no consuela ni aconseja: repite, con la contundencia de su pico, que el tiempo no retrocede, que el amor perdido no vuelve, que la muerte no negocia.

Para mí, es la musicalidad de la condena: un latido fúnebre, un golpe seco que se repite hasta convertirse en obsesión. Algo de eso sabía yo —o creía saberlo—. En aquella época, me jodía la filosofía de la imposibilidad. Miles de noches me dije a mí mismo ese "nunca más".

Todos hemos escuchado un "*nevermore*" en algún momento de la vida: al cerrar una puerta que jamás volverá a abrirse, al despedirnos de alguien que no regresará, al aceptar que la juventud, un amor, una oportunidad o un instante se fueron sin retorno. La existencia se construye tanto con lo que se tiene como con lo que irremediablemente se pierde.

Le puse a esa discoteca RAVEN de manera inconsciente, quizá como un himno a la finitud, a la condición humana, al hombre luchando contra lo irreversible. Tal vez la discoteca nació como un intento desesperado de demostrarme a mí mismo que aún podía levantar algo, que no todo estaba perdido. Y lo hice. Por un par de meses, el lugar fue un símbolo de vanguardia, de locura y de poder. Pero uno entiende tarde que el éxito sin propósito es una prisión sofisticada. El dinero maquilla la ruina por un tiempo, pero no la sana. Cuando cerraron la calle de Masaryk, la fachada se desplomó de golpe, y con ella emergió la verdad: la discoteca era un fracaso.

Mi socio la convirtió en un espacio gobernado por sus caprichos. Y como bien les dijo Anyha, no sé cómo, pero mientras la oscuridad me soplaba en el cuello, yo hablaba con todo tipo de personas sobre Dios. Lo sé: no tiene sentido y quizá nunca lo tendrá del todo.

Era como un intruso en mi propio negocio, como un actor atrapado en una escena del teatro del absurdo.

Sin embargo, ahí, entre excesos y derrotas, había muchos que ya habían tocado fondo. Y yo estaba justo a un milímetro de estrellarme como ellos. Nunca fui drogadicto, ni alcohólico, ni esclavo de ese tipo de adicciones; pero tenía otra: el trabajo, por la obsesión de recuperar lo que había perdido y, tal vez, sanar la herida de sentirme incapaz.

Y en medio de eso, Dios encendió una chispa. Una luz que me atrajo. Cada vez que hablaba de Él, sentía una paz hermosa que jamás olvidaré. Era incomprensible: mientras la discoteca se desmoronaba, yo era feliz hablándole del Evangelio al último de los borrachos. Y lo increíble es que, al día siguiente, muchos de ellos llegaban a la congregación a la que yo asistía.

Fue evidente: yo ya no podía permanecer más ahí. Así que renuncié. Renuncié a la inversión, al prestigio y al espejismo. Y me quedó únicamente el sabor amargo de una nueva derrota para mi macabra colección.

Anyha

> En medio de todo ese dolor, descubrí un límite claro en lo que yo podía hacer por Daniel. Podía sostenerlo, escucharlo, abrazarlo, pero no podía devolverle la paz que había perdido ni la confianza que se le había desmoronado. Yo no tenía la capacidad de reconstruirlo, así que solo había una salida: regresarlo a los pies de Cristo y al, mismo tiempo, regresar yo también. Porque mientras lo acompañaba, yo también estaba agotada, quebrada en mis propias fuerzas, cargando miedos que ya no podía seguir soportando sola. Su dolor me llevó a recordar que ni yo podía ser su salvadora ni él la mía: los dos necesitábamos volver a rendirnos ante Aquel que realmente sostiene.

Necesitábamos algo más que consuelo humano. Un reencuentro vivo con el único que recoge pedazos y los hace nuevos. Por eso, en medio de sus lágrimas, un día le dije:

—Yo te amo, y aquí estoy. Pero mi amor no te va a salvar de este abismo. El único que puede devolverte tu verdadera fuerza es Cristo.

No fue un sermón, ni una imposición. Fue apenas un susurro entre su quebranto y mi propio miedo. Yo también estaba cansada de intentar sostener lo insostenible. Por eso lo invité a llevar sus culpas, sus miedos y sus vergüenzas a la cruz. No para que se convirtiera en "otro Daniel", sino para que dejara de vivir bajo la mentira de que tenía que sostenerlo todo solo.

Supe acompañarlo en silencio mientras sanaba. Hacía lo que estuviera en mis manos: detalles pequeños, casi invisibles, pero necesarios para recordarle que seguía siendo valioso. Encontraba formas de decirle, sin decirlo, "sigo creyendo en ti". Le besaba la frente, acomodaba su corbata, lo miraba a los ojos y le decía: "¡Qué guapo te ves!". Tenía cientos de gestos sencillos y cotidianos, que no resolvían todo, pero que tenían el propósito de devolverle la sensación de dignidad.

Ese fue el inicio de un cambio. No inmediato, ni mágico, ni perfecto. Vi a Daniel acercarse a Cristo, no desde la soberbia del que quiere demostrarse algo, sino desde la humildad del que reconoce que está roto. Y al verlo rendirse, yo también me rendí. Ese acto de entrega lo transformó más que cualquier consejo, y a mí me devolvió la certeza de que Daniel regresaría siendo mil veces mejor.

Queridas, los matrimonios no se salvan solo de la voluntad humana, ni de la paciencia de uno hacia el otro. Se salvan cuando ambos se rinden ante un amor más grande que el suyo. Yo llevé a Daniel a los pies de Cristo no porque supiera todas las respuestas, sino porque entendí que sin Él ninguna respuesta iba a alcanzarnos.

> "El amor humano puede acompañar, **pero solo Cristo puede restaurar**".
>
> *Anyha Ruiz*

Daniel

Volver a los pies de Cristo no fue una escena triunfal, fue un despojo. Regresé más por agotamiento que por entendimiento, porque no podía más con mi vergüenza ni con mi miedo. Al principio no sabía ni cómo orar. Las palabras me parecían huecas, prestadas. Así que lo único que hice fue hablarle desde la herida:

—Señor, si todavía puedes hacer algo con este hombre que ya no cree en sí mismo, aquí estoy.

No sentí luces ni voces, sentí algo más simple: descanso. El dolor no desapareció, pero dejó de aplastarme. El proceso no fue inmediato. Durante meses, tuve que aprender a mirarme sin desprecio. A entender que Dios no me pedía perfección, sino rendición. Empecé a leer la Biblia como quien busca agua en un desierto, y sus páginas, poco a poco, me fueron devolviendo la verdad de quién era yo: un hijo amado. Paulatinamente, esa certeza fue reemplazando la culpa.

Hoy entiendo que volver a los pies de Cristo no me convirtió en un hombre sin errores, sino en uno que sabe a dónde ir cuando falla. Y esa diferencia lo cambia todo: porque ahora sé que no tengo que cargar solo con mi vergüenza, ni con mis caídas. Sé que hay un lugar donde mi quiebre no es el final, sino el inicio de algo nuevo en su eterna misericordia. Ese fue mi verdadero regreso: no el de un hombre que volvió para reclamar lo que había perdido, sino el de un hijo que se rindió para recibir lo que nunca había entendido.

Queridos, existen temporadas donde el dolor no te cambia, te desmonta. Y luego lanza tus piezas al suelo como diciéndote: "¡Ármate como puedas!". ¿Sí o no? Y eso, más que una transformación, es una demolición. Hay momentos en los que no estás evolucionando, estás mutando. Momentos en los que no hay claridad, ni propósito, ni frases que consuelen. Solo estás ahí, viendo cómo todo lo que eras, todo lo que creías, todo lo que habías sostenido con tanto esfuerzo, se quiebra frente a ti. Y no tienes más opción que recoger los restos.

Pero el dolor es astuto. No te rompe de golpe, lo hace lento, con una especie de método. Primero, te quita lo que te sobraba. Luego, lo que te sostenía. Y cuando ya no queda casi nada, entonces entra hasta el fondo y empieza a hurgar en lo que eres. En lo que ni tú sabías que eras.

A veces la vida no te repara, te rediseña. Pero antes, te rompe con dedicación. Y no lo hace por maldad. A veces simplemente sucede porque era tiempo. Porque había estructuras internas que ya no daban para más. Porque estabas aferrado a una versión de ti que no te permitía crecer. Y entonces la vida hace lo suyo: te desarma.

Lo más difícil de esos momentos no es el dolor en sí. Es que no sabes cuánto va a durar. No sabes si vas a tener fuerza para volver a armarte. No sabes si esa nueva forma que estás empezando a construir va a encajar en el mundo que conocías. Hay días en los que ni siquiera quieres armarte. Solo quieres quedarte ahí, hecho polvo, sin que nadie te pida ser funcional, fuerte o resiliente.

Y, sin embargo, con el tiempo, algo empieza a pasar. No te reconstruyes igual. No vuelves a encajar donde antes encajabas. Tus piezas cambian de lugar. Te haces más callado en unas cosas, y más feroz en otras. Te vuelves alguien que ya no busca entenderlo todo, pero que ha aprendido a sostenerse mientras duele. No sales intacto. Ni quieres salir intacto. Y un día, sin saber cómo, descubres que te estás rediseñando. Que ahora tus bordes son distintos. Que ya no cabes en lugares pequeños.

Sí, la vida te rompe. Pero también te deja el suelo lleno de piezas nuevas. Y aunque no entiendas el orden, aunque no sepas si te va a gustar lo que salga de ahí, igual empiezas a juntarlas. Aceptas que algo distinto está por nacer.

Y aquí está la verdad más contundente: puedes intentar armarte con tus propias manos, pero solo Cristo logra soplar vida en esas piezas. Solo Él convierte la demolición en diseño. Porque en esta vida no basta con nacer una vez: hay que nacer las veces que sean necesarias. Y nadie vive más que aquel que se deja rediseñar mil veces, muriendo a sí mismo y resucitando en Él.

“Nunca
eres tan
grande como
**cuando
te arrodillas
delante
de Dios**”.

Anyha Ruiz

Anyha

A base de caídas, reconciliaciones y distanciamientos es como hemos construido nuestra relación con Dios. No fue un camino recto, sino lleno de quiebres que nos empujaron a reconocer lo evidente: sin Él, no hubiéramos sobrevivido. Porque cuando vives experiencias como las que nosotros hemos vivido, tarde o temprano entiendes que la única manera de sortearlas como pareja es cimentando tu relación en Él.

No se trata de orar con la fórmula del capricho —"Señor, necesito esto"—, sino desde la rendición: "Danos esto solo si viene de tu mano; si no es tu voluntad, si no traerá bendición, no me lo des, aunque parezca el sueño más grande". Ese cambio lo transformó todo. Nos enseñó a dejar de medir la vida por el cumplimiento de nuestros planes y a empezar a reconocerla por la fidelidad de los suyos.

Lo que realmente vale la pena no es lo que alcanzamos a fuerza de talento o terquedad, sino lo que recibimos en el tiempo y en la forma en que Él lo quiso. Cuando oramos desde esa postura, no llegan logros, sino bendiciones. Y lo que no llega deja de sentirse como pérdida, porque confiamos en que también ahí hay un propósito.

Esta forma de vivir, sin duda, te hace más pleno. La ansiedad por "cumplir" se convirtió en gratitud por "caminar con Él". Lo disfrutamos más, porque entendimos que las decisiones importantes no las tomamos solos, sino de Su mano.

Propósito

El propósito de la vida no siempre se revela en una decisión consciente ni en un instante de euforia. No es ese "momento eureka" que tanto nos venden. Muchas veces, un pedazo grande del propósito se descubre en el proceso de caminar, paso a paso, con fe y obediencia.

El propósito no es una imposición externa, tampoco se alcanza a fuerza de ambición desmedida. Más bien, se manifiesta cuando uno se atreve a guardar silencio, a detenerse, a practicar la paciencia intencional. Es justo en medio del desierto, cuando nos sentimos perdidos, estancados o atrapados en la monotonía, cuando la voz de Dios y la voz más honesta de nuestra alma pueden escucharse con mayor claridad.

Por eso, cuando te sientas sin dirección, recuerda esto: no corras tras respuestas instantáneas ni te compares con el ritmo de otros. No todos los comienzos son brillantes ni espectaculares, y que alguien avance más rápido que tú no significa que no llegarás a tu destino. No estás condenado.

El propósito suele disfrazarse de tareas pequeñas, de responsabilidades aparentemente triviales que, en realidad, entrenan el carácter y preparan el corazón para sueños más grandes. Sirve con lo que tienes, donde estás. Lee, aprende, desaprende lo que ya no sirve, escucha, guarda silencio y, sobre todo, ora. Que tus talentos naturales te orienten, pero que sea el Espíritu Santo quien te guíe.

Dios muchas veces entra por la puerta trasera, donde nadie te aplaude, pero es donde todo empieza a cambiar. La clave no está en tener claridad absoluta, sino en caminar con fidelidad. Porque el que se mueve tropieza, sí, pero también crece, madura y, finalmente, encuentra. Dios no suele revelar su voluntad a quienes esperan garantías, sino a quienes se atreven a dar pasos en medio de la incertidumbre.

Daniel

Dios te permite recuperar el gozo verdadero. Volvimos a aprender lo esencial: a disfrutar los gestos pequeños, a dar ayuda sin necesidad de ponerle nuestro nombre, a realizar actos por otros sin sentirnos dueños de ellos. Fue como reentrenar el corazón para mirar hacia donde brilla la luz de lo divino y, al mismo tiempo, aprender a soltar el lastre de la culpa.

Ese retorno nos hizo más generosos, más pacientes, más fuertes. Comprendimos que la vida con Él no se trata de guardar para acumular, sino de fluir como un río que nunca se estanca. Y descubrimos también que lo que realmente alimenta el alma no grita, no es estruendoso ni busca ostentación. El bien verdadero es discreto, se mueve en silencio, como el Espíritu que sopla sin ser visto.

Ahora entendemos con más claridad esa lógica divina inscrita en la creación: las flores brotan sin pedir permiso, los árboles dan sombra sin preguntar a quién, el sol amanece sin condiciones. Hay un propósito que sostiene lo aparentemente sencillo. Por eso nuestra mirada empezó a enfocarse en lo que parecía ordinario: en los abrazos que restauran, en el cruce de miradas que reconcilian, en el pan compartido que hermana, en la generosidad que no calcula y en la misericordia que no lleva registro.

No fue un cambio instantáneo, sino una transformación que continúa. Seguimos siendo moldeados hasta el día de hoy, como barro en las manos del alfarero. Y en ese hoy, después de tantos años caminando juntos, tenemos una certeza que sostiene todo lo demás: nuestra única confianza está en Él. Fuera de esta tríada —Dios, Anyha y yo— no hay garantías. Todo lo demás es pasajero. Pero lo que Dios declara sobre nuestras vidas es un aval irrevocable. Por eso colocamos nuestros sueños en Él, porque ha sido el único que jamás nos ha traicionado, aunque muchas veces nos hayamos sentido confrontados y nuestra fe siga siendo probada.

Y si yo les hablo de esa certeza, Anyha puede hablarles de la otra cara de la moneda: la batalla interna que implica soltar el rencor, cerrar de verdad las puertas del pasado y volver a Cristo.

Anyha

Salir del círculo del rencor significa cerrar la puerta y, sobre todo, no quedarte adentro. Y créanme, en esa época no fue nada fácil para mí. Porque una puede aparentar que cierra, pero deja la mano en la perilla, por si en algún momento necesita volver a abrir.

Mientras regresaba a Cristo, descubrí otro obstáculo que no esperaba: la religiosidad. Y es que, cuando vuelves, no siempre te reciben con abrazos; muchas veces te esperan con un mazo. Es como ese "hotel favorito de la culpa" donde, en lugar de acogerte, te reciben con frases lapidarias: "Eso les pasó por haberse alejado de Dios", "Eso les pasó por haberse asociado en yugo desigual". En vez de consuelo, te entregan condena.

Y eso, para una mujer que venía herida, buscando alivio, es un peso extra. Porque no te miran como alguien que regresa al Padre con ganas de levantarse, sino como la que "tiene que pagar su penitencia". Esa es la trampa de la religión: reducirte a tus cicatrices, como si esas marcas no fueran también testimonio de que Dios me sostuvo aun cuando sentí que no podía más.

Con el tiempo entendí que el verdadero regreso a Cristo no era para encontrar la aprobación de nadie, sino para reencontrar Su misericordia. Que no se trataba de convencer al mundo de que "ya estaba de vuelta", sino de abrazar al único que nunca me soltó, incluso cuando yo misma lo había dejado en segundo plano. Cristo me dijo: "Hija, aquí empieza de nuevo".

Pero aun con esa certeza, había momentos en los que la ira me regresaba. Recordaba todo lo que le habían hecho a Daniel, y mi mente se llenaba de pensamientos de revancha. Yo también quise justicia a mi manera. Pero entonces oraba, porque sabía que no podía reconstruirme cargando ese veneno. Si me enganchaba en el círculo de la venganza, iba a perder tiempo y energía para lo único que realmente importaba: salir de ahí y seguir adelante. No voy a negar que no me daban ganas, pero también sabía que no serviría de nada. Toda la energía que gastaba imaginando cómo devolver un golpe podía usarla para levantarnos, crecer y demostrar que, al final, nada ni nadie nos iba a detener si Dios estaba con nosotros.

"La venganza te hace **elegir los brazos equivocados**".

Daniel Habif

Daniel

> Me gusta pensar que a los que no creyeron en uno, Dios les tiene reservado un asiento en primera fila para que vean cómo te levantas después de recibir burlas, humillaciones o traiciones. Les guarda el mejor lugar para que presencien cómo florece aquel que fue pisado y desechado, y cómo brilla aquel al que juraron ver caer.

Hoy estoy convencido: el que camina con Dios no necesita venganza, solo paciencia. Porque nuestro Señor se encarga de que cada una de nuestras heridas tenga testigos cuando se transforman en victorias. Y cuando llegue ese día —porque llegará—, no camines con arrogancia, sino con humildad. Que tu vida muestre que es posible ser quebrado y, aun así, elegir no endurecer el corazón. Porque si en verdad andas con Dios, sabes que no te toca devolver el golpe, sino transformar el dolor en sabiduría.

Quien ama a Dios ya no se enfoca en callar bocas. No tienes que probarle nada a nadie. Si vives sin rencor, tu paz y tu plenitud serán la mejor respuesta. Así obra Dios: exalta a los que no negociaron su alma y dejaron en Sus manos la revancha.

Y lo digo con testimonio en carne propia: ese socio violento terminó en la cárcel. Años después visité varios reclusorios de México con una gira especial llamada *Por la libertad del alma*. Ahí, entre el público, estaba él presente. Dios me había dado algo mejor. Y fue tan claro que ninguno de los dos podía negarlo: Dios había escrito un desenlace que solo podía darle gloria a Él.

Todo es para que Su gloria se haga evidente. Porque no fuiste tú, fue Él en ti. Tú puedes callar bocas, pero Dios amarra las lenguas. No hace falta defenderse cuando el Cielo ya está hablando por ti. No necesitas demostrar tu valor si caminas con Aquel que te lo dio.

Querido mío, los que descansamos en Dios ya no peleamos por reputación, sino por cumplir nuestro propósito. Él nos levanta, no para que devolvamos el golpe, sino para que reflejemos Su carácter. Nos sana para que seamos testimonio vivo de lo que Su amor puede restaurar. Recuérdalo siempre: el que se humilla será exaltado. El que se rinde a Dios, jamás será rendido por el mundo.

Anyha

Cuando escucho a Daniel narrar esa escena, no puedo evitar pensar en lo que significó para mí la experiencia de saber que aquel socio estaba en la cárcel. Me enseñó que el verdadero triunfo no consiste en presenciar la caída de quien te hirió, sino en comprobar que la herida ya no gobierna tu vida. La victoria no era un espectáculo de revancha, sino una lección elegante sobre cómo Dios transforma las circunstancias para revelar Su soberanía.

Hay un punto crucial aquí: la venganza nos centra en el "otro", en su castigo; la gracia, en cambio, nos centra en Dios, en Su carácter. Mientras la venganza busca equilibrar cuentas, la gracia busca sanar corazones. En términos espirituales, la justicia de Dios no se mide por la retribución, sino por la restauración. Y ese es un principio que trasciende incluso la fe: quien logra liberarse del rencor experimenta un tipo de libertad que ningún desagravio o condena que viva el otro puede otorgar.

"Amados, no os venguéis vosotros mismos, sino dejad lugar a la ira de Dios; porque escrito está: Mía es la venganza, yo pagaré, dice el Señor" (Romanos 12:19).

"No regresarás al punto de origen del que Dios te sacó. Alcanzarás el éxito **en cualquier dirección a la que Dios te guíe**".

Anyha Ruiz

Daniel

> Siempre he creído que todos somos esclavos de algo, pero la diferencia está en decidir de qué vas a serlo. Algunos somos esclavos de una duda que no nos deja vivir; otros, de una relación que los consume; muchos, del éxito, de la fama, del dinero, de las drogas o incluso de la religión. La esclavitud no siempre se muestra con barrotes visibles, pero encadena igual: se filtra en los deseos, en los miedos, en aquello que gobierna tu vida, aunque nunca lo digas en voz alta.

El ateo es esclavo de su propia certeza; el filósofo, de lo sofisticado; el artista, de la búsqueda de lo sublime. La diferencia está en reconocer la esclavitud y decidir a quién entregas tu lealtad. El ego siempre exigirá títulos, aplausos y posiciones; pero el alma, cuando descansa en Dios, ya no necesita escenario para existir. Sin embargo, el ser humano vive tratando de representar algo: si tu identidad depende de tu reputación, entonces tu cadena es corta, te aprieta y te comprime. Solo cuando la sueltas se alarga y descubres otra dimensión de libertad. Y lo entiendes de verdad únicamente cuando la vida te sacude y te arrastra a lugares oscuros.

Yo mismo pasé tantas batallas que la espada se me quedó pegada a la mano. Ya no la guardaba nunca: dormía con ella lista, esperando el próximo ataque, el próximo desprecio, la próxima traición. Por ello tomé una decisión: ser esclavo de Jesucristo. De sus preceptos, de su libertad, de su amor. No de la religión, no de mis errores, no de mis pecados. Esa fue mi manera de romper mis cadenas. Porque llega un punto en el que ya no es que las cadenas te detengan, sino que son tan largas que parece que puedes moverte libremente, pero igual sigues atado. Y esa es la peor ilusión: creer que eres libre cuando sigues amarrado.

La verdadera cadena se rompe cuando dejas de obsesionarte por “ser alguien”. Tal vez la verdadera libertad esté, precisamente, en no ser nadie. Ser “nadie” delante del mundo, pero hijo delante del Padre quizás es la forma más alta de libertad. Porque cuando dejas de pelear por “ser alguien”, te conviertes en el espacio donde Dios puede serlo todo.

Cristo me enseñó otra forma de luchar. Me mostró que, a veces, la batalla no se gana con una espada en la mano, sino con una mano extendida. Que no todas las guerras se libran en campos abiertos; muchas se ganan en el corazón, cuando decides perdonar en lugar de destruir, abrazar en lugar de golpear, confiar en lugar de controlar.

Elegirse todos los días

Que nos elijamos todos los días no es casualidad. Dios está en la ecuación, obrando milagros para mantenernos unidos, pero el resto del trabajo es obra de nuestras manos. Es como si Él nos hubiera dejado un mapa detallado en las Escrituras, y nosotros lo seguimos con una convicción que se forja a base de intentos, fallos y victorias.

"Serán una sola carne", dice Génesis 2:24, y a nosotros nos queda como anillo al dedo. Anyha y yo hemos llegado a un punto donde el silencio nos habla. Cuando, con una sola mirada —estemos a cinco metros o en extremos opuestos de una habitación—, sabemos qué le ocurre al otro, qué pasa por su mente, qué pesa en su alma. ¡Qué bendición la de construir un amor en el que las palabras sobran! Ese lenguaje secreto que solo se construye entre dos cómplices, entre dos que han aprendido a leerse en la profundidad de los ojos del otro. Sus ojos son libros abiertos, pero solo ellos pueden descifrar sus páginas.

Sí, nuestro matrimonio es nuestro mayor éxito. No ha sido casualidad, ha sido decisión. Un éxito edificado a punta de decisiones, toneladas de esfuerzo, renuncias y cuidados. Un vínculo blindado por Dios, porque así Él lo ha querido y porque nosotros lo hemos defendido con todo lo que somos. Queremos inspirar a otros a apostarle a un amor que desafíe al mundo.

Oración de rendición

Señor, estoy cansado. No lo niego ni lo oculto. He cargado más de lo que podía, he intentado ser fuerte cuando solo debía rendirme a Ti. Hoy dejo caer mis brazos para que seas Tú quien me levante. No quiero sostenerlo todo, quiero que Tú me sostengas. Reposo en Tu abrazo. Apago mis pensamientos para oír el latido de Tu fidelidad. Quita de mí el falso deber de tenerlo todo resuelto. Tú no me llamaste a ser omnipotente, me llamaste a confiar. Recuerda a mi alma que aun cuando duerma, Tú estás obrando. Hazme humilde para descansar, valiente para pausar y sabio para soltar. Tú no desprecias a quien viene quebrado, Tú sanas con ternura. Aquí estoy, rindiéndome otra vez.

Inquebrantable soy en tu nombre, amén.

Capítulo 12

A veces es necesario quemarte las manos para sacar a alguien del Infierno

Anyha

Y aquí vamos de nuevo: pero esta vez con un par de toneladas de experiencia encima. Daniel y yo creamos nuevos pactos, un listado de errores que no repetiríamos:

- Nunca más asociarnos desde la emoción, sino desde la claridad y la prudencia.
- Nunca poner la dignidad en juego.

- Lo económico no puede justificar un ambiente tóxico ni un trato humillante.
- Elegir socios y aliados por valores.
- Confiar más en Dios que en la adrenalina del momento.
- No volver a movernos por urgencia, sino de acuerdo con el propósito.
- Nada de saltar sin consultarnos ni tomar caminos distintos a los de Dios.

Hubo muchos más que verás al final de este libro, pero con esta lista en mano comenzamos una nueva etapa. Recuperamos la oficina y levantamos una compañía de relaciones públicas y *management*. Empezamos a buscar clientes para representar y los primeros fueron algunos conocidos, que más que convencidos por nuestro portafolio, confiaron en nosotros porque nos tenían cariño.

Poco a poco, esa semilla dio fruto: en cuestión de un año teníamos una docena de talentos a los que ayudamos a conseguir papeles en televisión, cine y teatro. También contratos para eventos y lanzamientos de marcas e, incluso, portadas en revistas. Ayudamos a crecer carreras y, sin darnos cuenta, comenzamos a construir un pequeño nombre en el medio.

No lo hicimos solos. Mucha gente, al saber nuestra historia, decidió tendernos la mano. Hubo fotógrafos que nos hacían descuentos para nuestros talentos, relacionistas públicos aliados que nos abrían puertas en eventos, productores que nos respondían el teléfono y nos regalaban un espacio en sus *castings*.

Después de vivir tantas caídas, la vergüenza de pedir desaparece. Algunos nos decían:

—Si yo fuera ustedes, no sería capaz de levantar el teléfono.

—Pues no crean que no me da vergüenza, pero me la tengo que aguantar. Primero el plan, después el orgullo herido —les contestaba yo.

Pedir y aceptar ayuda jamás es una derrota. La humildad abre puertas que el orgullo mantiene cerradas. La vida espiritual también funciona bajo esa lógica: Dios poda lo que estorba, permite que seamos sostenidos por otros y, al mismo tiempo, nos enseña a depender de Él para florecer de nuevo. La Biblia lo confirma: "El que permanece en mí y yo en él, este lleva mucho fruto; porque separados de mí nada podéis hacer" (Juan 15:5). Y si sobrevives a esa poda, descubres que lo importante no es que otros te celebren, sino que Dios te valide.

Daniel

> La empresa creció, y eso implicó acompañar carreras y egos a la vez. Sin embargo, estaba feliz. Había recuperado la confianza en que era capaz de hacer lo que quisiera. Dios me había regresado al ruedo, y yo repetía como David: "No quites tu favor de mí".

Con el tiempo acumulé tantas anécdotas que podría escribir un libro entero sobre *management.* Manejar artistas es muy parecido a ser una niñera de lujo. Recuerdo un evento en el que asistí con cuatro talentos: tres estaban ofendidos porque la marca no los mencionó primero en el *press release*, y el cuarto desapareció minutos antes de subir al escenario porque decidió que "la iluminación no le favorecía". El *management* es la ciencia exacta de contener caprichos sin perder la cordura.

Y, sin embargo, disfrutaba ese caos. Lo importante de esos años no fue la técnica, sino la fe. Mientras producía eventos, diseñaba campañas o representaba talentos, algo más profundo ocurría: mi mundo comenzaba a girar cada vez más hacia Dios. Mi oración dejaba de ser "dame éxito" y se volvía "no me sueltes".

No obstante, un día, mientras veíamos una serie, Anyha le puso pausa de repente y me lanzó uno de esos dardos que esconde bajo la manga:

—Oye, mi amor, ¿tú manejas las carreras de otros porque no crees en ti?

¡Baaam! Tragué saliva. Tenía razón. La pregunta se me clavó. No supe responderle. Yo manejaba vidas ajenas con precisión milimétrica, pero la mía, día a día, quedaba rezagada. Estaba domesticado y

"La distancia entre un sueño y la realidad **se llama disciplina**".

Anyha Ruiz

"ciscado", el entusiasmo de antes tenía una enorme cuota de cautela. Todos mis sueños pasaban por un filtro de temores: miedo a fracasar de nuevo, miedo a perder lo poco recuperado, miedo a volver a caer, miedo a no ser suficiente.

El problema es que el miedo roba más que el fracaso. Porque el fracaso, al menos, te enseña. Pero el miedo paraliza y te convierte en el espectador de una vida que podrías estar protagonizando. Cada vez que cedes al miedo, renuncias a vivir lo extraordinario. El coraje es uno de los combustibles de las grandes historias; sin él, se acumulan cientos de rutinas estériles. Los momentos increíbles no suceden en terrenos seguros. Se gestan en los márgenes: ahí donde el riesgo y la incertidumbre se dan la mano. Si no tienes coraje, firmas una sentencia contra lo extraordinario. La vida sin riesgo se convierte en una sucesión de días anestesiados, donde lo sublime siempre sucede en otro lugar, lejos de ti.

No le creas a tu mente cuando dicta condenas; créele a Dios. Porque Dios siempre tiene la última palabra. Tus planes pueden ser buenos, pero los suyos son perfectos, eternos y a prueba de derrotas. Eso que perdiste, en realidad, te salvó. Eso que no llegó, fue su manera de protegerte. Y eso que hoy duele, mañana será la historia que sostenga a alguien que ya no puede más. En muchas ocasiones, lo que se derrumba estaba sostenido por tu fuerza, no por Su voluntad.

A veces, el caos es el idioma que Dios usa para escribir milagros con letra torcida. Aunque no entiendas: confía, respira y camina. Si Dios escribe tu historia, incluso tus capítulos más oscuros terminan en redención. Y si la redención no ha llegado, es porque tu historia aún no ha terminado.

> "Dios jamás se queda con el esfuerzo de nadie; camina de la mano con Él **y confía en tu proceso**".
>
> *Daniel Habif*

Anyha

Si no recuperas el coraje, la vida se convierte en una tortura lenta. Y lo digo con la certeza que dan los años que cargo: siempre tenemos la opción de volver a mirarnos al espejo y decirnos con firmeza: "Me perdono a mí misma y voy a volver a arriesgarme".

Las mujeres sabemos que no hay juez más cruel que nosotras mismas. Podemos soportar críticas externas, comentarios ajenos o chismes de pasillo; pero lo que hiere de verdad es la voz interna que insiste en recordarnos cada error como si fuera imborrable. Ahí está la paradoja: cuanto más nos castigamos, menos espacio tenemos para avanzar. Es esa tendencia a confundir perfeccionismo con disciplina, cuando en realidad solo nos encadena a la frustración. El exceso de autocrítica drena el gozo de la vida y nos instala en la inmovilidad. En cambio, si te permites perdonarte vas a crear el terreno fértil para atreverte otra vez.

Al final, lo que digan —o no digan— de ti, importa muy poco. La gente olvida, inventa, exagera; pero quien tiene que seguir contigo hasta el último día eres tú misma. ¿De verdad vas a hipotecar tu vida por miedo a tropezar? No avanzar por temor a equivocarse es la ecuación más irracional y absurda que existe. No se trata de ignorar el miedo, porque el miedo siempre estará ahí; se trata de elegir caminar con él al lado, no detrás de él. El riesgo nunca desaparece del todo, y en eso reside lo fascinante: los errores nos humanizan, pero no intentarlo nos lleva a la esterilidad emocional.

Caer no es lo que verdaderamente mata: lo que mata es quedarse creyendo que la prudencia extrema es lo mismo que sabiduría. ¿Recuerdan al siervo que enterró su talento en lugar de arriesgarlo? Fue, paradójicamente, el que más perdió.

Créeme: más vale llegar herida al final de tus días que dejar este mundo intacta, con esa amarga certeza de no haber vivido intensamente. "Mira que te mando que te esfuerces y seas valiente; no temas ni desmayes, porque Jehová, tu Dios, estará contigo dondequiera que vayas" (Josué 1:9).

Daniel

> El coraje no es un episodio aislado. No se trata de un momento heroico, sino de una postura permanente frente a la vida. Yo ya había tenido coraje para los negocios, para enfrentar quiebras, para volver a levantarme después de la ruina. Pero nunca se me pasó por la cabeza que, siendo aún joven, iba a necesitar el triple de coraje en un terreno que jamás había previsto: el de mi salud.

Al principio fueron cosas pequeñas, tan pequeñas que casi parecían inventadas. Un cansancio extraño, dolores erráticos que aparecían y desaparecían sin lógica, fiebres leves, una niebla mental que me hacía olvidar lo más obvio. Lo atribuía al estrés, a las jornadas interminables, al trajín de *shows*, reuniones y vuelos. Pensaba: "Es normal, se me va a pasar". Pero no se pasaba. Al contrario, los síntomas comenzaron a colarse en mis días con una insistencia inquietante.

Entonces, empezó la peregrinación médica. Consultas, estudios, diagnósticos de manual. Cada médico tenía una hipótesis: "Es estrés", "Es ansiedad", "Es fatiga crónica", "Es viral", "Es psicosomático". Todos sonaban plausibles, pero ninguno acertaba. Mientras tanto, mi cuerpo seguía quejándose en un idioma que nadie lograba descifrar.

Era una contradicción brutal: por fuera todo avanzaba —la oficina de PR crecía, los talentos confiaban en mí, los contratos se firmaban—, pero por dentro algo retrocedía. Estaba por comenzar una batalla muy distinta a todas las que había enfrentado. No sería negociar con socios abusivos, ni levantar empresas, ni sobrevivir a la escasez o la traición. Esta vez la guerra se libraría en un territorio microscópico, dentro de cada célula de mi cuerpo.

Lo más turbulento de esos primeros años no fue la enfermedad en sí —porque aún no sabíamos qué era—, sino la incertidumbre. La espera. El desconcierto de no tener un nombre para el enemigo que me desgastaba día tras día. Y en esa espera siempre está la tensión más insoportable de todas: ¿cómo luchas contra lo que ni siquiera puedes nombrar?

Todavía no sabía que ese huésped tenía nombre y apellido. Lo que sí sabía era que mi fe estaba a punto de ser probada en una dimensión inédita. Cuando el enemigo es invisible y el dolor no tiene diagnóstico, la batalla deja de ser solo médica: se convierte en una prueba espiritual, emocional y existencial. Y aquí conviene decirlo sin maquillaje: hasta ese punto, toda mi vida había sido una sucesión de batallas visibles, es decir, guerras que uno enfrenta con la espada en la mano. Pero esta nueva era distinta: corrosiva y minuciosa.

Anyha

Se llega a creer que la vida, tarde o temprano, se volverá un pícnic: un campo abierto, verde, con mantelitos a cuadros y un clima perfecto. La verdad es que no. La vida tiene un ingenio peculiar para ponerte frente a nuevas batallas justo cuando crees que has ganado cierta estabilidad. Y si en algún momento llegas a confiar demasiado en tu propia calma, la vida te recuerda que la fe y el coraje no se entrenan en la comodidad, sino en la mera intemperie. Supongo que llegamos a creer lo contrario porque parte de nuestra cultura nos vende que la plenitud consiste en estabilidad, control y ausencia de tensiones. Yo también confundí paz con quietud, y plenitud con ausencia de problemas.

¡Ay, queridos! Pero la experiencia te enseña otra cosa: no hay desarrollo sin exposición al dolor, ni madurez sin haber atravesado pérdidas. Es la tensión necesaria, ese estado caprichoso e incómodo entre lo que somos y lo que aún podemos llegar a ser, lo que nos empuja a trascendernos. Y la Biblia lo deja clarito: "Hermanos míos, tened por sumo gozo cuando os halléis en diversas pruebas, sabiendo que la prueba de vuestra fe produce paciencia" (Santiago 1:2-3).

No se trata de pesimismo, sino de un realismo esperanzado, y como dice Daniel: pensar que la vida siempre será estable no es fe, es ingenuidad. En pocos años atravesamos más de lo que muchos viven en décadas: el éxito y la caída de sueños, el regreso de Daniel a la vida de empleado, el cierre de la discoteca, la conquista de una nueva independencia laboral, la fundación de otra compañía y, mientras todo eso se movía en la superficie, empezaríamos a librar una nueva batalla: la de una enfermedad causada por una bacteria.

Fueron años de diagnósticos errados. Primero, esclerosis múltiple; luego, párkinson. Después vinieron la tiroides, la columna, la fibromialgia y un interminable listado de enfermedades que solo servían para aumentar nuestro terror. Cada consulta abría una puerta y la cerraba de inmediato: nada era concluyente, nada daba sentido al deterioro que veía avanzar en Daniel.

Lo que sí era evidente era el dolor. Él vivía con una incomodidad permanente que no podía controlar. Las noches eran las peores: temblores inesperados que lo sacudían hasta empapar la cama de sudor, despertares abruptos con taquicardias que lo llevaban al vómito, o dolores de cabeza tan intensos que lo hacían llorar en la cocina. Su memoria comenzó a fallar, su movilidad se reducía: hubo días en los que no podía bañarse sin ayuda, ni bajar unas simples escaleras. A veces, su cuerpo entero parecía rendirse de golpe.

Y no eran solo síntomas aislados. También aparecían manchas en la piel, caída repentina de pelo, cambios de humor tan bruscos que un día podía amanecer esperanzado y al siguiente hundido. Por fuera, muchas veces se veía bien —ese era el engaño—, pero por dentro decía sentirse como si estuviera rompiéndose pieza a pieza.

Y yo, sencillamente, no sabía qué hacer. Y digo la verdad: nunca supe cómo manejarlo del todo. Lo acompañaba de médico en médico, con la esperanza de que alguien nos diera respuestas, y cada vez regresábamos más confundidos. La incertidumbre puede llegar a ser más tenebrosa que el dolor: por lo menos el dolor tiene nombre, pero la incertidumbre no te da la cara, es la horrible sensación de no saber qué tienes bajo los pies cuando entras al mar. Yo intentaba animarlo mientras él me decía:

—Mierda, no me quiero dormir, porque no sé cómo voy a despertar mañana.

Y yo me quedaba con la misma pregunta una y otra vez: "¿Qué hago?". No tenía idea. Ni manual, ni estrategia. Confieso que al comienzo, como muchos, también llegué a pensar que tal vez era un tema emocional, que el cuerpo estaba reaccionando al peso de tanto estrés o frustración. Pero, en el fondo, lo que me partía era la impotencia absoluta de no poder ayudarlo.

Daniel

En esa época, a pesar de los intentos de Anyha por sostenerme con su humor y esa capacidad tan suya de transformar la tragedia en comedia, llegó el día en que no pude más y le dije:

—¿Cómo aguantas? Soy un desastre y presiento que pronto seré un tremendo derrumbe. —Me carcomía un pensamiento: "¿Esta mujer qué hace aquí? ¿Por qué sigue conmigo?".

—Daniel, qué importa la razón, solo ¡dime dónde te duele para amarte más ahí! —respondió ella, sin vacilar.

Esa frase me enseñó lo que ningún médico ni terapeuta: el amor de pareja no todo lo cura, pero todo lo puede hacer soportable. El amor no es una anestesia. No quita el dolor, pero evitará que lo padezcas en desolación. Mientras mi cuerpo me traicionaba, ella se aferraba a la esperanza, y al hacerlo me prestaba un poco de su fuerza. El amor, cuando es verdadero, es un tipo de préstamo energético que no tiene intereses: se da sin exigir devolución inmediata.

Ese "dime dónde te duele para amarte más ahí" es una lección existencial, queridos míos. El amor no siempre va a levantarte; a veces se va a arrodillar contigo, no para darte soluciones, pero sí sentido. Ella estaba ahí, justo en el epicentro de lo insoportable, mostrándome que todavía podía ser un hombre digno de ser amado, incluso cuando no quedaba mucho de mí.

"La verdadera medida del éxito es tener salud **y un sistema nervioso en calma**".

Anyha Ruiz

Anyha

Estaba segura de que íbamos a encontrar la solución, aunque no sabía ni cómo ni cuándo. Lo único claro era que juntos era más llevadero. Uno solo no lo consigue; dos se sostienen, pero con Dios en medio, se gana.

Por esos años, al igual que hoy, la fe era nuestro centro, pero entonces apenas comenzábamos a descubrirla con la intensidad de los primeros pasos. Era una fe joven, apasionada y temblorosa, que nos sostenía sin que entendiéramos todavía la magnitud de lo que Dios estaba haciendo. Todos los días orábamos en una recámara que habíamos convertido en nuestro cuarto de oración, nuestro pequeño búnker espiritual. Poníamos alabanzas, apagábamos la luz y cada uno clamaba y adoraba a su manera: pero juntos. Nunca olvidaré una de esas noches. Daniel con el rostro hundido entre sus manos, suplicaba con una voz que me partía en dos:

—Dios mío. Dime, por favor, qué tengo. No importa lo que me vayas a decir, pero quiero saber cómo se llama y qué apellido tiene.

Era un ruego desde el fondo de la incertidumbre. Al escucharlo, pensaba: "¿Qué le digo?, ¿Qué hago?". Entonces volteé mi corazón hacia Dios y le dije: "Señor, díselo Tú, porque yo no sé qué hacer".

En ese tiempo nos invitaban a servir en distintas iglesias. Un día fuimos a Torreón, en el noreste de México, y tras la prédica nos fuimos al hotel. En la oración de la noche Daniel continuó con la misma súplica:

—Por favor, por favor, dame una respuesta.

Esa noche, sin planearlo, entré a Facebook y vi que una amiga de muchos años estaba transmitiendo en vivo:

—Quiero platicarles de mi proceso de recuperación —comenzó a decir.

Lo primero que se me vino a la mente fue: "Seguro va a decir que sufre quién sabe de qué cosa y Daniel va a asegurar que tiene lo mismo". Vimos juntos la transmisión en la que ella comenzó a describir sus síntomas y Daniel, con la cara desencajada, me miró y exclamó:

—¡Anyha, yo tengo eso! —Mi reacción no fue la mejor, pero él me insistió—: Es en serio, llama a tu amiga.

Finalmente lo hicimos. Ella nos habló de su propio diagnóstico: enfermedad de Lyme, y nos dio el teléfono de su doctora, una infectóloga reconocida en ese campo. Unos días después, Daniel tuvo la primera consulta con ella. La revisión fue meticulosa. Lo escuché narrar sus síntomas una vez más, como ya lo había hecho ante tantos médicos. La doctora examinó cada detalle: los reflejos, las manchas en la piel, la fuerza de las extremidades. Cuando le tocó la campanilla de la garganta y él no reaccionó, ella tomó nota sin decir palabra. Al final, con una mezcla de calma y gravedad, nos dijo:

—Sospecho que tienes Lyme. Lo que me sorprende es que todavía puedas moverte; por tus temblores y síntomas, imagino que la bacteria también está en el sistema nervioso. Necesito estudios especiales, incluyendo una punción lumbar.

Los resultados confirmaron lo que tanto temíamos y, a la vez, esperábamos: Daniel estaba infectado con *Borrelia burgdorferi*, la bacteria causante del Lyme, y presentaba coinfecciones que habían alcanzado órganos vitales como el corazón y el cerebro.

Esta enfermedad proviene de la picadura de una garrapata infectada. La bacteria es una espiroqueta: su forma de hélice le permite "atornillarse" en los tejidos de nuestro cuerpo y viajar con rapidez por todo el organismo. Por eso la llaman "la gran imitadora": sus síntomas imitan decenas de otras enfermedades neurológicas, musculares o autoinmunes. En fases tempranas puede curarse con antibióticos en tres o cuatro semanas, pero cuando se vuelve crónica puede acompañar al paciente de por vida con dolores incapacitantes, trastornos neurológicos, pérdida de movilidad e, incluso, ceguera.

El problema mayor es que es una pandemia silenciosa. En países como Estados Unidos y México, los diagnósticos crecen cada año, pero miles de casos quedan ocultos bajo etiquetas erradas de esclerosis múltiple, párkinson, fibromialgia, depresión o "estrés", antes de saber que es Lyme. El paciente vive en un laberinto de diagnósticos descartados, mientras la bacteria sigue avanzando. Eso fue exactamente lo que nos pasó a nosotros: más de cinco años perdidos en diagnósticos equivocados.

Cuando recibimos el resultado, fue extraño. Estábamos comiendo con mi papá y al día siguiente teníamos un viaje. Daniel abrió el sobre, lo leyó y, en lugar de derrumbarse, sonrió con ironía:

—¡Joder! Al fin esto tiene nombre y apellido.

Su reacción me desconcertó. Mientras él parecía aliviado, a mí la noticia me cayó como un tonel de plomo. Ya había visto lo que significaba el Lyme en casos avanzados. Había visto testimonios que hablaban de pacientes en silla de ruedas o perdiendo la vista. Algunos informes médicos estiman que hasta un 10-20 % de los pacientes tratados a tiempo desarrollan secuelas crónicas, y en fases tardías los tratamientos son largos, costosos y no siempre exitosos. Yo no podía dejar de pensar: "¿Qué vamos a hacer? ¿Cómo vamos a pagar ese tratamiento? ¿Cómo lo voy a sostener si empeora?".

Daniel

> Lo que atravesé no sé cómo describirlo con precisión: era como tener veinte enfermedades a la vez, cada una tomando turno para recordarme que mi cuerpo ya no me pertenecía.

Comencé de inmediato con la primera fase del tratamiento: una carga inicial de antibióticos en dosis moderadas, protectores estomacales, suplementos nutricionales, una dieta estricta y nuevos hábitos de sueño. En teoría, era un protocolo "leve", diseñado para preparar al cuerpo antes de entrar en la batalla más intensa. Digamos que fue como entrenar con las armas descargadas.

Así pasé los primeros tres meses. Tres meses en los que lo único que avanzaba eran los días en el calendario. Mi cuerpo seguía en el mismo punto. El dolor no cedía, los síntomas apenas se movían de lugar. Ese periodo fue, psicológicamente, muy desgastante. Cuando los síntomas permanecen intactos, la mente comienza a dudar: "¿Sirve de algo este esfuerzo? ¿Estoy realmente luchando o solo prolongando el suplicio?". Orar se convierte en un reto. Agradecer por la vida suena a insulto en tu cabeza.

Digamos que estás combatiendo en dos frentes: la batalla contra las bacterias y la batalla por no perder la esperanza. Por eso, cuando alguien me dice: "Tengo Lyme", entiendo exactamente todo lo que eso significa. Entiendo el peso del diagnóstico, los síntomas que se burlan de la lógica. Y, sobre todo, el desgaste mental: las cornisas, las ventanas y los cuchillos que empiezan a tener cara de salidas. Yo también estuve ahí, al borde de volverme loco.

Sabía que ese no era yo. No quería actuar así, pero la enfermedad estaba acabando con mi voluntad. Trabajar se volvió un suplicio: olvidaba lo más elemental, me quedaba dormido en el baño, las manos me temblaban en las reuniones. Llegué a tener lagunas mentales de días enteros; había momentos en los que no recordaba cómo regresar a casa. Más de una vez lloré en el tráfico con el volante entre las manos. Tenía tan poca energía que ni siquiera me alcanzaba para tener miedo.

Y, sin embargo, después del diagnóstico nació algo que todavía me resulta difícil de explicar: una extraña paz. Porque, aunque estaba agrietado, al fin sabía contra qué estaba luchando y justo eso era lo que yo le había pedido a Dios. Lo indeterminado puede ser aterrador. La mente, cuando no encuentra un objeto definido para su ansiedad, fabrica posibilidades infinitas, y esas hipótesis suelen ser más destructivas que la propia realidad. Se llama hipervigilancia, y es el estado en el que el cerebro se instala en alerta permanente porque no sabe cuál es la amenaza real. Es como vivir atrapado en un cuarto donde te peleas con muchas sombras.

Pero cuando al dolor se le pone nombre, ocurre una paradoja liberadora: aunque el diagnóstico sea duro, con la mentalidad correcta la sensación de amenaza comienza a disminuir. Lo que antes era un monstruo amorfo ahora tiene contornos, límites, una cierta lógica. Y frente a lo reconocible, el cerebro puede trazar estrategias, imaginar rutas, organizar la resistencia. El miedo, entonces, se encoge, porque se vuelve específico.

Considero que ese mismo principio opera en la fe. Porque la fe también le pone nombre a lo invisible. En la Biblia, Abraham llamó Jehová Jireh al lugar donde Dios proveyó; Jacob llamó Betel al sitio donde se le reveló. Nombrar es, al mismo tiempo, un acto de memoria y un acto de confianza: la certeza de que Dios está obrando incluso en lo que no tiene forma. Ese fue parte de mi alivio en medio del colapso: al fin sabía que no estaba loco, sino que había un intruso dentro de mí.

Con la información en la mano y la fe necesaria, comencé a repetirme día a día: "No me voy a dejar vencer por esto. Tú, bacteria, te jodiste, porque voy a convertirme en el peor *host* de tu vida. Haré que te arrepientas de haber ingresado a mi cuerpo".

Muchos piensan que hablarse así a uno mismo es ingenuidad o autoengaño. No lo es. La epigenética ha demostrado que el entorno no es solo lo que nos rodea, sino también lo que pensamos y sentimos. Nuestros pensamientos generan respuestas bioquímicas reales: modulan la producción de cortisol, afectan la plasticidad neuronal, influyen en la inflamación celular y hasta determinan qué genes se activan o permanecen en silencio.

No se trata de negar la realidad, sino de darle a tu biología un contexto distinto para luchar. La desesperanza genera un ambiente hostil dentro del cuerpo: activa rutas de estrés crónico que debilitan el sistema inmune. En cambio, la esperanza —sostenida en pensamientos firmes y fe— produce neurotransmisores y hormonas que favorecen la resiliencia fisiológica. A esto la psicología le llama "reencuadre cognitivo": reinterpretar una situación dolorosa no para dulcificarla, sino para dotarla de un nuevo significado. La neurociencia añade otro dato fascinante: cada vez que piensas, refuerzas conexiones sinápticas; y si esas conexiones se entrenan en dirección de la esperanza y la determinación, literalmente reconfiguras tu cerebro. No es magia, es biología aplicada.

No negaba mi dolor, no ignoraba la fiebre ni los temblores, pero me daba un marco mental desde el cual resistir. Mis pensamientos se convirtieron en medicina complementaria: entrenaban poco a poco a mis células para no rendirse.

En dos platos: la fe y la ciencia no estaban peleadas. Mientras la medicina buscaba erradicar la bacteria, mi mente y mi espíritu trabajaban para sostener el terreno donde esa batalla ocurría: mi propio cuerpo.

"Veo mucha fortaleza en los ojos que se permiten llorar; **inundarse por dentro y navegarse**".

Anyha Ruiz

Anyha

Daniel y yo hemos construido una conexión que supera cualquier distancia física. No suelo hablar de esto, porque temo que se confunda con misticismo, pero, aunque me esfuerce en negarlo, es imposible ocultarlo: lo nuestro es lo más semejante que he visto al versículo que dice: "... y serán una sola carne" (Génesis 2:24).

Literal. Si a él le duele la cabeza, yo empiezo a sentirlo, aunque no lo diga. Si yo no logro dormir, él se levanta con angustia, con la certeza de que estoy despierta. Sin cruzar palabra, ya sabemos cómo estamos. Suena romántico, y a veces lo es, pero también tiene un toque inquietante: el de vivir como siameses espirituales. Estoy convencida de que existe una dimensión de la unión que trasciende lo material en este plano. En nuestro caso, es esa forma de vivir como si habitáramos un mismo pulso, un mismo cuerpo, una misma carne. Para mí, son realidades espirituales con resonancia física.

Un día estaba arreglando mi clóset y una idea se me estrelló de la nada en el pecho: "Daniel está teniendo un ataque de pánico". Así de literal lo pensé. Fue como si su corazón hubiera puesto al mío a latir en la misma frecuencia y con la misma violencia. La intuición me sacudió tanto que lo llamé de inmediato. No respondió. Volví a marcar.

Tampoco. El siguiente pensamiento fue una certeza: "Algo terrible va a pasar". Dejé todo lo que estaba haciendo y corrí a buscarlo a la oficina, que por fortuna estaba a metros de nuestro departamento.

Entré gritando su nombre. Nada. Subí al último piso, y entonces lo vi. Estaba de pie, en la cornisa. No sé explicar todo lo que sentí en ese instante, solo puedo decir que un grito mío podía empujarlo. En segundos tuve que tomar una de las decisiones más difíciles y cruciales de mi vida. Lo único que se me ocurrió fue disfrazar el espanto con normalidad:

—Mi amor, no te muevas. Te voy a tomar una foto porque el cielo está espectacular.

Y lo estaba. El World Trade Center se veía a lo lejos, entre nubes aborregadas listas para soltar la lluvia. El azul del cielo estaba en esa transición melancólica hacia la noche. Él no se movió. Se limpió el rostro. Sabía que yo sabía. Y yo sabía que él lo sabía. No hacía falta dramatizarlo. Solo le tomé la foto y le dije "muy serena":

—Ven, mírala. Quedó preciosa.

Se acercó con la cabeza agachada. Me abrazó. Y lloramos los dos. Veinte minutos sin decir una palabra, mientras nos mecíamos juntos. Hasta que decidí acabar el silencio con una idea absurda:

—Oye, mi amor, ¿y si grabas uno de esos textos que tienes escritos, y aprovechas este cielo del World Trade Center de fondo? Te tomo con el celular y nos distraemos un poco.

Daniel respondió:

—Ahora que se me desinflamen los ojos lo intento, pero no sé qué decir, Anyhita.

Y contesté con lo único que me salió:

—No planees nada. Solo di la verdad. Di cómo te sientes.

Daniel

La enfermedad me había provocado una extraña sensibilidad auditiva, muy por encima de lo normal. Todo ruido —en el volumen que fuera— se amplificaba en mi mente como si un

> barco estuviera zarpando dentro de mi cabeza. Cuando eso ocurría, me quedaba completamente quieto, atrapado en un estado nervioso insoportable. Necesitaba taparme los oídos y esperar a que se calmara mi ser.

Los médicos me explicaron que la bacteria me estaba dejando los "cables del sistema nerviosos pelados". En términos más técnicos, se trata de una hipersensibilidad neuronal: las terminaciones nerviosas, inflamadas y dañadas, comienzan a transmitir impulsos exagerados al cerebro. El resultado es un sistema de alarma sobrecargado, que disparaba en mí señales de peligro incluso ante los estímulos más mínimos. Es, literalmente, para chillar y volverte completamente intolerante.

Esto, por supuesto, hacía que me costara muchísimo concentrarme. Si algo interrumpía esa concentración, volver a conseguirla era similar a intentar atrapar mariposas en campo abierto. Por eso, si alguien me llamaba por teléfono en medio de mi esfuerzo, el resto del día quedaba marcado por la frustración y la ira, porque me resultaba imposible recuperar el hilo de mi mente.

El silencio y la soledad se convirtieron en un refugio. No hablar por teléfono, permanecer solo en un cuarto con poca luz era mi paraíso. La luz intensa me lastimaba los ojos; el ruido me alteraba hasta la médula. La sobreestimulación constante activa de forma crónica la amígdala —el centro cerebral del miedo y la ansiedad— y agota la corteza prefrontal, la zona encargada de regular pensamientos y emociones. El resultado: te conviertes en rehén de tus sentidos.

Por la misma razón, ir a reuniones era un suplicio. Quince o veinte minutos podía tolerarlos; cuatro horas eran una tortura. De hecho, en dos o tres ocasiones casi me estrello manejando porque, al pasar un tráiler y sonar su corneta, mi sistema nervioso colapsaba. Era un latigazo eléctrico recorriéndome el cuerpo, una sensación de desesperación total.

Estas experiencias prolongadas generan respuestas disociativas: la mente ya desbordada por la sobrecarga comienza a funcionar en "modo automático". Actúas, pero sin estar realmente ahí; hablas, pero tu mente está en otra parte. Ese automatismo puede convertirse en una antesala peligrosa, porque el cerebro busca apagar el sufrimiento a cualquier costo. Y ahí fue cuando aparecieron los pensamientos suicidas: no como un deseo real de morir, sino como la fantasía de arrancar de raíz un dolor que no puedes tocar ni detener.

Eso fue lo que me sucedió aquel día en mi oficina. Cada episodio me recordaba que no era dueño de mí mismo. Y esa conciencia, día tras día, iba moldeando mi personalidad, la enfermedad había empezado a reescribir mis rasgos, a rediseñar mis hábitos, a colonizar incluso mis emociones.

"Ella sabe perfectamente cuántas lágrimas **han corrido por mis mejillas**".
Daniel Habif

Siempre he creído que la pasión personal del Diablo, Satanás, el Infierno o el mal es instalar en el corazón humano la resignación. Eso que te hace creer que no hay nada. Es ese estado en el que pierdes no solo el deseo de luchar y de salir adelante, sino que también te deshumaniza y te lleva a dejar toda esperanza, toda confianza y dignidad. Cuando conoces a alguien que se resigna, está muerto, completamente neutralizado, porque se vuelve tibio en la vida y eso lo convierte en una presa muy fácil de acabar. Ya no le importa si lo devoran o lo maltratan. Es un estado terrorífico. Y el Lyme me llevó a ese punto.

Tuve esos pensamientos de los cuales no me avergüenzo, pero hasta hoy me hacen sentir tristeza, porque si te quitas la vida, también te quitas la oportunidad de arrepentirte. Y si no te la quitas, eres el suicida para siempre. Eso se convierte en un estigma horrible. Solo quien ha tratado de hacerlo y no lo ha logrado, entiende cómo una parte de la familia vive un miedo permanente que te lleva a sentirte un estúpido. Quedas etiquetado y vigilado. Cuando contemplas quitarte la vida, es porque la resignación te ha abrazado. No es que no puedas abordar el dolor, sino que ya no quieres sentirlo y no sabes cómo.

Bendito Dios, ese día no terminó con un salto, sino con un giro. No hacia abajo, sino hacia adentro. Anyha me pidió que hablara, que dijera algo, lo que fuera. Así nació el primer video que grabamos. Lo titulamos *El fracaso no existe*. Y les prometo, no hubo una estrategia de *marketing* ni un cálculo de impacto; fue un grito de supervivencia.

Terminamos de grabar el video con el celular y regresamos a casa, agotados. Sin embargo, yo sentía alivio de haber transformado un instante límite en un acto creativo. Esa misma noche, mientras yo intentaba dormir, Anyha tomó una decisión sin consultármelo. Entró al viejo Facebook que yo había recuperado tiempo atrás —una página con unos pocos seguidores que quedaban de la época en que conducía el programa en RitmoSon Latino y en la que yo publicaba de vez en cuando alguna reflexión, sin mayor expectativa— y, sin hacer ruido, subió el video.

Yo no lo habría hecho. Mi perfeccionismo, mi pudor y el miedo a exponerme lo habrían detenido. Pero Anyha no lo pensó dos veces y arrojó esa botella al mar digital. A la mañana siguiente, el mar devolvió la botella convertida en un video viral. No hablo de miles, sino de cientos de miles de reproducciones en cuestión de horas. Lo que nació como un desahogo se transformó en un parteaguas. Extraños compartían mis palabras, las comentaban, se reconocían en ellas. Yo había grabado una queja, y el mundo lo convirtió en otra cosa.

Cuando un mensaje brota de la autenticidad, desarma las defensas del espectador. No es el discurso pulido lo que conecta, sino la grieta. Y en esa grieta, miles vieron reflejada la suya. Miles dirían que fue un ejemplo de identificación simbólica: mi fractura se volvió símbolo de la suya, y al compartirlo, sentían que compartían también su propio dolor.

Anyha lo entendió antes que yo: la vulnerabilidad no siempre necesita ser curada para ser valiosa; a veces basta con ser mostrada. Y así, sin plan de *marketing*, sin estrategia digital, sin "campaña", nació lo que después sería el primer capítulo público de mi vocación como conferencista.

La vida me había empujado al borde y Dios usó ese borde como plataforma. Ese video no nació de un plan para levantar una carrera, pero así opera el misterio del Reino: Dios pone una coma donde tú quieres un punto final. Ese fue el primer día en el que mi voz fue un instrumento. Aunque, siendo justo, no lo descubrí yo. Fue mi esposa la que vio algo que nadie más vio. Ella intuyó un mensaje capaz de resonar con otros. Eso se llama visión vicaria: quienes nos aman nos prestan sus ojos para ver el potencial que la desesperanza nos oculta. La fe, en cambio, lo explicaría como un don compartido: Dios revela a través de otros lo que aún no somos capaces de reconocer en nosotros mismos.

Que te quede claro: no siempre eres el mejor juez de tu propio valor.

"Cuando no sé qué hacer, **me imagino agarrándote la mano**".

Anyha Ruiz

Anyha

Esa noche, cuando subí el video, no lo hice como la esposa de un "futuro conferencista". Jamás pensé en números ni en seguidores; mi objetivo fue inventar otra excusa para rescatar a Daniel y darle un sentido a su fractura anímica. A la mañana siguiente, cuando vimos la avalancha de reproducciones, no entendíamos nada. Daniel estaba sorprendido, pero yo lo sentía molesto por mi atrevimiento. Apenas pudo decirme algo, porque al mismo tiempo le llegaban oleadas de mensajes con una intensidad que lo rebasaba. Entre todos ellos, uno lo detuvo en seco: "No sé quién eres, no me gustan los motivadores y nunca escribo en Facebook, pero no puedo dejar de decirte gracias. Anoche pensaba quitarme la vida y apareciste en mi celular. Me hiciste dudar".

Daniel quiso buscar a ese joven y escribirle, pero al entrar a su perfil no fue posible enviarle un mensaje directo; cuando volvimos a buscar el comentario para responderle, lo había eliminado. En ese instante supe que no necesitamos ver a un hombre fuerte, sino a uno dispuesto a hablar con verdad. El mundo está cansado de discursos de perfección; lo que de verdad trastoca es la grieta. Y esa grieta debe ser real, debe tener la autoridad de quien en verdad la ha atravesado.

Ese video fue un lucero. Me repetí a mí misma: esto no es un accidente, es un envío. Yo sabía que ese video había inaugurado algo irreversible: la voz de mi esposo ya no le pertenecía solo a él, sino a todos los que necesitaban escucharlo. Dios había tomado una cornisa y la convirtió en un propósito del cual hablaremos en detalle más adelante.

La misma semana del video, Daniel inició un nuevo tratamiento, el más potente hasta entonces. La doctora fue clara:

—Cómprate estas medicinas, pero te advierto que son muy fuertes. Todos reaccionan diferente. Puedes sentirte mal, no te vayas a asustar.

También nos recomendó ver un documental titulado *Bajo la misma piel*. Lo vi, y en la pantalla desfilaban personas inmovilizadas, incapaces de vestirse o siquiera sostener una cuchara. Y, sin embargo, había una luz: muchos lograban recuperarse.

El costo del tratamiento era muy alto: más de quinientos dólares quincenales entre antibióticos, suplementos y dieta. Tuvimos que reajustar todo.

La noche en que iba a comenzar el tratamiento le pregunté a Daniel:

—¿Estás listo?

—Sí —respondió.

Eran cuatro antibióticos diarios. Esa primera vez me quedé en vigilia, observando si algo cambiaba en su respiración, en sus movimientos, en su rostro. A la mañana siguiente me dijo:

—No puedo mover las manos, no siento nada.

No puedo explicarles la angustia que sentía, pero me callé. Ya nos había advertido la doctora que, antes de comenzar a mejorar, iban a empeorar los síntomas. Cinco días después de la primera toma, Daniel me sorprendió:

—Quiero salir a caminar.

—¿Estás seguro? —pregunté, muy incrédula.

—Sí.

Daniel

> Cuando en medio de una enfermedad eliges moverte, aunque el cuerpo duela, entrenas a tu mente a no cederle todo el terreno al dolor. Es un principio comprobado: cada paso, por pequeño que sea, reduce el dominio de la apatía y la desesperanza. El cerebro interpreta ese movimiento como una señal inequívoca de vida y empieza a reorganizarse. El gesto más mínimo puede activar nuevas conexiones, abrir rutas de plasticidad y enviar un mensaje claro al sistema nervioso: aquí seguimos. En términos de mi fe, cada paso es un "sí" al plan de Dios.

Cinco días antes no podía cerrar las manos; ahora tenía ganas de caminar. Y es que el simple acto de levantarse, de sacudirse el polvo del derrumbe es grandioso. Eso, tan sencillo como una caminata breve, te devuelve un respiro de normalidad. Ese gesto que parece diminuto, en realidad inaugura la reconstrucción y en la reconstrucción encontramos nuevas formas de ser. No siempre "mejores", pero sí distintas: más templadas, conscientes y sabias.

En los siguientes días la mejoría fue notoria: los dolores empezaron a espaciarse, los síntomas cedían un poco. El tratamiento debía durar un año y medio, pero cada leve recuperación era suficiente para devolverme el hambre de vivir. Y no era un hambre moderada, era voraz, como si cada respiro me recordara que aún tenía una deuda con la vida. Oraba día y noche. Sabía que Dios estaba obrando en mí, aunque el proceso no fuera lineal. Hubo altibajos, ajustes de dosis, recaídas que parecían traiciones y días de avances que se sentían como milagros. Así seguí hasta que, en 2019, mi examen finalmente salió negativo a Lyme.

Hasta hoy cargo con secuelas, unas buenas y otras malas. La pérdida de memoria me obligó a entrenarme con disciplina militar para recordar. Y practicando descubrí algo inesperado: mi capacidad de recordación se había expandido de forma insólita. La neurociencia le llama plasticidad neuronal: el cerebro, forzado por la necesidad, construye nuevos circuitos para suplir lo que ha perdido. En mi caso, la enfermedad me empujó a desarrollar nuevas rutas cognitivas.

Pero no todo fue ganancia. Aún tengo temporadas de taquicardias repentinas; la audición, mi vieja enemiga, sigue complicando la vida cotidiana. El sonido de una motocicleta acelerando o el tronido de un tráiler siguen siendo mis némesis. Mi sistema inmune quedó en estado de alerta permanente: basta un episodio de estrés oxidativo y, de inmediato, ¡BAM!, se encienden las alergias o aparecen dolores musculares en las manos.

Aprendí a compensar. La resiliencia no borra la fragilidad, la administra. Atravesar esto me llevó a no querer desperdiciar un minuto más. Quería devorar la vida entera. Y hasta hoy sigo igual. Cuando me preguntan por qué, respondo sin titubear: porque el mañana no me pertenece.

Queridos, no me alcanzan las estrellas para tantos sueños. Me volví un niño otra vez, uno que se maravilla con todo. Me detengo en los colores de las flores, en el sonido del viento. Si hay columpios, me subo. Amo contemplar nubes o mirar insectos diminutos. Soy un coleccionista de recuerdos.

Anyha

Ese resurgir de Daniel, esa nueva pasión desbordante por la vida, no solo lo transformó a él: también me transformó a mí. He aprendido a la mala que la salud, la calma y hasta la risa no son derechos garantizados, sino tesoros que se pueden perder de un día para otro. Yo había vivido tantas noches en vela, tantas horas con miedo a lo que vendría, que cuando lo vi recupe-

“Quédate
con quien,
cuando te pasen
cosas buenas,
no se sepa qué
ojos brillan más:
**los tuyos al
contarlo
o los suyos al
escucharlo**”.

Anyha Ruiz

rar el brillo en los ojos sentí que también a mí me devolvían un pedazo de alma.

No den nada por sentado. No esperen "el momento perfecto" para disfrutar lo que ya tienen en las manos. Lo que hoy parece rutinario, mañana puede convertirse en un recuerdo sagrado. Se los ruego: no esperen a que la vida los golpee para despertar. La vida se acaba rápido y la muerte siempre parece tener prisa. No concede garantías ni prórrogas; lo único real es este ahora, tan frágil como poderoso.

Y aunque mañana no exista, todavía hoy tenemos el milagro de estar aquí. Ese "hoy" es suficiente para abrazar, para agradecer, para reconciliarse, para reír, para detenerse un instante y respirar sin miedo.

Los que no se rinden

El silencio de los que no nos rendimos es diferente. Es un silencio que no pide disculpas ni da explicaciones. No necesitamos gritar, porque el éxito es una respuesta que no necesita traducción. Nos hicimos expertos en renacer sin hacer ruido. Nosotros nos callamos para que no nos vean venir. Aprendimos a ganar sin avisar. No hacemos escándalo, porque preferimos hacer historia. Y cuando nos vuelven a ver, ya es demasiado tarde, porque llegamos sin hacer ruido, pero siendo imposibles de ignorar.

Nuestro silencio es templanza. Es un fuego contenido en forma de calma. Aprendimos a construir en lo secreto, a sembrar donde otros solo pasaban. Somos como ese momento antes del trueno, ese segundo exacto antes de que el cielo se parta en dos. Aprendimos a sanar sin testigos y a regresar sin pedir permiso. Cuando nos vuelvas a ver, ya no seremos los mismos. Seremos más fuertes y enfocados. Nos guardamos por maestría y por respeto al proceso.

Queridos, el árbol no discute con el viento; simplemente resiste mientras la tormenta llega y limpia el camino. Así somos los que no nos rendimos: nos tiemblan las rodillas, pero no retrocedemos. Nos rompen y, aun así, recogemos los pedazos y seguimos creando. Nos traicionan y, aun así, no dejamos de creer en la bondad. Sabemos lo que duele intentarlo todo y no lograrlo. Pero también sabemos lo que duele resignarse, y preferimos el dolor de luchar que el vacío de no haberlo intentado una vez más.

Somos los que aprendimos a resistir sin palmadas en la espalda. Porque la mayor ovación no viene del mundo, viene de nuestro Señor y Padre, que no nos traiciona.

Así somos los que no nos rendimos: nos dijeron "ya fue suficiente" y fuimos por más. Nos dijeron "no tienes con qué" y lo hicimos con lo que teníamos. Nos dijeron "no puedes" y convertimos el "no" en gasolina. Somos tercamente esperanzados y ridículamente determinados, pero, sobre toda cosa: benditamente imposibles de apagar.

Somos los que no nos rendimos, somos los que no tiramos la toalla, porque no teníamos a nadie que nos la recogiera.

Capítulo 13

La oveja negra de Dios

Daniel

> Sobrevivir no te hace invencible, te hace consciente de tu fragilidad. Es posible que creas que, tras una enfermedad grave, la vida vuelve a la normalidad. Jamás. La normalidad no existe después. Lo que queda es otra piel: más dura en ciertos lugares, más sensible en otros. Lo que me quedó a mí fue una incapacidad para perder el tiempo. Después de la tormenta, si de verdad aprendiste, ya no eres el mismo; y ese nuevo tú no negocia con lo que antes toleraba.

Yo seguía en tratamiento, lidiando con los estragos del Lyme y al mismo tiempo mi espíritu se encendía más que nunca. Cada paso ganado en la salud era acompañado por un paso más profundo en la fe. Veía a Dios obrar en mí de maneras que rompían toda lógica. Cuando un médico te sentencia: "Vas a terminar en una silla de ruedas" y tu mente lo cree, pero tu alma le responde: "Tranquilo, todo va a estar bien", sabes que Dios tiene un plan contigo.

Por fuera, la vida parecía tomar forma: había retomado mi camino como empresario, tenía clientes importantes como la Ciudad de Las Vegas, agencias de autos, restaurantes, marcas de lujo, cantantes y actores. La compañía crecía, los contratos se firmaban, el dinero fluía. Pero dentro de mí crecía otra cosa: un hambre de Dios imposible de disimular. Ya no se trataba solo de facturar, sino de servir.

Llevaba años formando parte de una congregación cristiana. Al inicio era un feligrés más, pero mi pasión por Cristo cada día era más evidente. Esa entrega y pasión me abrieron una primera puerta: dar los anuncios dominicales. No suena importante informar horarios, cumpleaños, cambios de actividades, pero para mí era un honor. En cada anuncio se me escapaba una frase breve, un destello, un mensaje de treinta o cuarenta segundos que ardía en ese momento en mi corazón. Y esas frases empezaron a tocar a la gente.

Así pasaron dos años. Hasta que un domingo, de manera inesperada, me dijeron que tendría treinta minutos antes de la prédica principal. Me preparé durante tres semanas, oré sin descanso y subí con gozo y nervios. Ya no eran anuncios. Era la honra más grande que había recibido: predicar la palabra de Dios. Ese día hablé sobre la redención. Aún conservo parte de aquel mensaje:

> Cuando la vida se vuelve violenta, cuando las dificultades amenazan con arrastrarte al abismo, los pies de Cristo son tu refugio. En Él puedes encontrar un lugar donde el caos del mundo no perturbe tu paz. Tienes un aliado omnipotente que puede ayudarte a superar incluso los obstáculos más intimidantes. Cristo te edificará, y no habrá viento, ni tormenta, ni sismo que te hagan temblar. Somos amados, buscados y sostenidos por un Dios que nunca deja de extendernos su mano.
>
> La redención es ese hermoso criterio divino donde nadie queda lejos, ni exento. Nadie corre lo bastante rápido para escapar de ella, nadie está por encima de ella. Es la gracia de Dios la que toca y transforma todo. Es la gracia la que basta y sobreabunda para llevar lo vil y menospreciado a ser preciado y honrado. La redención es el rescate ejecutado por el brazo armado del amor. Es el pago de Cristo por nuestra vida. Todo quedó

dicho en aquella palabra que Él pronunció antes de morir en la cruz: "*Tetelestai*" (*τετέλεσται*), "Consumado es".

No importa cuán fracturado estés, ni lo sucia que te parezca tu vida, ni la hondura de tus grietas. Cristo puede rehacerlo todo. Él es el alfarero que toma la arcilla desgastada y la moldea en algo nuevo. Su amor rellena vacíos, transforma heridas en patrones de gracia, convierte ruinas en cimientos. Él quiere escombrarte, liberarte de lo que perdiste en batallas pasadas, romper el asedio de tus miedos, bañarte en aguas tranquilas y lavarte de las manchas de tu adicción.

Aunque los desafíos parezcan insuperables, no estás condenado a la derrota. Resurgirás. Tal como Cristo resucitó, tú también puedes mover la roca que te encierra. Su amor es el fuego que purifica y fusiona lo roto en una totalidad inquebrantable.

Al final de mis palabras, un padre con su hijo, dos mujeres y un joven que había llegado solo entregaron su vida a Cristo. Nunca olvidaré lo que sentí: no era un triunfo personal, era Dios diciéndome: "Mira, también puedo usarte a ti".

Ese mensaje cambió el rumbo. Comencé a ser invitado esporádicamente a servir con los jóvenes los martes. Al principio eran cinco. En pocos meses eran muchos más. Después me pidieron liderar el ministerio juvenil. Hablarles era mi gozo. Ver sus ojos atentos me llenaba de un fuego inexplicable. Todo lo vivido hasta ese punto cobraba sentido. Viajaba desde mi oficina —a más de una hora y media de distancia—, dejando atrás juntas y clientes, para llegar a tiempo al servicio. Y en medio del cansancio, me sentía vivo.

Me convertí en un servidor incansable: los domingos en la congregación, los martes con los jóvenes y en cada oportunidad que se abría, hablaba de Dios. Sin darme cuenta, se estaba forjando algo más que un servicio: se estaba entrenando mi voz. Ese doble escenario —los negocios por un lado, y el púlpito por el otro— era un gimnasio donde aprendía a comunicar desde la experiencia y las entrañas.

Cada palabra frente a los jóvenes era un ensayo para lo que vendría después.

Y, sin embargo, la vida me ha enseñado que siempre, antes de la bendición, aparece la confrontación. Justo cuando más entregado estaba, apareció la otra cara de la institución: el control.

"Ten cuidado con algunas personas, la manipulación **se puede sentir también como amor**".

Anyha Ruiz

Anyha

Servir a Dios ha sido mi alegría también. No me acerqué a la fe para conseguir favores, sino para aprender a amar mejor. Por eso, acompañar a Daniel cuando empezó a hablar en la congregación me llenaba de gratitud: lo veía encenderse y expresarse con ese tipo de honestidad que no se puede fabricar. Era evidente que Dios estaba haciendo algo con él y conmigo. Pero amar a Dios no anula el juicio; no te vuelve ingenua. La fe debe afinar el discernimiento o no es fe: es ceguera. Y el discernimiento, si se toma en serio, incomoda.

Al principio todo me parecía sano: Daniel servía los domingos, después tomó el grupo de los jóvenes los martes. Yo lo veía llegar exhausto del trabajo y, aun así, prepararse con una emoción preciosa. Eso, como esposa, me enamoraba. Yo había sido quien lo empujó con fuerza a acercarse a Cristo, y verlo florecer era un regalo. Pero en paralelo, empecé a notar un desplazamiento: lo que había nacido como un espacio genuino de servicio comenzó a convertirse en un mecanismo de control. Obviamente, no fue de golpe; fue de esos cambios lentos que una siente primero en el estómago antes que en la cabeza.

Las señales eran sutiles, pero constantes. Peticiones que parecían pequeñas pruebas de fidelidad ("¿Puedes venir también los jueves?"); comentarios envueltos en espiritualidad que, en el fondo, eran reclamos ("Si Dios te usa aquí, ¿por qué sigues tan ocupado allá?"), y comparaciones disfrazadas de visión ("Mira a fulano, dejó todo por el ministerio"). Empecé a distinguir un patrón clásico de las instituciones cuando pierden el norte: el amor se vuelve condicional, la pertenencia se negocia, el servicio se mide por horas de presencia, no por fruto.

Y aquí hablo como mujer, esposa y creyente: lo más difícil fue admitir que, en un lugar que también era mi casa espiritual, una forma de manipulación estaba tomando asiento. Cuando tu alma está puesta para servir, tiendes a justificar lo injustificable. Confundes obediencia con servilismo. Crees que todo sacrificio es santo, aunque haya sacrificios que Dios jamás pidió. La fe madura aprende a poner límites. Y los límites no son rebeldía; son cuidado de lo sagrado. "Que vuestro 'sí' sea 'sí' y vuestro 'no', 'no'; porque lo que es más de esto, de mal procede" (Mateo 5:37). Aprendí que un "no" a la manipulación también es un "sí" a Dios.

La primera sacudida llegó con una invitación "inocente" a cenar. Una pareja de la congregación —no líderes principales, pero con voz— nos escribió: "¿Salimos a platicar?". Algo en mí se tensó. Me conozco: cuando siento esa punzada en el pecho, es porque debajo de las buenas maneras viene una exigencia. Aun así, fuimos. Ordenamos. Sonrieron. Y entonces, sin rodeos nos soltaron:

—Oigan, ya tienen que estar de lleno. Está primero Dios que su trabajo.

Eso suena piadoso, pero no lo es cuando se usa como arma. Poner a Dios primero no significa poner a tu familia en último lugar. La Escritura es clara: "El que no provee para los suyos, y mayormente para los de su casa, ha negado la fe y es peor que un incrédulo" (1 Timoteo 5:8). Y también dice que el que anhela ser obispo, primero debe gobernar bien su casa. El orden bíblico nunca ha sido: "Abandona lo que Dios mismo te confió para quedarte con nosotros".

Es exactamente al revés: sirve a Dios cuidando lo que Él te encargó primero.

Tragué saliva antes de responder:

—No.

Sí, esa fue mi respuesta, no porque Dios no sea primero, sino porque reducirlo a un eslogan para arrancar a un hombre de su responsabilidad familiar es blasfemar su voluntad. ¿De qué Dios hablamos si te piden que traiciones los pactos que hiciste frente a Él? ¿Desde cuándo la fidelidad a la iglesia implica infidelidad a tu casa? La institución tiene autoridad; no tiene propiedad sobre tu llamado.

Esa noche, mientras pagábamos la cuenta, sentí latir el corazón en las sienes. Vi a Daniel dividido entre el amor por los jóvenes y la culpa que ya le estaban inyectando. El chantaje espiritual opera así: disfraza de "fe radical" lo que en realidad es control. Te pone a elegir entre dos bienes como si uno cancelara al otro. Y si te niegas, te sugiere que eres tibio. No es celo por Dios; es hambre de dominio.

Tres días después, los pastores secundarios pidieron hablarnos "con urgencia". Ya no hubo curvas:

—Es tiempo de una decisión. Daniel, te necesitamos lunes, martes, jueves, sábado y domingo.

—No puedo —respondió él—. Trabajo, tengo clientes, y los martes con los jóvenes ya estoy aquí.

—Si no puedes esos días, entonces no vengas ninguno.

Me quedé muda. Vi la cara de Daniel desencajarse; para él, esos jóvenes eran familia y esa respuesta lo atravesó. A mí, en cambio, me dio una claridad que no siempre he tenido: eso no era pastoreo, era castigo. Y lo dije, aun sabiendo que me ganaría mil etiquetas. Fui firme. No me importaba que nos llamaran difíciles. Difícil es pedirle a un hombre que obedezca a costa de su casa y su salud, solo para llenar un capricho.

Salimos a la calle y Daniel me miró con ojos de bala, como si yo hubiera empujado la decisión con mi postura. Yo sabía que eso podía ocurrir: las mujeres que ponemos límites solemos ser nombradas culpables. Aun así, respiré hondo y me paré donde tenía que pararme. No se trataba de mi orgullo o rebeldía. Era por convicción. Te puedes equivocar mil veces, pero si una vez te toca sostener la dignidad de tu casa, lo haces, aunque te tiemblen los ovarios.

Esa misma semana lo "bajaron" del grupo de jóvenes y de los mensajes del domingo. No hubo explicación pastoral. Luego vino lo que era casi un trámite: "Mejor no vengan por un tiempo". En lenguaje institucional: expulsión. Ese día, al cerrar la puerta, sentí dos cosas al mismo tiempo: un duelo hondo y una paz tremenda. Duelo, porque es doloroso desprenderte de un lugar que amaste. Paz, porque cuando nombras la manipulación, recuperas un tremendo pedazo de tu alma.

Esa noche, en casa, Daniel era un zombi. Lo abracé largo y le dije quedito:

—Ellos no pueden quitarte lo que Dios tiene para ti. Lo que hiciste con esos jóvenes no desaparece porque te retiren un micrófono. Tu vida entera puede convertirse en un púlpito. —No era un consuelo barato, era un diagnóstico: la unción no depende de una agenda dominical; el llamado no está en la nómina de nadie.

Quiero dejar esto claro y lo firmo con mi corazón: yo amo a la Iglesia. Amo ser pastoreada, amo la comunidad, la alabanza, el consuelo compartido, la Palabra y el servicio. Pero una cosa es la Iglesia como cuerpo vivo de Cristo y otra es la institución cuando confunde autoridad con dominio. La primera te recuerda que tu primer ministerio es tu casa; la segunda te pide quemarla para que su luz brille más.

Aprendí varias cosas. Una: el amor sin límites se vuelve caldo de cultivo para el abuso. Dos: la obediencia adulta integra razón, conciencia y espíritu; no es repetición ni miedo. Tres: el discernimiento te obliga a sostener tensiones: sí a servir, no a ceder tu voluntad a otro ser humano. Cuatro: cuando un liderazgo te pone en contra de tu familia para medir tu "lealtad", no quiere tu alma; quiere tu agenda. Y cinco: el Dios que yo amo no me quiere dócil, me quiere libre.

No romantizo en lo absoluto lo que vino después. Hubo enojo y varios litros de lágrimas. Pero también hubo una reorientación profunda. Yo decidí seguir amando a Dios, y seguir cuidando a los míos sin pedir permiso. Elegí no confundir la voz del Padre con la voz de la institución. Elegí no ocupar mi energía en "defendernos", sino en construir lo que sí nos había sido dado: nuestro hogar, nuestra fe, nuestra voz.

Ese fue mi dictamen: no le debo mi silencio a ninguna estructura que lastime a los míos en nombre de Dios. Y si se preguntan: "¿No te dio miedo?". La respuesta es sí, y mucho. Pero más miedo me da un matrimonio en segundo plano, o una fe que solo sirve mientras no incomoda a nadie.

Paradójicamente, el día que nos cerraron esas puertas, algo más se abrió. Lo entendí después: a veces Dios te saca del recinto para darte alcance. La voz que nació en una cornisa iba a encontrar —fuera de esas paredes— un poder que ninguno de nosotros imaginó. Y ahí, sin púlpito prestado, Daniel empezaría a descubrir el suyo propio.

"Hay gente que te hace un favor decepcionándote. **Sin rencor, pero con memoria**".

Daniel Habif

Daniel

"Si no puedes estar los lunes, martes, jueves, sábados y domingos, entonces no vengas ningún día". Eso no fue ni invitación, ni un llamado. Fue un ultimátum que sonaba más a control que a bendición. Lo más doloroso es que venía de quienes debían ser voz de consuelo y guía. Yo estaba dispuesto a esforzarme más, a dar incluso más allá de mis fuerzas. Nunca había faltado al servicio, aun con el Lyme encima, con viajes y trabajo por delante. Jamás me negué. Pero lo que ocurrió no fue el llamado de Jesús al joven rico: "Vende todo lo que tienes y sígueme". No me pedían entregarlo todo a Cristo, sino entregarlo todo a su estructura. Esa noche vomité del coraje.

La religiosidad institucional siempre se apoya en la amenaza. Y hago la distinción: religión no es lo mismo que religiosidad. La religión bien entendida edifica y sostiene al ser humano. La religiosidad, en cambio, pone primero los intereses propios antes que los mandatos de Dios. Mi conflicto nunca fue con la religión, sino con quienes se creen impolutos, inmunes e intocables. Y va sin rodeos: pretender perfección en uno mismo no es reflejar a Cristo, es acercarse más al carácter del acusador. Porque el Diablo es el que acusa, el que presume de pureza para esconder su podredumbre. Cristo, en cambio, es el que se agacha, el que lava pies, el que se sienta a la mesa con los que la institución desecha.

Yo tengo temor de Dios, un temor reverente, de hijo que sabe que no se juega con fuego sagrado. Estoy lejos de ser un servidor ejemplar y jamás he pretendido serlo. Hay quienes tienen claro que su llamado es pastorear, y los admiro y respeto profundamente. Pero yo sabía que el mío no era ese. Lo mío era un flanco de la batalla distinto: ser intruso en los lugares donde nadie quiere saber de Cristo. Sembrar en la periferia, donde a menudo el púlpito oficial no llega. Cristo dijo: "Id y haced discípulos". El mandato fue ir al mundo y yo le hice caso.

Ahora, no me malinterpreten: yo creo en el orden espiritual. Creo en la importancia de sujetarse, de escuchar, de caminar bajo autoridad. No creo en una fe sin cuerpo, ni en discípulos sin comunidad, ni en ovejas sin pastor. La Biblia es clara: no somos islas. Jesús mismo caminó en obediencia a su Padre, y los apóstoles aprendieron en comunidad. La sujeción, cuando es genuina, protege, corrige, edifica. Es así como el discípulo aprende y es corregido. Pero la sumisión no es esclavitud. La autoridad bíblica nunca se ejerce con amenaza ni chantaje, sino con servicio y cuidado. Hebreos 13:17 dice que obedezcamos a nuestros pastores porque velan por nuestras almas, no porque protegen su sistema y su poder.

La verdadera sumisión es participar en una misión, no en una agenda privada. Someterse a Cristo, y a quienes Él pone en autoridad, es sumarse a Su propósito. No es entregar tu voluntad a un hombre, es alinear tu voluntad al plan de Dios. Si la instrucción edifica, sirve, protege y refleja el Evangelio, es sumisión. Si la instrucción esclaviza, manipula o divide, es control. Y el control jamás ha sido fruto del Espíritu.

La Escritura nos da ejemplos claros: Pedro y Juan, frente al Sanedrín, dijeron: "Juzgad si es justo delante de Dios obedecer a vosotros antes que a Dios" (Hechos 4:19). Pablo confrontó a Pedro públicamente cuando su conducta no era conforme al Evangelio (Gálatas 2:11). Los profetas fueron levantados una y otra vez para cuestionar sacerdotes que habían torcido el culto verdadero. Ninguno de ellos fue rebelde a Dios; lo que hicieron fue sujetarse a Su misión por encima de cualquier institución.

Sujetarse al cuidado es obediencia; sujetarse al control es idolatría. Yo no podía permitir que, en nombre de Dios, se me pidiera traicionar lo que Él mismo me había confiado. Cuando alguien, en su nombre, te pone contra la pared exigiéndote elegir entre servir a su estructura o ser expulsado, no está defendiendo la fe: está defendiendo su poder.

Ningún púlpito humano es dueño del llamado que Dios deposita. Ninguna puerta institucional puede cerrar lo que el Espíritu abre. Lo entendí tarde, pero lo entendí: lo que había perdido no era mi ministerio, era su permiso. Y los permisos caducan. El llamado, nunca.

Anyha

La manipulación y la corrupción no nacen de Dios, sino de los corazones endurecidos por el orgullo y la vanidad. La Palabra lo dice: "Este pueblo de labios me honra; mas su corazón está lejos de mí" (Isaías 29:13). Muchas veces me pregunté por qué Dios permitía que esas cosas siguieran, por qué no las arrancaba de raíz. Y aquí mismo encontré la respuesta: la cizaña y el trigo crecen juntos hasta el día de la siega (Mateo 13:30). No es que Dios no vea. No es que Dios no juzgue. Es paciencia divina,

“La experiencia nos vuelve **jodidamente selectivos**”.

Daniel Habif

porque Él pesa los corazones, y nada se le oculta (Hebreos 4:13). Cada abuso, cada amenaza disfrazada de obediencia, cada carga añadida que no proviene del Evangelio puro tendrá su juicio.

Pero me duele reconocerlo: no hablo de "ellos" como si yo estuviera libre de esa tentación. Yo también he sentido la inclinación a querer controlar, a querer que las cosas giren a mi manera. Todos corremos ese riesgo. Todos podemos reflejarnos más a nosotros mismos que a Cristo. El corazón humano es engañoso (Jeremías 17:9). Por eso necesitamos regresar una y otra vez a Su gracia. Esa es la única vacuna contra la soberbia, la única manera de no confundirnos. Sin Su gracia no hay Iglesia, no hay hogar, no hay vida.

Esta certeza es la que me sostiene: aunque los hombres fallen, el Reino de Dios no se detiene. Los liderazgos se desgastan, las instituciones se corrompen, los templos se vacían, pero el Reino sigue avanzando. Porque Dios no nos llamó a agradar a hombres, sino a servirle solo a Él. "Maldito el hombre que confía en el hombre, y bendito el varón que confía en Jehová" (Jeremías 17:5,7).

Quiero hablarles aquí a las mujeres, a las esposas, a las que aman a Dios y acompañan a sus maridos en el servicio: no callen lo que el Espíritu les muestra. No tengan miedo de poner límites. No tengan miedo de defender su casa, su matrimonio, su fe. Dios no pide que quemes a los tuyos en el altar de una institución; pide que los cuides como el primer ministerio que te confió. Y si alguna vez te hacen sentir culpable por eso, recuerda: tu "sí" y tu "no" también son actos de adoración.

Yo sigo amando a la Iglesia, sigo amando el Cuerpo de Cristo. Pero nos urge distinguir entre la Iglesia que ama y corrige y la institución que esclaviza y manipula. Yo me aferro a lo que no cambia: a Dios.

"Pensé que eras interesante, **pero resultaste interesado**".

Anyha Ruiz

Daniel

> Al final, sigo siendo la oveja negra. La que no encaja. La que cuestiona. Soy el error del molde, el desvío del linaje, la grieta en la tradición. No vine a cumplir expectativas ajenas. No me callo ni asiento por compromiso. Sé que detrás de cada dedo que me señala, hay una boca que calla lo que yo no estoy dispuesto a tragar. No me asusta ser el escándalo; me asustaría quedarme mudo ante lo que sé que debe cambiar. A veces, honrar la verdad te va a convertir en un traidor a los ojos de quienes viven en la mentira. Serás el recuerdo incómodo de lo que todos saben, pero prefieren callar para no sacudir la falsa paz.

Me cansé de fingir comodidad en lugares donde mis sueños no cabían. Y si por eso me llaman difícil —porque no les creo sus bendiciones condicionadas, ni sus afectos con letra chiquita— lo acepto. No soy ningún revolucionario ni gran pensador. Ya lo dije: soy la oveja negra. Y la oveja negra no es la que está perdida. Es la que ya no se deja pastorear por el miedo.

Dios no teme a las ovejas negras. Con ellas arma "revoluciones". Con ellas inaugura caminos donde solo había senderos no usados. Dios no teme a las ovejas negras. A veces, Él mismo las envía. Porque son ellas las que abren grietas en los templos huecos. Las que prenden fuego a la tradición para volver al Espíritu. Las que se atreven a preguntar: ¿Y si el amor se nos olvidó en el camino?

Por eso tenía que pasar la página. Estaba determinado y obsesivamente dispuesto a responder al llamado que ardía en mi corazón. A una semana, llamé a Anyha desde mi oficina y le dije:

—Voy a renunciar a todo lo que hoy hago y me dedicaré a los primeros auxilios del alma. ¿Me apoyas? Porque nos vamos a quedar caminando de nueva cuenta en la cuerda floja. Pero no aguanto un minuto más.

Ella ni dudó:

—A donde vayas vamos, si a donde vamos es para servir a Dios.

Después de esa llamada, no hubo marcha atrás: se acabó. Renuncié a todos los clientes y con ello a la estabilidad. Terminé haciendo lo que la institución quería, pero sin ellos… y con Dios. Siempre me he movido más por lo que puedo ganar que por lo que puedo perder, y en ese momento aposté por ganar algo completamente nuevo. Una vida distinta. Un propósito claro.

Anyha, una vez más, estaba ahí para acompañar otra locura. Gracias, mujeres, ya que el hecho de que tu esposa crea de nuevo en ti puede ser el ingrediente secreto que lo cambie todo. Eso fue vital para mí, y es algo que siempre le he reconocido y agradecido.

Yo sabía que, en algún rincón de mi alma, se ocultaban tesoros y promesas que había perdido en el camino. Solo me hacía falta un anhelo para que apareciera la fe que me impulsara a ser mejor de lo que una vez fui.

> "Arriesgarnos por lo que queremos **es otra manera de decirnos: *te amo***".
>
> *Anyha Ruiz*

Anyha

Como ya lo dijimos, aquel video fue la primera señal de que Dios estaba usando sus grietas como instrumento. Lo que parecía una catarsis terminó siendo su llamado. Hasta entonces, nuestra vida había sido una sucesión de distintos escenarios: la música, la televisión, las empresas, el *management,* los negocios. Todos eran caminos legítimos, experiencias muy valiosas, pero ninguno había revelado el propósito. Eran estaciones. En cambio, ese día Daniel aceptó que su voz no era solo suya, sino de quienes necesitaban escuchar en ella un aliento. Dios le había dado voz para las calles, para las plazas, para los auditorios, para cualquier espacio donde un corazón herido necesitara esperanza.

Yo nunca fui de aplaudir desde la grada. Como mujer, esposa y empresaria, sabía lo que significaba sostener la cuerda floja en la que caminábamos. No se trataba solo de que Daniel respondiera a un llamado; se trataba de que nuestra casa entera se moviera en esa dirección. Y yo tuve que decidir, con la misma radicalidad, si estaba dispuesta a rendir mis planes personales para alinearlos a este propósito compartido.

Jamás lo viví como un sacrificio amargo. Sabía el reto que significaba empezar este camino, pero también tenía la certeza de que mi trabajo era esencial. Daniel tenía la voz, pero yo tenía los brazos para sostener lo que casi no se ve: la logística de la vida, la estabilidad emocional, la fortaleza práctica que convierte un ideal en algo tangible. El llamado no era solo suyo, era nuestro. No basta con amar a Dios en lo privado si no estás dispuesta a obedecer en lo público. Y obedecer, para mí, significó creer que mi lugar no era detrás ni debajo de Daniel, sino a su lado. Su voz fue alcanzando auditorios, pero mis manos fueron cuidando todo lo demás. Cuando entregas lo tuyo a lo eterno, no desaparece: se multiplica.

Esto es lo que pocas veces se dice: que acompañar el llamado de tu esposo no es ser sumisa en el sentido mal entendido de la palabra, sino ser parte activa de la misión. Es participar conscientemente en un propósito que trasciende a un solo ser. Hay que poner las manos sobre el mismo arado.

La cultura ha reducido el concepto de sostener a un lugar secundario, cuando en realidad es un pilar. Y para hacerlo sin fracturar ni el amor ni los negocios, se requiere un balance sofisticado, casi quirúrgico. No basta la buena voluntad; hace falta inteligencia emocional, madurez espiritual y un titipuchal de visión estratégica. Nadie puede negar que es un arte apoyar sin anular, decidir sin competir o construir sin desplazar. Saber cuándo hablar y cuándo callar, cuándo impulsar y cuándo contener no es una virtud que se pide por Amazon.

> "No hay límites en el espíritu, **y eso no lo entiende la mente**".
>
> *Daniel Habif*

Vivir esa vida

Nacimos para vivir, no para complacer. Así que voy a vivir esa vida que me gusta, aunque otros no la entiendan y, por ello, la juzguen, la critiquen o la menosprecien. Voy a abrazar mi esencia y seguiré mi ritmo, sin esperar la aprobación de quienes no comparten mis sueños.

La felicidad no está en lo que los demás esperan de nosotros, sino en lo que cada día elegimos para nosotros mismos, bajo el propósito de Dios en nuestra vida. Yo solo quiero Su voluntad. No tengas miedo a decepcionar y empieza a honrar tu vida, porque si la vives con autenticidad, querido, te darás cuenta de que lo más importante no es que otros entiendan tu vida, sino que tú la sientas, que la encarnes, que la vivas y que te la gastes.

Y cuando hagas esto, vas a generar ronchas en otros. Muchos van a envidiarte en silencio; tendrán pláticas enteras sobre ti, sobre lo que ellos consideran que deberías hacer con tu vida. Pero tú, permítete explorar todas tus versiones sin pedir permiso; atrévete a equivocarte sin temor al juicio; y, sobre todo, atrévete a celebrar sin pedir disculpas. Que nadie te haga sentir mal por escogerte. Créeme: el juicio jamás termina, así que ya no caigas en el juego de cumplir expectativas.

Quiero que vivas la enorme satisfacción de no encajar, de no gustar, de ser incómodo para los demás. Ese es el camino hacia la plenitud, y ese camino no siempre es compartido ni comprendido por todos, pero es tuyo. La vida auténtica no es fácil, pero es la más plena.

Arriésgate a ser incomprendido, no tengas miedo a perder lo que nunca fue realmente tuyo. Nada de lo que tienes es tuyo; la vida bajo el sol no te pertenece. Atrévete a vivir sin concesiones y sin traicionar tu única oportunidad de avanzar en esta vida.

Capítulo 14

Salir sin incendiar el nido

Daniel

No había púlpito ni mucho trabajo, pero abundaba el llamado. La primera sensación fue la de un vacío brutal, supongo, similar a cuando te lanzas de un avión y todavía no se abre el paracaídas. Y, sin embargo, había paz. Era raro: por dentro sentía un terremoto, pero en el centro había calma. Dios nos estaba arrancando de la tierra conocida para ponernos en otro escenario. Y aunque no sabíamos cómo ni dónde, lo que sí teníamos claro era esto: su llamado era irrevocable. El mismo Dios que nos había sostenido en las quiebras y los fracasos ahora nos pedía un salto mayor: vivir nuestra fe fuera de los templos.

Lo interesante es que, a medida que seguimos adelante, experimentamos una sensación de desorientación y, a veces, de soledad. Es como aprender a caminar nuevamente, pero en un terreno que se transforma bajo nuestros pies todos los días. Sin embargo, en este extraño proceso de autorreconstrucción también aparecen nuevas piezas que encajan de manera inesperada y, en ocasiones, maravillosa. Piezas que traen consigo nuevas perspectivas, nuevas relaciones y nuevas pasiones. Aprendemos a aceptar que no necesitamos encajar perfectamente en cada aspecto de la vida como lo hacíamos antes. En lugar de eso, podemos crear nuestro propio espacio: uno que se ajuste a nuestras nuevas formas y tamaños.

Este es un proceso continuo, un ciclo de descomposición y creación que nos mantiene en constante evolución. Con cada versión de nosotros mismos que dejamos atrás, nos acercamos un poco más a la esencia de lo que realmente queremos ser, armados con un entendimiento más profundo de lo que significa vivir una vida plena y significativa.

> "Tu grandeza, tu luz, tus ganas no deben sacrificarse **para que encajes en algún sitio**".
>
> *Anyha Ruiz*

Anyha

Tras el episodio de *El fracaso no existe*, Daniel había grabado algunos videos más, de los cuales varios también se habían vuelto virales. En ese entonces, casi todos los videos los grabábamos de noche; era nuestro pequeño ritual después de largas jornadas de trabajo. Cuando salió de la Iglesia, decidió retomar el tema con más estabilidad para seguir entregando sus mensajes. Como teníamos un videógrafo que nos ayudaba en temas de la empresa cuando se necesitaba, lo alenté:

—Deberías hacerlos con él para que queden más profesionales.

Un día, alguien en Tampico vio uno de los videos y nos contactó para ir a dar charlas en varias escuelas. No era la primera vez que nos buscaban de esa ciudad. Dos años antes, una iglesia nos había invitado y, siendo honesta, nos exprimieron todo lo que pudieron (sí, así, con todas sus letras). Permítanme contarles esa historia antes de continuar, porque me parece importante detenerme a hacer una reflexión al respecto.

En aquella ocasión, nos propusieron dar unos mensajes. En un contexto cristiano, cuando haces esta tarea te dan una ofrenda. La ofrenda nace del corazón. Pablo lo dice en 2 Corintios 9:7: "Cada uno dé como propuso en su corazón: no con tristeza, ni por necesidad, porque Dios ama al dador alegre". La ofrenda no tiene porcentaje fijo ni cálculo matemático; tiene más bien un peso espiritual. No surge de la obligación, sino de la gratitud. No es lo que "me toca dar", sino lo que "quiero entregar".

Dar una ofrenda es, en esencia, un acto de amor y honra. Es reconocer que alguien ha sido de bendición para tu vida, que esa palabra o ese servicio edificó tu fe, sostuvo tu ánimo o renovó tu esperanza. La ofrenda es la respuesta al impacto que recibiste. No es un pago por un mensaje —porque el Evangelio no se cobra—, pero sí es una manera de decir: "Lo que Dios depositó en ti y compartiste conmigo, yo lo honro con esto que también me costó".

La diferencia es sutil, pero trascendental:

- El diezmo se entrega por obediencia.
- La ofrenda se entrega por gratitud.

Y esa diferencia marca el espíritu con el que se da. Cuando se da por apariencia, pierde su esencia. El valor de la ofrenda nunca está en la cantidad, sino en la disposición. Jesús mismo lo enseñó al ver a la viuda que echaba dos blancas: "De cierto os digo que esta viuda pobre echó más que todos los que han echado en el arca" (Marcos 12:43). ¿Por qué? Porque dio desde el corazón, no desde la abundancia.

Por eso, lo normal cuando alguien comparte la Palabra, cuando alguien entrega horas y energía en el servicio, es que la iglesia honre con una ofrenda. No porque se cobre el mensaje —eso sería una distorsión del Evangelio—, sino porque honrar al obrero es parte del orden divino. "El obrero es digno de su salario" (Lucas 10:7). Negar esa honra no empobrece al que predica, empobrece al que recibe, porque revela un corazón incapaz de agradecer.

Con ese entendimiento en mente, fuimos a aquel viaje. No esperábamos lujos ni recompensas, sino un gesto de honra que validara el esfuerzo de quien entrega su tiempo y su vida al servicio. Pero lo que vivimos fue muy distinto. No fue en Tampico como tal, sino en unas zonas aledañas que no estaban pavimentadas. El pastor nos llevó primero a su iglesia —bastante grande, por cierto— para la prédica, y al día siguiente nos condujeron a un lugar humilde. Ese día, Daniel predicó seis veces seguidas en tres lugares distintos. Sí, seis. Y no, no estaba cansado; nunca había visto en él esa capacidad de darse a los demás. Estoy convencida de que si le hubieran pedido otras seis, las habría dado con la misma entrega.

El problema vino después. Terminamos a eso de las 9:30 p. m. y, al ver que la gente empezaba a irse, nos dimos cuenta de que nadie nos iba a regresar a donde nos estábamos quedando. Menos mal, un matrimonio agradecido se acercó y nos preguntó:

—¿Y ustedes qué hacen aquí todavía?

—Es que estamos esperando al pastor —respondimos.

—Pero él ya se fue.

Nos volteamos a ver entre sorprendidos e incrédulos. El matrimonio, bondadoso, nos ofreció llevarnos. Al día siguiente, antes de irnos, nos habló la chica que nos había contactado desde un comienzo:

—¿Cómo les fue?

—Bueno, hay detalles que no estuvieron bien —le comenté.

—¿Y les dejaron dinero?

—No, nada.

—¿Cómo crees? —preguntó asombrada.

Colgamos. Para cuando volvimos a hablar, ya estábamos en la sala de espera del aeropuerto. Como a ocho metros vimos al pastor sentado con su esposa. Nos miró, pero ni nos saludó. En eso, la chica le habló y, de repente, se nos acercó con un sobre en la mano. Y aquí la escena fue tragicómica: estiraba la mano como para dárnoslo, pero lo apretaba fuerte, como si le doliera soltarlo. Juro que por un momento pensé que iba a pedirnos que lo partiéramos en dos. Al final lo soltó, pero con una expresión digna de haber donado un riñón. No esperábamos mucho, pero lo mínimo era no dejarte abandonado en medio de un lugar peligroso y sin transporte. Con el tiempo, esa experiencia la tomamos con humor. Al final, algunos no siempre honran tu esfuerzo, pero lo importante es no perder el sentido de misión.

La segunda vez en Tampico fue completamente distinta. Antes de la visita me mandaron un cuadro con la información de fechas y lugares donde estaban los colegios que íbamos a visitar; parecía una minigira de Coldplay.

—¡Daniel, mira esto! —le dije, emocionada—. ¡Seis lugares distintos!

Nos llevaron con seguridad, no porque fuéramos celebridades, sino porque la zona estaba devastada: gasolineras abandonadas y baleadas, restaurantes cerrados, calles desiertas. Esa zona había sido una de las más peligrosas del mundo años atrás. Nos honraron, nos cuidaron y nos trataron con mucho respeto. Pero lo que vimos nos partió el corazón: jóvenes con las miradas vacías, endurecidos por la violencia. No había manera de hacerlos reír, ni llorar, ni soñar; estaban demasiado heridos. Esas imágenes aún las tengo grabadas. Y, sin embargo, ahí estaba Daniel, hablándoles de esperanza. Tal vez no transformamos vidas en ese instante, pero sembramos semillas.

El pago fue simbólico, y aún tenemos enmarcados esos billetes como recuerdo. Lo que estaba pasando no era un *hobby* ni una coincidencia: estábamos presenciando el nacimiento de una carrera. Daniel hacía más videos, mejoraba su producción, las redes empezaban a tener respuesta. Y Dios, poco a poco, nos estaba empujando hacia un propósito mayor.

"Hace mucho comenzamos a ser nuestro propio **motivo para salir adelante**".

Anyha Ruiz

Daniel

Uno de los días en Tampico, regresamos al hotel relativamente temprano. No habíamos comido, el cansancio estaba encima, pero dentro de mí había algo más fuerte que el hambre y el sueño. Me volteé hacia Anyha y le dije:

—Escribí en estos días un mensaje que se llama *Se reirán de ti*, y quiero grabarlo. Aprovechemos que hay un muelle hermoso en Ciudad Madero, quizá alcancemos el atardecer.

Ella me miró con esa carita de ternura y agotamiento que sabe poner:

—Daniel, ¿no estás tronado? ¿No prefieres quedarte en el hotel?

—No, amor, vamos a grabar, necesito hacerlo —respondí—. Por favor vamos y me grabas.

Antes de que entrara el videógrafo, Anyha lo hacía todo: grababa, tomaba fotos, cobraba, era relacionista pública y mánager al mismo tiempo. Yo estaba en un estado de flujo. Ese lugar en el que la pasión vence al cansancio, donde la urgencia del alma supera a la fatiga del cuerpo. Hay momentos en los que, aunque tu cuerpo te grite "detente", tu espíritu sabe que no puede esperar. Escribir y grabar no eran *hobbies* ni desahogos: eran mi nueva vocación. Cada frase que escribía, cada reflexión que lograba articular, era un ejercicio de poda interior. Como si dentro de mí coexistieran varias tintas, varias voces, y cada texto me ayudara a podarlas. Mi pluma estaba siendo afilada en secreto.

Finalmente, Anyha cedió y me acompañó. El muelle estaba a unos 40 minutos del hotel, y gracias a las personas que nos habían contratado teníamos transporte. Al llegar, el lugar estaba envuelto en niebla, lo cual borraba cualquier posibilidad de tener un atardecer. Además, estaba lleno de cientos y cientos de mapaches. Y no cualquier mapache: parecían organizados, eran un tipo de pandilla esperando que descuidáramos algo. Yo no quería grabar precisamente en el muelle, sino encima de unas piedras gigantescas que lo rodeaban.

Éramos nosotros, las piedras, el mar, la gente que me miraba raro y mis enormes ganas de grabar un mensaje. Ese video nació entre la fatiga, el hambre, la improvisación y una lucha con mapaches. No se trataba de esperar las condiciones ideales, sino de honrar el fuego interior en cualquier circunstancia. Le pedí a Anyha que bajáramos a las piedras. Ella me miró incrédula:

—¿Cómo crees que voy a saltar estas piedras?

—Por favor —le respondí—, necesito que estén de *back* junto con el mar.

El ruido del océano era bastante fuerte, el viento no paraba de soplar, y no teníamos micrófono. Pero esa "precariedad" lo hacía más emocionante. Era como si las condiciones adversas confirmaran la urgencia de ese mensaje. Nos tardamos casi una hora y media para grabar ese video de cinco minutos.

De vuelta al hotel, todavía con el salitre en las manos, le dije a Anyha que lo editaría esa misma noche. El proceso fue largo: tres horas subtitulando, montando la música y cuidando cada detalle. Y cuando ya estaba listo para publicarlo, ella me detuvo:

—¿Qué te parece si oramos y adoramos?

Esa decisión lo cambió todo. La adoración antes de emprender algo no es cualquier trámite; es la diferencia entre caminar con tus fuerzas o caminar bajo la cobertura del Espíritu. Adorar es rendirle al Padre el control de lo que vas a hacer, reconocer que no es tu talento, tu estrategia ni tu creatividad lo que transformará vidas, sino Su gracia. Es invitar a Dios a ocupar el centro de la obra antes de que la obra exista. Cuando oras antes de enviar un mensaje, no solo lo lanzas a un público, lo entregas primero al Cielo. Y lo que se entrega al cielo nunca vuelve vacío. Esa noche, permanecimos 40 minutos adorando por todo el cuarto del hotel. No basta con escribir bien o hablar con pasión: hay que empapar cada palabra en oración, para que el mensaje no sea humano, sino eterno.

Al terminar, ya eran las diez y media. Publiqué el video en Facebook, YouTube e Instagram. Como Instagram no permitía videos largos, lo subí en tres fragmentos. Fue como liberar una paloma: no sabíamos a dónde llegaría, pero confiábamos en que alcanzaría los corazones correctos.

Nos fuimos a dormir agotados, y al día siguiente tomamos un vuelo de regreso a Ciudad de México. Apenas en casa, revisé las redes: el video ya tenía 400.000 vistas en Instagram y 800.000 en YouTube. Era una locura. Habían pasado menos de 24 horas. Para esa época, ese número era impensable para mí. Y no eran solo vistas: había comentarios de Farruko, Thalía, Tito el Bambino, Nicky Jam, políticos, escritores, actores, modelos, jóvenes y adultos de todas partes. Esa vaina se volvió viral.

En un solo día crecí 90.000 seguidores. Al día siguiente sentí una sobrecarga creativa. Escribí ocho mensajes completos en menos de cinco horas. Decidí grabarlos todos esa misma semana. Era como si una represa se hubiera roto y la tinta corriera sin medida.

Entre tanto, Anyha abrió el correo y encontró más de 30 propuestas e invitaciones. La primera que cerramos fue en Irapuato. Nada de grandes auditorios ni escenarios: 30 jóvenes reunidos en un espacio sin micrófono. El tema que compartí fue: "El conocimiento no es entendimiento". Ahí les dije lo que a mí me había marcado en la vida: el mundo te ofrece mucho conocimiento, pero si no lo conviertes en acción, se vuelve irrelevante. El conocimiento caduca si no lo pones en práctica. Por eso, más importante que acumular teoría es mantenerte dispuesto a aprender y a rehacerte cada día. Les conté de mi experiencia empresarial, de cómo trabajamos con la Ciudad de Las Vegas, con marcas deportivas y de lujo, y de cómo todo ese conocimiento no sirvió de nada hasta que lo puse al servicio de algo mayor.

No me pagaron honorarios. Solo nos dieron 1.500 pesos para gasolina y comida. El viaje de ida y vuelta desde Ciudad de México rebasaba por mucho esa cantidad. Pero había otra hambre que nos movía: el hambre de propósito. Y esa hambre no se calma con dinero, se calma con almas. Al final de la conferencia ocurrió algo que nunca olvidaré. Un chico de 17 años, junto con su amigo, se levantó y comenzó a aplaudir con fuerza. "¡Eres un *crack*!", gritó. Y no paraban. No era una ovación multitudinaria, eran dos jóvenes conmovidos. Pero ese aplauso fue como un sello de Dios. Era otra confirmación.

En el camino de regreso a la Ciudad de México, Anyha y yo no dejamos de hablar ni un segundo. Soñábamos con llevar este mensaje al mundo entero. Éramos dos locos en nuestro carro, imaginando giras imposibles y miles de corazones transformados.

"Dios te pondrá donde Él quiera, **no importa si la gente cree que no mereces esa posición"**.

Daniel Habif

Anyha

Ya de regreso en la ciudad, salimos a grabar una ronda de videos. Yo iba con los cambios de ropa en el asiento trasero; Daniel se cambiaba en plena calle, sin camerino, ni permisos. La "producción" era simplemente manejar por la ciudad hasta que él decía:

—Aquí, aquí lo podemos hacer.

El siguiente video se llamó *No llores más*. Lo grabamos en una salida al Viaducto, una de las avenidas de mayor tráfico vehicular de Ciudad de México, a las ocho de la noche, con el tráfico detenido y los cláxones sonando como una multitud de manifestantes. Paramos el coche en una calle cercana, nos bajamos y ahí mismo lo grabamos. Esa noche, grabamos cuatro videos más. Apenas regresamos a casa, Daniel repitió su ritual: editar, musicalizar, subtitular palabra por palabra. Era como si supiera con exactitud el pulso de lo que hacía. Lanzó *No llores más* esa misma madrugada.

Ese video explotó. Los mensajes comenzaron a multiplicarse: miles agradeciendo, miles preguntando de dónde era Daniel, otros invitándolo a escuelas, congresos, empresas. De un momento a otro me vi inmersa en una avalancha de invitaciones, negociando conferencias. No sabía ni por dónde empezar. La vida, cuando se comparte, es un salto al vacío en el que uno improvisa mientras cae. Eso significa entrar con lo que tienes y dejar que Dios te vaya dando lo que falta.

Así pasamos los dos meses siguientes, entre grabaciones y un torrente creativo que no paraba. Y entonces llegó *El precio de ser diferente*. Ese video sacudió las redes: fue el primero en alcanzar un millón de vistas en YouTube en ocho horas. Para entonces, Daniel ya tenía unos 400.000 seguidores, y cada semana subía 100.000 más. Lo grabamos en el Ángel de la Independencia, a la una de la madrugada. No había guion, solo tres tomas improvisadas. Dos se arruinaron: una por una moto que interrumpió el audio y otra, porque un camión se detuvo para gritarle a Daniel, a quien ya lo empezaban a reconocer. En la tercera, el mensaje salió con esa fuerza única que él tiene.

Daniel escribía todo el día. Era como verlo poseído, en el mejor sentido: desayunaba escribiendo, comía escribiendo, se desvelaba escribiendo. Era un láser, un francotirador con la pluma.

Recuerdo también la conmoción que generó un video sorpresa que le hizo a su mamá. Ella vino de visita desde Mazatlán, y Daniel le había escrito una carta para su cumpleaños. Pero como aterrizó días antes del Día de las Madres, se le ocurrió convertirla en video. Yo le pedí a un cliente —dueño de varias bodegas— que me prestara una por dos horas, con la promesa de grabarle un comercial del espacio. Daniel llevó a su madre con la excusa de que iba a rodar un contenido de trabajo y la sentó en una silla en medio de la bodega. El videógrafo se escondió, y Daniel comenzó a hablar.

No pasó mucho para que ella entendiera que esas palabras eran para ella. La sorpresa la desarmó. Daniel no pudo pasar de cuarenta segundos sin llorar. Ella tampoco sabía qué hacer, estaba abrumada. Fue uno de los videos más íntimos y genuinos que he presenciado.

Tengo miles de memorias de cada grabación. Lo juro, hasta hoy Daniel nunca ha hecho un video donde cada palabra y respiración no estén empapadas de amor, pasión y entrega. Nada mecánico; siempre carne viva.

Esto lo digo con certeza: en esos días nadie hacía lo que él hacía. Daniel cambió el juego, abrió un espacio que no existía y lo redefinió para siempre. Pero lo que más me asombra no son los números ni los millones de vistas, sino lo improbable. Eso era el grano de mostaza, pequeño y frágil, pero con un Dios que lo hizo árbol. Cuando se honra el llamado, aunque sea en el Viaducto o en una bodega, el Cielo responde con milagros.

A partir de aquella racha de videos, empezaron a llegar invitaciones para dar conferencias en Zacatecas, Guadalajara, Aguascalientes y Monterrey. Algunas eran en auditorios públicos, otras en recintos privados, y aunque el tema solía girar en lo motivacional más que en lo espiritual, el trasfondo era el mismo: sembrar esperanza. El público también comenzó a crecer. Ya no eran 30 jóvenes en un salón sin micrófono; ahora eran 80, 100, 150 personas dispuestas a escuchar. Y aunque los pagos seguían siendo muy modestos —lo suficiente para cubrir traslados y comidas—, para nosotros significaba mucho más: era ver el fruto expandiéndose por ciudades enteras.

Yo lo vivía con sorpresa y vértigo. Un mensaje poderoso puede encender multitudes, pero sin gestión ni estrategia, corre el riesgo de apagarse. Y esa era mi parte: aprender a sostener lo invisible para que lo visible brillara. Esa etapa me confrontó con la necesidad de legitimar el trabajo invisible. La Biblia está llena de ejemplos de este trabajo que no siempre se ve, pero sin el cual nada florece. Moisés levantaba la vara en la batalla, pero eran Aarón y Hur quienes sostenían sus brazos cuando se cansaba (Éxodo 17:12). ¿Quién los aplaudió? Nadie en ese momento. ¿Quién los recordó en la victoria? Pocos. Y, sin embargo, sin esas manos discretas, el pueblo habría sido derrotado. Jesús dijo que lo que se hace en secreto, el Padre lo recompensa en público (Mateo 6:4). Yo entendí que mis desvelos organizando, mis correos contestados de madrugada, mis preocupaciones por los viáticos y hasta mis oraciones antes de cada evento eran parte del todo. Puede que nadie me viera en el escenario, pero el Cielo lo registraba como servicio. Me gusta pensar que lo discreto cuenta el doble.

Uno expone la semilla, el otro cuida el terreno. Ninguno es menos; ambos son parte del mismo milagro. Deja de preguntarte si estás "aportando lo suficiente" y empieza a comprender que tu rol

“Puedes más de lo que te imaginas **y vales más de lo que crees**”.

Anyha Ruiz

—aunque distinto— es igual de trascendente. Mujeres: no se trata de ser visibles a los ojos de todos, sino de ser esenciales en la misión que Dios nos confía. Lo invisible a veces es lo que más pesa en la balanza eterna. Para Dios no eres invisible. Él conoce tu corazón y, te aseguro, que todos tus actos genuinos llevan un fruto en lo eterno. El amor nunca es en vano y menos la generosidad.

Entiendo que deseas que ese gracias venga de esa persona que quieres, pero quiero decirte fuerte y claro: no eres invisible. Cada acto de bondad, cada gesto de amor, cada sacrificio que hacemos tiene un valor en sí mismo, independientemente de si es reconocido o no. Nuestra generosidad es una extensión natural de nuestra esencia. Dar sin esperar algo a cambio es una manifestación del amor propio que habita en nosotras, el tipo de amor que no necesita reconocimiento porque ya está completo en sí mismo.

Daniel

El proyecto empezó a crecer más rápido de lo que podíamos procesar. Tuvimos que surfear una ola gigante sin tener la más mínima experiencia. Cuando estás en la cresta de algo así, no hay tiempo para leer manuales ni hacer cálculos: te lanzas o te revuelca. Cuando decides lanzarte, no hay garantías de que lo logres, solo la certeza de que la ola no espera a nadie.

Ya habíamos pasado por conferencias con mil sillas y solo cuarenta personas sentadas, lugares sin luces, sin tarima, sin nada. Por promotores y empresarios que nos timaron o nos dejaron varados. No hay formación real sin esas etapas donde parece que nadie te escucha y el rebote de tu voz suena más fuerte que los aplausos. Es ahí donde se forjan el carácter y la autenticidad de un mensaje.

Quien se salta esos pasos, puede que logre llegar al pódium por medio de atajos, contactos o golpes de suerte. Pero el problema viene cuando se cae. Porque cuando caes —y todos caemos tarde o temprano—, necesitas saberte el camino de regreso. Y los atajos siempre cambian, desaparecen o se cierran. En cambio, cuando conoces la ruta completa, con todas sus piedras y sus vueltas, no importa cuántas veces te toque empezar de nuevo: sabes cómo hacerlo.

La verdadera autoridad no viene de un micrófono en la mano ni de un escenario lleno. La autoridad proviene de los hechos, de lo vivido, de lo expuesto, de lo que has sudado y llorado. Cada intento acumula experiencia, siempre que tengas los ojos bien abiertos. ¿Y qué significa tener los ojos bien abiertos? Es observar con atención el detalle que otros pasan por alto: el error técnico, el gesto del público, la emoción que no conectó. Es no adormecerte con la excusa de "Nadie vino", sino preguntarte: "¿Qué puedo mejorar para la próxima?". Tener los ojos abiertos es vivir despierto, atento, con la humildad de aprender en cada intento y la disciplina de transformar esa observación en crecimiento. El escenario grande no es un premio: es una consecuencia. Y solo se sostiene de pie el ser que fue capaz de resistir cientos de escenarios vacíos.

Sin temor a equivocarme, dimos más de cien charlas gratis y unas treinta donde pedí que me dejaran hablar aunque fuera diez minutos. Mil veces me dijeron: "No vas a pasar de quinientas personas, ese es el techo". Y casi les creo. Pero ahí está el detalle: le creí más a Dios que a los hombres. Y esa diferencia lo cambia todo. Porque la fe abre puertas que la estadística te cierra.

Pero no se confundan: detrás de cada conferencia había miles de horas invertidas. Miles de horas de escritura, de ensayo, de grabación, de equivocarme y volver a empezar. Noches enteras editando hasta las cinco de la mañana para que el mensaje estuviera listo al amanecer. Viajes de carretera de ocho, diez, doce horas, con apenas un sándwich de gasolinera. Fines de semana sin descanso. Despertar a las seis para ir a la oficina —porque la otra oficina era lo único que nos dejaba dinero para sostenernos— y, cuando todos dormían, volver a escribir, grabar, preparar.

Ya sé que contarlo puede sonar a guion hollywoodense, pero créeme: la realidad supera a la ficción. Las verdaderas historias de crecimiento no están hechas de alfombras rojas, sino de obsesiones, sacrificios y entregas absolutas. No voy a romantizar esto. Porque hay un precio. Y es alto. Pierdes tiempo con tu familia, sacrificas tu salud, tu cuerpo empieza a pasar factura con cansancio crónico, gastritis, migrañas. La armonía se rompe y llega un punto en que debes preguntarte con honestidad: "¿Quiero pagar este precio? ¿Estoy dispuesto a perder tanto para ganar esto?". No es algo que yo recomiende como un estilo de vida, porque la balanza se inclina y el costo es real.

Sin embargo, algunos tenemos algo que nos impulsa, un motor invisible que no sabes de dónde sale. Te sostiene incluso cuando racionalmente deberías haberte derrumbado. Yo lo llamo "estado de gracia": un estado donde el ser humano trasciende su límite natural y se mueve como si caminara con energía prestada. No es normalidad, no es equilibrio, es otra cosa. Es como si el propósito activara una reserva secreta que ni sabías que tenías. Es un tipo de trance que solo aparece cuando caminas sobre tu propósito.

Ese estado no es eterno —tarde o temprano te cobra factura—, pero cuando se presenta, te convierte en un volcán: desbordante, inagotable, arrasador. Es el terreno donde se forjan las obras que cambian vidas. El talento abre la primera puerta, pero es esa gracia obsesiva la que te da el aguante para cruzar todas las demás.

La paradoja era evidente: cuanto más cansado estaba mi cuerpo, más fuerte ardía el fuego por dentro. Esa fuerza me llevaba de un escenario vacío a otro, convencido de que algún día habría una sala llena, aunque todavía no sabía cuándo. No sé cómo carajos no me detuve. Era una certeza que mi mente, hasta la fecha, no entiende. Este impulso no venía de mí. Era más grande, más alto, más profundo. Me consumía y, al mismo tiempo, me sostenía.

Lo cierto es que nunca puedes medir el impacto real de tu entrega mientras estás en medio del proceso. En el cansancio piensas que nadie lo nota, que quizá todo es en vano. Pero Dios, que ve lo oculto, perlará momentos que desbordan toda razón. Uno de esos momentos llegó en Torreón. Nos contrataron para dar una conferencia en el noreste del país y era la primera vez que yo vendería boletos. Con un nudo en el estómago le pregunté a Anyha:

—¿Para cuántos asistentes es?

Ella muy tranquilita me dijo:

—Para 1.400 personas.

Me quedé mudo. Pensé: "¿Y si llegan 50?". O tal vez pensé: "¿Y si esas sillas vacías me recuerdan que no valgo?". El fracaso asusta, pero la vergüenza a veces asusta más. Cuando eres artista, creador o emprendedor, tu valor empieza —quieras o no— a medirse por la cantidad de boletos vendidos, por los *likes*, por las vistas, por las métricas que otros deciden usar para validar tu existencia. Y, sin darte cuenta, te conviertes en esclavo de un número.

El problema es que los números nunca se sacian: hoy celebras 500 entradas vendidas, mañana 1.000, después 10.000, y siempre habrá una cifra mayor que te recuerde lo lejos que estás. Es una trampa, porque no solo mide tu trabajo, sino que amenaza con definir tu identidad. El día que no llenas, tu ego te escupe en la cara: "Ya no sirves. Se acabó. No eres nadie". Ese es el peligro: confundir lo que produces con lo que eres. La productividad no equivale a dignidad. La cantidad no sustituye al valor intrínseco. Pero vivimos en un mundo que aplaude más los resultados que la esencia, y si no tienes cuidado, acabas midiendo tu vida con la vara torcida.

Ahora bien, no quiero sonar como si despreciara los logros. Sería hipócrita. Cuando ves un lugar lleno después de tantas salas vacías, lo celebras ¡y mucho! Se siente glorioso, porque detrás de ese lleno hay años de rechazos, de puertas cerradas. Pero aquí está el matiz: la alegría no es por el número en sí, sino por lo que significa. No se trata de decir "valgo porque hay miles de personas sentadas esperándome", sino de recordar todas las veces que había cuarenta, o veinte, o cinco y, aun así, seguiste hablando. El lleno no valida tu identidad, valida tu perseverancia. Y esa es la diferencia. Los números como fin son una trampa. Pero los números como fruto son un testimonio. Celebrar el fruto no es idolatrar la cosecha: es reconocer al sembrador que estuvo ahí cuando no había nada que mostrar.

Una semana antes del evento, con el miedo lamiéndome la oreja, le pedí a Anyha que llamara al empresario para ver si necesitaba ayuda con la venta de los *tickets*. La respuesta no me la esperaba:

—Hace días se vendieron todos los boletos.

Las sillas vacías me daban miedo, pero lo que las llenó no fue mi nombre ni mi talento, sino Su gracia. El evento fue un éxito. Mucha gente se quedó por fuera, y el empresario quedó tan sorprendido que viajó después a Ciudad de México para proponernos una gira de diez ciudades. Lo hicimos y todos los *shows* fueron *sold out* semanas antes. No había estrategia de *marketing* capaz de explicar aquello. Lo digo sin falsa modestia: no es mérito mío, es que a Dios se le dio la gana. Tal vez el único crédito que me toca es ser un buen custodio del talento que me regaló. Los dones no son medallas, son herramientas. No importa el tamaño del don, sino la diligencia con que lo aplicas. Dios no te pedirá cuentas de lo que no recibiste, sino de lo que hiciste con lo que sí tenías.

Y para mí, la evidencia más clara de Su mano fue Guadalajara. La primera vez que hablé allí fueron apenas 80 personas. La segunda, 4.600 en dos presentaciones. Para algunos fue un salto cuántico. Me decían: "Daniel, tu éxito fue de la noche a la mañana". Y yo les respondía: "Es cierto, solo que fue una noche que tardó 32 años en amanecer".

Anyha

> Nos enfrentábamos a una nueva dimensión. Y digo "nueva" porque nada te prepara para el salto de 20 sillas en un salón prestado a miles de personas con pantallas, luces y un equipo esperando instrucciones. De pronto, lo íntimo se volvió masivo. Y sí, la emoción era enorme, pero el vértigo también. Teníamos nuestra primera gira: INQUEBRANTABLES.

Aclaro: esto no es queja ni ingratitud. Es la verdad. Estoy aquí para darle crónica a lo vivido. Me encantaría contarlo de otra forma, pero así lo viví yo. Podría hacerte una lista de todo lo bueno —que lo hubo y a montones—, pero eso ya lo imaginas. Tal vez pensarías que fue el momento en el que me empecé a comprar zapatos nuevos, a convertirme en la *girlboss* que tantas sueñan. Pero no. Eso que ves en las redes es la representación de una utopía.

"Cuando digo que voy con todo **es porque voy con Dios**".

Daniel Habif

Miles quieren ser jefas porque asocian el título con libertad. Lo que no leen es la letra chiquita: ser jefa no es lo mismo que ser líder. Dar órdenes es fácil, cualquiera lo hace; crear orden en medio del caos, ahí está el verdadero arte. Y claro que una parte enorme de mí se sentía orgullosa, profundamente orgullosa. Pero otra parte estaba con la calculadora. No es glamoroso decirlo, pero alguien tiene que hacer la otra parte del desvelo: lidiar con imprevistos, negociar con quien intenta pagarte menos de lo prometido, improvisar soluciones cuando todo se viene abajo.

Más de una vez me reí de la ironía al mismo tiempo que lloraba de coraje. Porque mientras él inspiraba auditorios, yo peleaba con proveedores que amenazaban con cortar el sonido porque el promotor no les había pagado. Y eso jamás deja de ocurrir. No es que lo vivas una vez y ya. No. Los pillos se multiplican y, cuanto más arriba llegas, más grandes y crueles se vuelven. Al inicio, los engaños eran pequeños: el tipo que no te reembolsó la gasolina, el que se desapareció con los viáticos, el que inventó que "el pago estaba en proceso". Pero cuando la voz de Daniel empezó a llenar salones y a mover multitudes, aparecieron otros: más trajeados, más sonrientes, más expertos en disfrazar la trampa. Ya no eran los de barrio, eran orcas de corbata que, con toda calma, te metían la mano en la bolsa.

El éxito no elimina a los pillos, los atrae. Y el costo emocional es brutal, porque uno quisiera creer que a mayor escala también hay mayor honor, mayor seriedad, mayor respeto. Pero no. A veces la ambición de los otros es muy voraz, y ahí estás, lidiando con nuevas formas de corrupción disfrazada de profesionalismo.

Nunca olvidaré una experiencia en Cancún. Un lleno total: 1000 personas en un salón abarrotado. Quince minutos después de arrancar la conferencia, ocurrió lo impensable: el sonidista decidió vengarse en vivo del promotor, que no le había liquidado. Apagó el micrófono, las luces y todo el audio. Oscuridad total. Silencio incómodo. Mil cabezas girando de un lado a otro, murmurando. Y ahí estaba Daniel, parado en medio del escenario, con la voz pelada, intentando sostener a un público que lo miraba expectante, sin más respaldo que sus pulmones. Mientras él daba la cara, yo me encontraba al fondo, corriendo de un lado a otro, tratando de convencer al proveedor de que por favor volviera a encender los equipos. Le explicaba que Daniel no tenía la culpa, que la gente había pagado por estar ahí, que no podía cobrarse una deuda con la dignidad de 1000 personas. Pero el hombre estaba decidido a usar ese momento como arma contra el promotor. Y tenía razón en su enojo, porque el promotor era un pillo de marca mayor, pero el castigo nos cayó encima a nosotros.

El caos duró 30 minutos que parecieron eternos. Para rematar, esa noche estaban en la sala el mejor amigo de Daniel con su familia, un primo suyo al que no veía hacía diez años, amigos que habían viajado desde lejos solo para escucharlo, incluso la prensa que, por primera vez, mostraba interés en lo que Daniel estaba haciendo. Todo lo que no debía pasar, pasó. Yo sentía que cada segundo era una eternidad y que el prestigio que apenas empezábamos a construir ahí mismo se moría. Pero la gente, en lugar de levantarse e irse, se quedó. Había algo magnético en ver a un hombre resistiendo una posible humillación pública, aferrado a seguir, incluso sin herramientas.

Cuando finalmente el sonido volvió, la sala explotó en aplausos. Tal vez no eran aplausos por el regreso del micrófono, sino por lo que habían presenciado: un hombre que no se dobló, y siguió aun cuando todo parecía diseñado para hacerlo fracasar. Ese instante, lejos de hundirnos, fue un bautizo de fuego.

Daniel

> La verdadera proeza ocurrió detrás del escenario: Anyha negociando y defendiendo lo que estábamos levantando a pulmón. Y hasta hoy lo sigue haciendo. No hay aplauso que alcance para medir lo que significa tener a alguien así. Ella no solo comparte mi vida: sostiene nuestro destino. Las invitaciones de las conferencias pasaron de ser locales a internacionales. Primero llegaron las propuestas de Colombia y República Dominicana.

Y uno se pregunta: "Pero ¿quién me va a conocer a mí fuera de mi país?". Empezamos en Cali y, al finalizar, la gente se quedó quince minutos aplaudiendo de pie. Yo miraba incrédulo, preguntándome si de verdad estaba ocurriendo. Luego vinieron tres *shows* en Bogotá y en Medellín, a los que asistieron más de 3.500 personas. Era mi primera vez en Colombia, y le decía a Anyha, asombrado:

—¿Qué pasó aquí?, ¿cómo fue que los videos lograron penetrar tanto fuera de México?

Llegó un momento en que los dos entendimos: "Esto ya no lo podemos manejar solos; necesitamos poco a poco armar un equipo". Así que hablamos con el empresario y le dije:

—Tenemos que dejar registro de lo que está pasando. No solo por memoria, sino porque esto que está ocurriendo merece ser contado, mostrado. La gente tiene que ver lo que aquí sucede, porque no son solo conferencias: son experiencias que transforman, son instantes donde algo profundo toca a las personas.

Al inicio fue un poco renuente —quizás no veía la magnitud—, pero finalmente accedió a que nuestro videógrafo viajara a Chile y Argentina, que eran las siguientes paradas de la gira. Y ahí comenzó otro capítulo: no solo hablar en escenarios, sino contarle al mundo lo que estaba pasando.

Viajamos a Argentina para la conferencia que se había programado, y otra vez estábamos en la misma incertidumbre: ¿qué tan conocido era yo en ese país? Sí, recibía mensajes a diario en redes sociales, comentarios muy bonitos de gente diciendo: "Cuando vengas a Argentina, ahí voy a estar", pero los mensajes no siempre se traducen en sillas ocupadas.

Cuatro días antes del evento, el promotor nos llamó:

—No se ha vendido un solo boleto.

Sentí un piquete en el estómago: "¿Cómo? ¿Ni uno? Todos los días me escriben, esto no tiene sentido". Le respondí con calma:

—No puede ser. No te creo. Habla otra vez con el de la taquilla, algo está mal.

Horas más tarde, se descubrió el error: el encargado de la taquilla había dado un reporte equivocado. La realidad era otra. No solo había boletos vendidos: el evento estaba *sold out*. El impacto fue tan grande que abrieron una segunda fecha para el día siguiente. También se llenó. El entusiasmo fue tal que terminamos haciendo tres presentaciones en dos días.

Lo que cuatro días antes parecía un fracaso anunciado, se convirtió en una victoria contundente de la gira. La fe siempre se pone a prueba en la antesala del milagro.

"Donde sea, como sea, **pero juntos**".

Anyha Ruiz

Anyha

En Chile, Daniel grabó uno de sus videos más virales: *Los envidiosos*. Lo hizo allí porque muchos de sus conocidos, al ver el éxito de sus giras, empezaron a atacarlo y a distanciarse. El Palacio de La Moneda se convirtió en escenario. Era su manera de decir: "Ustedes siguen allá, criticando desde la comodidad de la silla, y yo estoy a miles de kilómetros, en otra tierra, haciendo lo que muchos no se atreven. Y les guste o no, no me van a detener".

Después vino Bolivia. Otro examen de nuestra capacidad para manejar imprevistos. El recinto quedaba muy muy lejos del hotel y el tráfico era un caos total. Habíamos dormido cuatro horas y llegamos con el tiempo contado, así que le dije a Daniel que siguiera su camino y descansara mientras el videógrafo y yo revisábamos el lugar. Cuando llegamos, nos quedamos con la boca abierta: el sitio apenas se sostenía. El videógrafo conectó la computadora para hacer pruebas y descubrimos que no había pantalla, solo una lona gigante mal colgada, que del otro lado estaba impresa con una publicidad que seguramente algún día había sido una valla. Quedaban apenas unas horas para la conferencia. Llamé al promotor:

—Necesito ver a tu *production manager*.

—Ahorita va —me contestó.

—¿Y tú dónde estás? —le pregunté.

—Ahorita voy.

Pero nunca llegó. Me colgó y dejó de contestar. No había nadie. De repente, apareció un tipo diciendo que él "nos iba a ayudar a picar los botones". Yo me quería morir: estábamos a dos horas del inicio. Le dije al videógrafo que teníamos que resolverlo como fuera. Ajustamos la lona, improvisamos la proyección, metimos mano en cables, mientras yo pensaba: "Esta conferencia tiene que salir bien o nos van a linchar aquí mismo". El camerino era un cuarto de 2 metros, con media cortina de plástico y un lavadero sin agua. Y yo, en medio de todo, respirando hondo para no contagiarle el caos a Daniel. Dio la conferencia y salió impecable. Terminamos y salimos corriendo, porque teníamos un vuelo a las cuatro de la mañana. Nos fuimos directo al aeropuerto.

Como esa, tuve decenas. Siempre al frente de la logística, pidiendo confirmaciones de vuelos que me mandaban incompletas, peleando por cambios de última hora, lidiando con promotores que pensaban que podían aprovecharse. Incluso llegué a toparme con firmas falsificadas y pagos de fantasía. Aprendí a leer personas en segundos, a negociar con calma y a encontrar soluciones donde aparentemente no había nada. Con el tiempo, se convierte en un sexto sentido: basta una mirada o un silencio para saber si alguien viene a sumar o a sabotear, si la propuesta es real o un anzuelo.

Ser mujer en estos espacios me obligó a perfeccionar esa habilidad. Porque sí, hay pillos que creen que pueden engañarte solo porque sonríes. Y también están los que piensan que, por ser la esposa del conferencista, eres la parte "decorativa" del proyecto. Pero este aprendizaje no se adquiere en un curso ni se memoriza en un manual: se cincela a golpes. Y, con todo, lo volvería a vivir, porque me enseñó a liderar desde un lugar que no depende de los aplausos, sino del carácter.

La Escritura está llena de ejemplos de este tipo de liderazgo femenino. Sin Débora, que se atrevió a gobernar cuando la voz de una mujer era apenas un eco, Israel no habría encontrado esperanza en medio de la guerra (Jueces 4). Sin Ester, que supo interceder en silencio y con astucia, el pueblo habría sido exterminado (Ester 7). Sin María, que guardaba en su corazón lo que aún no entendía, la redención habría tenido otro rostro (Lucas 2:19). Ninguna de ellas buscó primero los reflectores; buscaban cumplir un propósito.

La lección es clara: el poder femenino en la narrativa bíblica no se sitúa en la periferia, sino en el núcleo del propósito divino. Allí donde la cultura minimiza, la teología confirma: sin nosotras, la historia de la salvación sería incompleta. Quien cree que una mujer en el llamado de Dios es un accesorio no ha entendido ni la Biblia ni la vida. La fuerza de una mujer no adorna la misión: la vuelve posible.

Apégate a tu plan

Apégate a tu plan, no a tus emociones. Suena duro, pero no lo es. Es una forma de no traicionarte a ti mismo en esos días en los que todo parece más grande que tú. Sobran los días en los que nada tiene sentido. Días en los que te preguntarás para qué tanto esfuerzo, para qué seguir si no ves resultados, si nadie parece notar tu avance, si tus ganas se desmoronan apenas amanece. Vas a tener días en los que tu peor versión sea la protagonista. Vas a sentir que no puedes, que no quieres, que no vale la pena. Y ahí es cuando entra el plan. El plan es tu ancla. Tu salvavidas emocional. Es esa estructura que construiste cuando estabas lúcido, esperanzado, con la mirada clara. Es la ruta que diseñaste en un momento de visión, no en un momento de mierda.

Aunque tus emociones sean intensas, no siempre dicen la verdad. A veces son el reflejo de un mal dormir o de una conversación que te dejó la garganta apretada. A veces vienen del miedo disfrazado de intuición o del cansancio vestido de sabiduría. Pero no todo lo que sientes es guía y menos si llevas años

viviendo por los humores del día. No es sabio orientarte de esa manera.

Por eso, no te apegues a cómo te sientes hoy. Apégate a lo que decidiste cuando estabas en calma. Los planes no se hacen para los días fáciles. Son para cuando todo se tambalea o no sale como esperabas. Hay que ser flexibles con el plan, pero tu plan es tu pacto contigo. Es ese "yo me prometí esto" que te sostiene cuando todo lo demás flaquea.

Y no hablo de forzarte a ser una máquina. No se trata de reprimirte, ni de ignorarte. Se trata de darte estructura cuando todo dentro de ti quiere huir. De respetar tu proceso, aunque tus ganas no estén presentes. La disciplina es una de las más hermosas formas de amor propio que yo conozco. Esa forma de no rendirte ante una emoción pasajera que quiere decidir por ti.

Apégate a tu plan, no porque seas un robot, sino porque eres un ser humano que necesita algo estable cuando el mundo interno está nebuloso. Porque si cada vez que algo te duele te detienes, vas a vivir atrapado en círculos. Vas a empezar muchas veces y a terminar muy pocas.

Y ojo: el plan puede cambiar. No se trata de ser necio. Pero no lo cambies por la angustia ni por la frustración. Cámbialo por la revisión, no por la rabia. Por el aprendizaje, no por el cansancio. Si hoy no puedes con todo, haz lo mínimo. Pero hazlo. Sostente, aunque sea con las *fucking* uñas. Esas uñas mañana se convierten en puños. Y luego en piernas.

Apégate a tu plan. No a tu miedo. No a tu hastío. No a la crítica ajena ni a tu autosabotaje. Apégate a tu propósito. A esa razón que te sostuvo cuando empezaste. Tu cuerpo no siempre va a tener fuerza. Tu mente no siempre va a tener claridad. Pero si tu compromiso se mantiene, vas a llegar. Tal vez más lento. Tal vez distinto. Pero vas a llegar.

Los que llegan no son los que sienten más. Son los que, a pesar de toda la mierda, se apegan y no se desvían del camino que Dios puso en sus corazones y marcó en su Palabra.

Capítulo 15

La esperanza también tiene logística

Daniel

> Por años empujamos a punta de fe, urgencia y obediencia. Hasta que llegó un instante en que la visión nos pidió estructura. Hay que ser muy sofisticado para no confundirla con burocracia y no volverse lento entre listados interminables de procesos. Pero también es cierto: necesitas la estructura por amor a lo que sostienes y a lo que se te ha encomendado. Si el mensaje es sagrado, el método debe estar a su altura. El mal es muy profesional; el bien tiene que serlo aún más.

Al principio fue apenas un orden mínimo: contratos que dieran certeza, agendas que pusieran límites al caos, *playbooks* (guías de procedimientos) para apagar incendios técnicos y un equipo que dejó de ser intermitente o un favor solidario para convertirse en una organización pequeña, eficiente y viva. Aquello que habíamos iniciado entre dos empezó a latir como un cuerpo con funciones claras y responsabilidades que ya no podían posponerse. Parte del salto fue contar con un equipo de *management* que nos ayudó a conquistar mejores y nuevos horizontes; hasta el día en que escribo esto, siguen con nosotros y son familia.

Considero que en lo operativo maduramos en tiempo y forma, y que lo esencial lo quisimos mantener igual: orar antes de cada *post*, cada *show*, cada decisión. En esta casa se ora todo el tiempo y por todo. Y aunque contábamos con un equipo sólido, no quería dejar de poner la entraña: editábamos de madrugada, afinábamos detalles hasta la excelencia. Tal vez es un poco romántico, pero nos repetíamos que ningún reflector valía la pena si el corazón se nos secaba en el proceso. Así fue como decidimos ser unos intrusos, unos topos que se filtrarían con las buenas nuevas en escenarios donde nadie quería escuchar el mensaje del Eterno.

La gira creció tanto que terminamos recorriendo cientos de ciudades en toda Iberoamérica en un solo año. La audiencia se multiplicó, y con ella, las exigencias. Entonces la tentación de improvisar se volvió un lujo peligroso. La fe que no se organiza se desgasta. Muchos que aman a Dios lo dejan todo en esa frase, poderosa pero incompleta que dice: "Dios lo hará". Sí, Dios hace lo imposible, pero lo posible nos corresponde a nosotros. La esperanza rinde cuando tiene una agenda; el talento florece cuando encuentra orden y bordes; y el amor —si de veras quiere permanecer— necesita rituales que lo protejan de un mundo que no lo quiere vivo ni poderoso.

El resultado de todo esto proviene de ejecutar lo sagrado no con frialdad, sino con fidelidad. Hay que ser insensatos para desperdiciar el soplo del Espíritu Santo. Jesús mismo lo mostró: después de ser bautizado en el Jordán, no salió a predicar sin rumbo; pasó 40 días en el desierto, fortalecido y probado, hasta estar listo para ejecutar su misión. Moisés recibió una visión, pero también instrucciones detalladas para levantar el tabernáculo. Nehemías no solo lloró por Jerusalén, también levantó planos, asignó vigilias y repartió tareas para reedificar los muros. Pablo, aun moviéndose en la fuerza del Espíritu, diseñaba rutas de viaje, escribía cartas y organizaba comunidades. La visión celestial siempre reclamó orden en la Tierra. La estructura correcta resguarda la bendición. Si los cimientos se sostienen con disciplina, todo lo demás puede respirar mejor y sin miedo.

Y al mismo tiempo, cuando tu socia es tu esposa, necesitas levantar muros que resguarden lo íntimo. Porque al ser una sola carne, ya no atacan a dos: atacan a una sola estructura. Esa estructura nos permitió sostener lo inconcebible. Sin disciplina moral y profesional, el corazón se nos habría reventado bajo el peso de los sueños. Pero con ella, lo contrario ocurrió: el mensaje viajó más lejos, tocó más vidas y abrió puertas que jamás imaginamos.

Fue así como recibimos una invitación que nos marcó para siempre: participar en el concierto Venezuela Aid Live, un evento histórico que tendría lugar en febrero de 2019 en la frontera entre Colombia y Venezuela, que buscaba levantar no solo fondos, sino conciencia, esperanza y unidad frente a la crisis humanitaria que atravesaba el pueblo venezolano. Anyha fue la responsable de que dijéramos que sí. Ella conocía mi amor por Venezuela desde mucho antes de que existieran las redes sociales. Cuando llegó la invitación, yo hice muchas preguntas, demasiadas, quizá. El simple hecho de ir era un reto titánico en todos los sentidos: la frontera colombo-venezolana era una tierra en ebullición. Pero Anyha me dijo:

—Daniel, no se trata de hablar: se trata de que, como puedas, levantes la voz por un pueblo que amas con el alma. No importa nada más.

Un micrófono en la mano es una responsabilidad que puede sacudir conciencias o desperdiciarse en vanidades. Pero si el mensaje proviene de las entrañas y está envuelto por el poder de Dios, las palabras hacen historia. Y allí, en medio de artistas gigantes, de líderes, de cámaras y de tensiones políticas, mi equipo y yo recordamos por qué habíamos dicho que sí a esta vida: para sembrar esperanza en los lugares donde parecía prohibida.

“La excelencia
no aplasta la fe:
la potencia”.

Daniel Habif

Anyha

Recibimos la invitación en medio del torbellino de la gira. Era una de esas llamadas que no puedes anticipar: nos pedían sumarnos a Venezuela Aid Live. Desde el primer instante supe que no era un compromiso artístico, sino un acto espiritual. Sabía que Daniel sería usado. No era ir como conferencista, tampoco como un nombre más en el cartel. Tenía que ir como un hermano de ese pueblo, a prestar su voz y a pararse frente a miles de corazones heridos para recordarles que no estaban solos, que su dolor era visto y que su resistencia tenía voz más allá de sus propias fronteras.

Las condiciones eran claras y casi absurdas: "Lleguen como puedan. Páguense ustedes todo. Tienen aproximadamente cinco minutos para dar un mensaje. No sabemos bien a qué hora ni en qué momento. Nosotros los recogemos y los regresamos al hotel, pero hasta ahí". No era un panorama prometedor; pudieron haber pasado mil cosas. Pero no iba a ser yo quien aplicara la de Jonás huyendo de Nínive. Muchos habrían dicho que no. Para mí era obediencia.

El viaje estuvo cargado de tensión. Las noticias hablaban de bloqueos, de intentos por impedir el paso de la ayuda, de un ambiente dividido y electrizado. La atmósfera era de urgencia. Todo el tiempo pensaba en una frase: "La esperanza también tiene logística". Así como habíamos ordenado nuestra propia visión, ahora nos tocaba poner en orden nuestra fe para servir en un escenario mayor. Gracias al equipo de *management* logramos coordinar todo y que fuera posible llegar; de otra forma no lo habríamos logrado jamás.

Cuando llegamos, el ambiente era indescriptible. Una mezcla de dolor y celebración, de llanto contenido y una alegría feroz. La gente no iba a un concierto; iba a levantar los pedazos de la dignidad de un pueblo. Desde el escenario se veía un mar de personas y algunas banderas ondeando. Los ojos de los asistentes no pedían entretenimiento: pedían que alguien gritara junto a ellos lo que el mundo no quería escuchar.

Habíamos salido de Ciudad de México casi catorce horas antes, entre vuelos, escalas, esperas y recorridos. Durante ese trayecto, Daniel comenzó a escribir el mensaje que quería dar ese día. Lo vi sumergido en la escritura: oraba y escribía, oraba y escribía. Usaba la computadora, el celular, servilletas. En un lado ponía una frase, en el otro, una idea. Terminó de escribir en la camioneta, camino al lugar del concierto. Nos recibió un equipo en el aeropuerto y nos llevaron directo al sitio. Organizar y levantar un evento así requería una maquinaria inmensa y aceitada, sumándole el reto de que, del otro lado, una tiranía tenía a todos bajo la mira. Yo sabía que Daniel podría correr peligro y que, después de ese momento, se convertiría en un objetivo más para la dictadura.

No hubo ensayo. Solo oración, y el pulso de Dios guiando su garganta. El *backstage* era un desfile de estrellas de la música, pero el único que hablaría sería Daniel: todos los demás cantarían. Nos avisaron que, en algún espacio entre los diferentes *shows* sería su turno. Cuando por fin dijeron "ahora", sentí la vibración en el suelo antes que en el pecho. Daniel entró con su iPad en la mano y se paró detrás de un atril que habían colocado en el centro del escenario frente a más de 150.000 personas que no sabían lo que estaban a punto de escuchar.

Daniel

Al tomar el micrófono me temblaban las manos. No de miedo, sino por la magnitud del momento. Sabía que cada palabra podía convertirse en un abrazo para quienes habían perdido familia, casa o futuro. Sabía que no era yo, que el verdadero protagonista era el espíritu indomable de Venezuela. Dije lo que ardía en mi pecho, palabras que llevaban semanas gestándose en mis oraciones, y por un instante sentí que el Cielo entero se inclinaba hacia esa frontera.

Lo que salió de mí fue un derrame de mi alma. Cerré con un "¡Venezuela… ruge, ruge, ruge!", y el público rugió de vuelta. No alcanzan los adjetivos. Lloramos todos. Bajé temblando, temblábamos juntos. En el aeropuerto supimos que estábamos en todos los noticieros. Esa noche, un millón de personas se sumaron a mis redes.

Lo que dije no se quedó en esa tarima: se filtró en celulares, en cadenas de WhatsApp, en titulares de periódicos. Algunos lo recibieron como un bálsamo; otros, como una amenaza. No hay discurso que mueva multitudes sin incomodar poderes. Cuando el mensaje es auténtico, la censura siempre llega tarde. No importa cuántos muros levanten: la esperanza encuentra grietas para filtrarse. Y desde entonces, cada vez que hablo con un venezolano regreso mentalmente a esa frontera, a ese rugido colectivo, a esa lágrima compartida.

Venezuela, lo digo con el corazón abierto: te amo, y te agradeceré eternamente por permitirme formar parte de tu herida y de tu esperanza. Ese día quedaste tatuada en mí. Mi corazón sigue teniendo forma de arepa.

¡RUGE, **VENEZUELA!** *Daniel Habif*

Anyha

Ese mismo día nos regresamos desde Cúcuta a México. Daniel tenía una participación en un festival de *rock*, presentando su proyecto de poesía con músicos en vivo. Cuatro vuelos en dieciséis horas para llegar a Guadalajara y dar un *show* de 60 minutos. Pero más allá del cansancio, ese día marcó algo irrepetible: fue el día en que Venezuela y Daniel se unieron para siempre, por encima de geografías, ideologías y fronteras. Desde entonces, su historia no se entiende sin este hermoso pueblo. Ese día, Daniel y Venezuela compartieron un "acto de reconocimiento mutuo": el pueblo lo recibió como propio y él asumió la causa como parte de su identidad. No importaba la nacionalidad de Daniel ni la circunstancia política de Venezuela; lo que prevaleció fue la conciencia de una hermandad que trasciende hasta hoy.

Luego de esta experiencia, con los años, la visión se transformó. Lo que comenzó con oraciones terminó convirtiéndose en un movimiento que cruzó fronteras, lenguas y corazones. No me gusta hablar de cifras como trofeos, pero no se puede negar que son parte de la huella de este camino: más de 500 conferencias en 170 ciudades de 30 países. Cientos de aeropuertos, carreteras y escenarios, siempre con la misma convicción: el mensaje debe llegar entero, desnudo y sin diluirse.

Después de Venezuela Aid Live, nada volvió a ser igual. La voz que llevábamos años sembrando empezó a resonar en arenas cada vez más grandes. El mensaje rebasó los auditorios y también se plasmó en páginas. Tres libros —*Inquebrantables*, *Las trampas del miedo* y *Ruge*— siguen recorriendo el mundo, vendiendo cientos de miles de copias y sembrando palabras allí donde parecía que ya no había esperanza. Hoy, con más de 35 millones de seguidores y más de mil millones de vistas en video, sigo creyendo lo mismo: lo único que tiene sentido es aquello que conmueve, que transforma y te acerca a Dios.

Daniel, es un hombre exitoso, pero a él le gusta decir que es un hombre asombrado. Asombrado de que aquel niño terminara hablando en auditorios llenos, escribiendo libros que recorren el mundo, levantando la voz en foros internacionales y sosteniendo, junto a mí, una vida que nunca ha dejado de ser un laboratorio de fe.

Daniel

Con cada logro también llegaban pruebas más complejas, como si la vida cobrara intereses por cada aplauso. Uno de los episodios memorables nos ocurrió en Medellín. El teatro estaba abarrotado: más de 3.500 personas listas para Rugir. El ambiente encendido, las expectativas altísimas. Se corrió el telón, rodó el video de presentación, salí al escenario y grité:

—¡Buenas noches, Medellín!

El público respondió, pero de pronto una voz comenzó a expandirse:

—¡No se oye! ¡No se oye!

El sonido colapsó. Intentamos arreglarlo. Volví a hablar:

—¡Buenas noches, Medellín!

Y otra vez:

—¡No se escucha! —Pero ahora lo decía la mitad del recinto.

Yo sabía que si dejábamos a la gente esperando, la noche podía convertirse en un tremendo desastre. El público había pagado, había viajado, había esperado con ansias ese momento. Y ahora, todo se desmoronaba por un fallo técnico.

Anyha

Yo estaba en camerino, con el equipo de *management* y los promotores, escuchando la desesperación en el recinto. Sentía cómo la presión crecía en mi pecho. Sabía que Daniel estaba allá afuera, midiendo en segundos qué hacer. Bendito Dios ya no era yo sola, había un equipo robusto y preparado. Pero una cosa es resolver lo técnico —luces, cables, horarios, pantallas— y otra muy distinta es sostener, en el momento exacto, a un público que puede levantarte o, con la misma facilidad, acabarte ahí mismo. Esos momentos son los que miden la grandeza de un comunicador.

Daniel

Me acerqué al micrófono, respiré y solté lo primero que me salió del corazón:

—No sé si podamos arreglar esto ahora mismo, pero lo que sí voy a hacer es quedarme aquí toda la noche y abrazarlos, uno por uno.

El silencio fue absoluto. Nadie se movió. Pensé que muchos se irían, que se enojarían, pero se quedaron todos. Y ahí empezó algo que nunca olvidaré: abrazos, fotos, miradas, pequeñas conversaciones que parecían eternas, aunque duraran segundos. Desde las ocho y media de la noche hasta las dos de la mañana, sin detenerme. Tres mil quinientas personas, una tras otra. Terminé con una costilla rota por el apretón de un hombre que me abrazó con tanta fuerza que casi me deja sin aire.

Esa noche no hubo conferencia, pero hubo algo mucho más grande: comunión. Transformamos lo que parecía un fracaso en una victoria que no cabe en ningún escenario. Lo que nos define no es lo que hacemos cuando todo sale bien, sino lo que decidimos cuando todo parece venirse abajo. Y yo decidí quedarme.

"Mucho de lo más importante en la vida **cabe en un abrazo**".

Daniel Habif

Anyha

> Después de Medellín, la gira por Colombia tomó otra dimensión. Nos presentamos en 16 ciudades, y en cada una la gente llegaba con la memoria de lo ocurrido aquella primera noche. El rumor corría: "Abraza muy fuerte".

Los recuerdos más poderosos no los fabrican las luces ni los aplausos, sino los gestos que parecen imposibles: quedarse cuando otros se irían, dar más de lo que se espera, abrazar hasta el cansancio. La gira por Latinoamérica dejó de ser solo una serie de escenarios y fechas para convertirse en un movimiento de carne y espíritu. Ese cruce entre palabra y acción generó lo que se conoce como capital de confianza: una legitimidad que no nace de la fama, sino de la coherencia.

Y esa coherencia, en el fondo, es la que convierte un itinerario de presentaciones en un movimiento cultural. Porque cuando el discurso coincide con los actos, lo que se transmite ya no es únicamente un mensaje, sino una manera de vivir.

Daniel

Con el tiempo llegaron escenarios que, de joven, me parecían imposibles: el Auditorio Nacional en México, el Movistar Arena de Bogotá, el mítico Luna Park en Argentina y el Radio City Music Hall en Nueva York, donde tuve el honor de convertirme en el primer *speaker* latino en llenarlo por completo. Catorce años antes de ese *show* me tomé una fotografía afuera del recinto. Estaba en la ciudad por trabajo, y en la noche, después de cumplir, salí a caminar y le pedí a una persona que me tomara la foto. Se la envié por correo a Anyha con un mensaje que decía: "Algún día yo trabajaré aquí". No sabía de qué, si vendiendo palomitas o grabando un *show*, pero sellé la promesa. Catorce años después estaba haciendo *sold out* en ese lugar.

Cuando caminé por ese escenario, al salir me dio un ataque de pánico. Me quedé mudo por un minuto, olvidé todo lo que tenía que decir y lo único que salió de mi boca fue:

—¡Mierda!

En ese instante pensé en el niño que fui, lleno de miedos y dudas. Pensé en las veces que no había dinero, en las traiciones, en los diagnósticos, en las lágrimas y, mientras repasaba todo eso, me di cuenta de que estaba perdiéndome de un enorme momento de mi vida. Alcanzamos el sueño y, cuando lo tenemos frente a nosotros, nos distraemos con cualquier otra cosa menos con disfrutarlo. La sensación de éxtasis al recuperar la consciencia me duró apenas un minuto, después respiré, me afirmé en el suelo y cumplí con mi trabajo.

Lo de la foto no fue magia; fue dirección. Cuando visualizas de forma concreta (lugar, fecha, acción) y lo unes a una intención de implementación ("Cuando esté ahí, haré…"), tu mente genera huellas de futuro: filtros de atención que detectan oportunidades, fortalecen la autoeficacia y disparan conductas acordes a la promesa. La oración —en nuestro caso, cotidiana— actúa como calibración: no solo imaginas el destino, alineas el motivo. La visualización sin propósito puede inflar el ego; la visualización consagrada (puesta en manos de Dios) ordena el deseo, sosiega la ansiedad y convierte la expectativa en disciplina. No "atraes" el escenario por pensarlo: te conviertes en la persona capaz de servir en ese escenario. La fe no sustituye la práctica, la intensifica. Y en corto: no te amenaces con tus promesas, cúmplelas hasta que te definan.

Si te preguntas cómo se sostiene tanta presión sobre unos hombros que solo querían hablar del alma, la respuesta siempre ha sido la misma: porque no la cargamos solos.

"Lo que más me gusta del camino **es tomar tu mano**".

Daniel Habif

Anyha

Y como si eso no bastara, después de tres giras internacionales, Daniel fue invitado a escenarios como los Latin Grammy, Premios Juventud y Premios Soberano, y compartió tarima con presidentes, gobernadores, empresarios y líderes internacionales, desde Barack Obama hasta Richard Branson, desde Óscar Arias hasta Ken Segall. Después vinieron reconocimientos repletos de honra: la bandera de los Estados Unidos izada en el Capitolio de Washington en su honor, el nombramiento como el *speaker* más influyente de habla hispana, y homenajes que llegaron desde Europa hasta Sudamérica. En el camino, trabajamos con más de 125 compañías y 150.000 empleados.

Y si me preguntan dónde escuché más fuerte al Cielo, responderé: en Fundación Freedom. Ahí no hay *likes*, no hay reflectores, solo rostros que ya no esperan nada del mundo. Y, sin embargo, cuando una víctima te dice "hoy decidí perdonar", todo se vuelve sacramental. Formamos parte del patronato y mesa directiva de esta fundación, con la cual, hasta el día en que escribo esto, se han logrado rescatar más de 400 niños de la trata y explotación sexual infantil.

"La venganza destruye, **pero el perdón es DEVASTADOR**".

Anyha Ruiz

La fundación trabaja en prevención, intervención, justicia y rehabilitación, en coordinación con autoridades, sociedad civil y organismos internacionales.

También hicimos una gira llamada "Por la libertad del alma". No hubo patrocinadores, ni cámaras, ni boletos en taquilla: la financiamos nosotros. Con nuestras manos llevamos lo que teníamos a diferentes cárceles de la Ciudad de México. Nos esperaban hombres, mujeres y jóvenes entre muros saturados de historias rotas.

Daniel habló con internos de todo tipo: endurecidos por la violencia, con historias crueles hasta la médula y miradas cargadas de tragedia. También se acercó a sus familias: mujeres que esperan tras una reja con la misma fe con la que otros esperan un milagro. Incluso buscó a las víctimas, porque entendimos que nadie queda fuera de la telaraña del delito.

Para mí, lo más difícil fueron las cárceles de mujeres. Ahí descubrí una dimensión distinta de la fragilidad humana: madres que cargan la culpa de no estar con sus hijos, jóvenes atrapadas en redes de trata o narcotráfico, abuelas olvidadas por los suyos. Entrábamos sin teléfonos, sin posibilidad de distraernos: el único espejo era la mirada de quienes, a pesar de todo, aún respiraban.

Daniel

> Las cárceles son un espejo incómodo de la sociedad. Lo que experimentamos en estas visitas mostró el otro lado de esa moneda: en medio de la maquinaria del castigo, todavía late la posibilidad de redención. El encuentro con los reclusos nos obligó a revisar el concepto de *libertad*. La libertad no siempre es la ausencia de barrotes; puede ser también una disposición del alma. Los espacios liminales —aquellos donde la persona está entre lo que fue y lo que aún no es— abren la posibilidad de una transformación radical. Y pocos lugares son más liminales que una celda: ahí conviven la derrota más absoluta con la opción de un renacimiento.

Yo entendí en ese lugar que, al menos, los internos son conscientes de sus propias cadenas, nosotros no. Ellos saben que están presos, nosotros caminamos en cárceles invisibles: el rencor, la vanidad, el miedo, la codicia, el resentimiento. Afuera se puede vivir con barrotes más severos que los de hierro y con condenas más largas que las dictadas por un juez.

Cuando una víctima decide perdonar, cuando un preso decide escuchar, se produce un acontecimiento social que ningún tribunal puede decretar: la reconciliación de lo humano consigo mismo. "Por la libertad del alma" no fue solo una gira, sino una declaración ética: el alma también merece salir de la cárcel, incluso si el cuerpo sigue dentro. Y ese tipo de libertad, paradójicamente, se escucha más fuerte en el lugar donde pareciera imposible: detrás de los barrotes.

"Nadie queda lejos **de la redención de Cristo**".

Daniel Habif

Anyha

Podemos sentirnos agobiados, pero nunca exhaustos. Aunque el exceso de trabajo nos fatigue, seguimos amando lo que hacemos. Hoy miro hacia atrás y sé que no tuvimos un ascenso meteórico, y tremenda bendición que así fue. El éxito a fuego lento nos protegió de la soberbia y de la ilusión de que es eterno. Lo mejor que nos pasó fue no alcanzar la cima de manera inmediata. En su momento lo vivimos como un golpe seco, pero con el tiempo entendimos que fue la piedra angular de nuestro crecimiento. Más de tres décadas de lucha constante nos enseñaron a no bajar la guardia y a desarrollar la resiliencia necesaria para sostener un proyecto de vida compartido.

Vivimos en una sociedad que idolatra lo instantáneo, lo inmediato, lo que promete resultados rápidos. Sin embargo, el camino largo y arduo no es un contratiempo, sino una escuela. Los atajos aparentan eficiencia, pero son los senderos sinuosos los que forman carácter y preparan el corazón para resistir el peso del éxito cuando finalmente llega.

Ese ritmo lento nos obligó a cultivar paciencia y perseverancia. Lo que otros llaman demora, nosotros lo vivimos como entrenamiento. El crecimiento gradual también nos regaló una sana terquedad: la capacidad de levantarnos tras cada tropiezo, de aprender de los errores y de corregir sin que cada caída se convirtiera en un desastre. Esa plasticidad, ese músculo de adaptación, es algo que el éxito rápido rara vez permite desarrollar.

Además, el no tener un ascenso inmediato nos protegió de la complacencia. Cuando los frutos tardan en llegar, uno permanece más conectado con la realidad y más agradecido con lo alcanzado. Este agradecimiento es la base de nuestra ética de trabajo y el antídoto contra la arrogancia.

Daniel

Todo esto necesita de un equipo. Pasamos de la improvisación del "a ver cómo sale" a la construcción de un sistema vivo. Creamos manuales de crisis, *SOP* (manuales de procedimientos), *checklists* y hasta formularios de "paz operativa". Le pusimos nombre a lo invisible: honra al *staff*, descanso rotatorio, presupuesto de contingencia, métricas claras. La excelencia no nace de la inspiración, sino de la disciplina de organizar lo que parecía intangible. Un equipo capaz de sostener una visión requiere que cada área tenga identidad y propósito. Un mensaje no viaja solo: necesita un grupo de personas que lo proteja, lo ordene y lo haga crecer.

1. Estructura que cuida el espíritu

Los *SOP* (*standard operating procedures*) son indispensables para que un proyecto no dependa de la improvisación. Pero descubrimos algo clave: el procedimiento no puede asfixiar la presencia.

La estructura debe servir al espíritu, no al revés. Cada manual, *checklist* o protocolo debe liberar tiempo y energía para lo esencial —la conexión con las personas— y no convertirse en un ídolo burocrático. La academia lo llamaría *institucionalizar sin deshumanizar.* Reglas claras al servicio de la experiencia y no a costa de ella.

2. Tres filtros antes de decir "sí": propósito, paz y pacto

En un proyecto, lo más difícil no es abrir puertas, sino discernir cuáles conviene cruzar. Cada invitación puede sonar valiosa: un escenario nuevo, una alianza estratégica, una oportunidad que otros desearían. Pero no toda oportunidad es misión; algunas son distracciones bien disfrazadas. Para no caer en la trampa de la obligación presentada como bendición, establecimos tres filtros. El *propósito* nos exige preguntarnos: ¿para qué este evento? Más allá de la exposición o el prestigio, ¿qué fruto busca Dios aquí? El propósito es el eje que ordena las energías; sin él, el trabajo se convierte en desgaste. La *paz* es el segundo filtro, no teórico, sino existencial: ¿se siente correcto ahora? No en el papel ni en las proyecciones, sino en el corazón y en la oración. La paz no es ausencia de conflicto, sino confirmación de cobertura —espiritual, emocional y logística— para dar ese paso. Cuando la ansiedad, la división o el desorden son la primera reacción, lo entendemos como una señal clara de que no es el momento. En palabras bíblicas, la paz es "El árbitro de nuestros corazones" (Colosenses 3:15). El *pacto* es, quizá, el más práctico y humano de los filtros: ¿esto fortalece o erosiona nuestros acuerdos? Los pactos son claros: cuidar a la familia, proteger la salud, no quemar al equipo, sostener la cultura. Si un evento promete ingresos pero implica sacrificar lo esencial o imponer un desgaste desproporcionado, la respuesta es no. El pacto es recordatorio de que ningún escenario vale la pena si destruye el núcleo desde donde se sirve.

El "sí" es un arma poderosa: cada uno implica tiempo, energía y alma. El propósito muestra el para qué, la paz indica el cuándo y el pacto recuerda el con quién y el hasta dónde. Si una oportunidad no

“La envidia te hará odiar gente **de la que deberías estar aprendiendo**”.

Daniel Habif

pasa por los tres filtros, es mejor soltarla. Los filtros no son infalibles. A veces alguien logra superarlos todos y, aun así, se revela como un pillo; otras veces, simplemente nos equivocamos. Pero incluso en esos tropiezos, el marco de los filtros nos ha sostenido, porque nos ayuda a permanecer coherentes: ahí donde vida y misión siguen siendo una sola cosa.

3. Contrato de cultura

Más allá de los contratos legales, escribimos uno simbólico: cómo nos hablamos, cómo descansamos, cómo honramos el trabajo del otro. Si un equipo se grita, se quiebra; si se honra, se multiplica. El contrato de cultura es el antídoto contra la erosión de las relaciones internas.

4. Métricas mixtas: lo medible y lo infinito

Medir solo números es miope; medir solo experiencias es ingenuo. Por eso combinamos ambas dimensiones: entradas vendidas + testimonios recibidos, alcance digital + historias de transformación. Así balanceamos lo cuantitativo con lo cualitativo, porque la verdadera evaluación de impacto incluye lo que puede contarse y lo que solo puede narrarse.

5. Economía de la honra

Nuestra práctica se resume en tres reglas simples: paga justo, reconoce en público y corrige en privado. La honra no se da en secreto y el error no debe convertirse en espectáculo. Más que un gesto ético, esto es inversión: los equipos que se sienten honrados sostienen con más amor la visión que defienden.

6. Memoria: todo se documenta

Cada error, cada acierto, cada *checklist* se registra. No confiamos en la memoria personal, sino en la memoria institucional. Plantillas, lecciones aprendidas, manuales de producción: todo queda escrito.

Documentar es amar el futuro, porque les das a otros la posibilidad de no tropezar con las mismas piedras.

7. Ciclos de reseteo

Una gira puede devorar a su propio equipo si no se establecen pausas. Creamos ciclos de reseteo: semanas sin giras dedicadas a recuperar la humanidad. La productividad sostenida no depende de no parar, sino de saber cuándo detenerse. Lo que no descansa se rompe.

8. Límites sin culpa

Decir "no" no es traicionar, es proteger el "sí" correcto. Aprendimos a no aceptar todo, aunque pareciera una gran oportunidad. La culpa desaparece cuando entiendes que el límite es también una forma de cuidado mutuo: priorizar lo que construye y renunciar a lo que distrae.

Estas herramientas nos sirvieron para pasar de la fragilidad a la consistencia, de la improvisación al orden vivo.

* * *

En los dos capítulos finales el libro cambiará de tono: pasaremos de la inspiración a la implementación, de la visión a la práctica. Entraremos en la sección de los Acuerdos Inquebrantables de Pareja, donde todo lo que veremos se concentrará en esos conceptos: protocolos claros de convivencia, pactos que sostienen la intimidad, reglas que protegen la relación frente a terceros, ritos de reparación rápida y herramientas prácticas para resolver desacuerdos.

El objetivo es concreto: que cada lector pueda traducir estas ideas en prácticas cotidianas y obtener resultados tangibles —más confianza, menos conflictos improductivos, mayor intimidad y un vínculo emocional con raíces firmes frente al desgaste del tiempo—.

Armas gemelas

Querido, pronto encontrarás tu ARMA GEMELA. Esa persona con la que puedas vivir un reino de asombro y que te ame sin que tengas que preguntarte si mañana te seguirá queriendo. Imagina la vida como un cielo nocturno, vasto e inmutable. En este cielo, cada estrella representa una persona, un encuentro, una experiencia. Algunas estrellas brillan con una luz constante y familiar, otras parpadean en la periferia de nuestra conciencia. Pero en algún lugar, entre las constelaciones de la rutina y los cometas fugaces, hay una galaxia aún no descubierta esperando a ser encontrada, esa galaxia eres tú.

Esa persona existe, y no sabes cuánto deseo que se reconozcan pronto. Eso es ver reflejadas en otro las estrellas que no sabíamos que existían dentro de nosotros. Esa es la maravilla de las conexiones humanas y, aunque a menudo nos sentimos muy solos en nuestro pequeño planeta, hay infinitas posibilidades que están por suceder y pueden iluminar nuestras vidas.

Esto es una invitación a mantener los ojos abiertos, el corazón listo y el espíritu dispuesto a embarcarse en ese salvaje viaje hacia el encuentro con alguien que nos redescubra a nosotros mismos. Ten la esperanza, preparación y disposición para que te anticipes a ese momento. Te invito a mantener una mente y corazón abiertos a las maravillas que pueden aparecer en nuestro camino.

Tenemos el hermoso anhelo de conseguir conexiones que trascienden lo ordinario, relaciones que iluminan los rincones más tristes de nuestro ser. Ese encuentro sucederá. Mira hacia el cielo y sonríe porque te están buscando.

Capítulo 16

Parejas inquebrantables

Este capítulo es una guía de supervivencia para dos seres que decidieron amarse sabiendo que el amor es peligroso si se descuida. El propósito es concreto: lo sagrado requiere método. Las buenas intenciones no bastan; el amor necesita forma, ritmo y orden. El enfoque es simple y feroz: instrucciones para no destruir a quien juraste amar. Transformar los ideales en acuerdos, los acuerdos en rutinas y las rutinas en cultura.

No hablamos de una pareja perfecta, sino de una reparable y rediseñable, consciente de que la plenitud avanza en tres direcciones:

- Hacia adentro, donde se libra la batalla del ego, la vanidad, el orgullo y las heridas no resueltas.
- Hacia el otro, donde se aprende a cuidar sin poseer, a pedir sin humillar, a perdonar sin olvidar el aprendizaje.
- Hacia Dios, la base entre dos ruinas que deciden convertirse en arte.

Este capítulo tal vez no te salvará del dolor, pero te enseñará a no convertirlo en un castigo. No hablaremos de "felices para siempre", sino de presentes mientras haya vida. Llamémoslo disciplina sagrada. El amor, que es divino, merece un plan humano que lo opere y un sistema revisable que se ajuste según la etapa de vida.

Lo que este capítulo NO es:

- Terapia ni sustituto de atención profesional.
- Un listado de "deberes" para controlar al otro.
- Una camisa de fuerza inmutable.
- Un sistema de puntuación moral o vigilancia encubierta.
- Una invitación a aislarse o cortar vínculos saludables.
- Una invitación a "aguantarse todo" o a postergar lo urgente.

Ejes operativos de las relaciones

Comencemos identificando los cuatro ejes operativos de la relación: 1) pareja, 2) familia y entorno, 3) fe y llamado, 4) salud y trabajo, y también los principios que rigen a cada uno de ellos.

1. Pareja

- Cero ambigüedades: acuerdos explícitos, límites claros y una comunicación que prioriza la comprensión por encima de "tener la razón".
- Las conversaciones difíciles se abordan sin impulso: lo importante no es vencer al otro ni acumular victorias en las discusiones, sino fortalecer la alianza y edificarse en las diferencias.
- Comprensión antes que comunicación: primero comprender, luego hablar. Horas de diálogo no curan lo que diez segundos de verdadero entendimiento reparan.

2. Familia y entorno

- La pareja es el núcleo: a la pareja se le da su lugar, y a la familia extendida se le ponen límites. Si no puedes hacerlo, aún no estás listo para el "nosotros".
- Educar al entorno es proteger la paz del hogar: establecer fronteras relacionales que permiten a la pareja conservar autonomía afectiva y emocional.

- Una familia saludable entiende: el respeto a la pareja no es una sugerencia, sino una norma.
- No se trata de aislarse, sino de enseñar con firmeza que el hogar es territorio sagrado: ninguna decisión íntima se negocia con terceros.
- Quien no respeta los límites del vínculo pierde el privilegio de opinar sobre él: cuando las jerarquías se invierten —por ejemplo, cuando los padres o amigos influyen de forma invasiva— aparece lo que se denomina "difusión de límites".

3. Fe y llamado

- La pareja es una alianza trinitaria: no son dos, sino tres, porque Dios está en medio y funciona como punto de partida y retorno.
- La fe no se impone, se encarna; el llamado no oprime, libera.
- Discernimiento espiritual: sujeción sí, servilismo no.
- Cuando "Dios primero" se usa para exigir que traiciones tu casa, eso no es pastoreo, es control.
- La verdadera fe no pide sacrificios que destruyen el hogar, sino decisiones que lo santifican.
- Donde aparezca la manipulación, se responde con discernimiento y orden.

4. Salud y trabajo

- Primero la dignidad, luego los proyectos.
- Dignidad innegociable: ningún trabajo, socio u "oportunidad" justifica la humillación.
- Frente a la enfermedad o la crisis hay protocolos; frente a los negocios o decisiones laborales hay criterios y pactos previos.
- El éxito no se mide por expansión, sino por armonía: el trabajo que destruye la salud no es bendición, es advertencia.
- El éxito sin paz es solo otra forma de fracaso.
- El equilibrio entre salud y propósito profesional requiere inteligencia emocional y espiritualidad aplicada: saber detenerse, rendir cuentas y priorizar lo que tiene valor eterno por encima de lo que solo genera resultados inmediatos.

Acuerdos inquebrantables

Son para organizar la vida en pareja —hasta cierto punto— y hacer que el amor sea posible y manejable durante los días difíciles. Practicar y sostener estos acuerdos te convertirá en experto(a) en varias artes, entre ellas dos fundamentales: reparar y proteger. Es importante aclarar que los acuerdos no son una imposición: deben partir del cuidado deliberado del amor.

Nota de seguridad: si hay violencia física, abuso emocional grave o amenazas, no apliques protocolos relacionales. Prioriza tu protección, la red de apoyo y la ayuda profesional y legal. El amor no exige exponerte al peligro.

Acuerdo 1. Dios en la ecuación, siempre

Oramos, adoramos y servimos juntos; la fe ordena la agenda, no al revés. Dios no es un adorno espiritual ni un "extra" del domingo, es el centro de gravedad. Dios no es una cita en la agenda, es quien dicta el orden de la agenda. Si Él está en medio, la casa se endereza; si lo corremos a la orilla, todo se tambalea, aunque ambos sonrían en la foto. Hablo de un Dios que participa en la conversación, que se sienta a la mesa, que camina entre los desacuerdos y que corrige cuando la razón se vuelve soberbia.

Cuando la fe se reduce a un accesorio emocional, la pareja empieza a girar sin centro. Lo espiritual no puede ser un hábito opcional, sino un sistema operativo que define las decisiones, el tono y el ritmo del hogar. No se trata de usar Su nombre como consuelo emocional o escudo, sino de ponerlo realmente en medio: entre los miedos, las decisiones, las discusiones y los sueños. Una pareja sin oración es un barco sin brújula: puede tener velas hermosas, pero no dirección.

Orar juntos no significa recitar de memoria, sino desnudar el alma frente al otro y frente a Dios, permitir que Su presencia sea testigo del cansancio, del enojo y del agradecimiento. La adoración compartida reordena lo que el orgullo desordena; disuelve la necesidad de tener la razón y devuelve el asombro por el simple hecho de seguir vivos, de seguir aquí, intentando.

Servir juntos no es activismo religioso, es poner el amor en movimiento, recordando que toda pareja que sirve un propósito fuera de sí misma tiene menos probabilidades de consumirse hacia adentro. Servir juntos también es convertir la fe en acción dentro de la casa. Es acompañar el cansancio del otro sin preguntar por qué está tan callado, ofrecer tiempo cuando se tiene prisa, ternura cuando el otro se equivoca. Es convertir cada rincón —la cocina, el pasillo, la sala— en un lugar donde el amor se practica más de lo que se predica. Cuando ambos sirven, el "yo merezco" se transforma en "yo ofrezco"; el "tú siempre" se convierte en "nosotros también". Lo que antes era solamente tareas se vuelve la más bella adoración cotidiana: preparar café, cerrar una discusión con un beso, dejar una nota escrita antes de salir. Servir juntos es una disciplina espiritual que doma el ego y enseña a amar no desde el poder, sino desde la humildad.

Poner a Dios en la ecuación significa que las prioridades cambian; el trabajo, los hijos, las metas, todo se acomoda debajo de la voluntad de Aquel que los unió. Porque cuando la fe ordena, el amor deja de depender del humor o del cansancio. Este acuerdo no busca santidad aparente ni exige teología, solo consciencia: sin el Espíritu Santo en medio, el amor es una negociación entre dos orgullos. Y cuando el orgullo manda, hasta los sentimientos más nobles se deforman. Sin el Espíritu Santo, la pareja se convierte en un contrato emocional: se ama mientras se recibe, se perdona mientras conviene, se permanece mientras funciona. Pero con el Espíritu Santo, amar deja de ser una transacción y se convierte en transformación, porque Él garantiza que nada será en vano.

"El Espíritu Santo convierte **tu casa en taller, no en tribunal**".
Daniel Habif

Y hay algo esencial: poner a Dios en medio no significa usar Su nombre como látigo. Dios no se invoca para ganar discusiones ni para infundir miedo. Quien usa la fe para dominar deja de representar a Dios y empieza a representarse a sí mismo. La espiritualidad madura no manipula, libera. No convierte la Biblia en un arma de uso personal. Tampoco dice "Dios me habló para que cambies", sino "Dios me habló para que me revise". Cuando uno de los dos usa a Dios como argumento para someter al otro, lo que hace es desplazarlo y ponerse en Su lugar. Y ese es el error más antiguo del mundo: querer ser el juez en lugar del amado.

Dios en medio es equilibrio y gracia. Él no toma partido por uno, sino por la relación. Su voz no se usa para callar, sino para sanar. Si tu idea de fe infunde miedo, no es fe: es abuso con versículos. Por eso este acuerdo pide discernimiento: orar juntos es abrir un espacio donde ambos puedan hablar sin sentirse examinados; servir juntos no es cargar al otro con tu espiritualidad, sino construir una fe compartida donde nadie se sienta pequeño.

Cuando Dios está realmente en medio, no hay verdugos, solo aprendices del amor. Dios en la ecuación siempre, porque sin Él, la ecuación no da resultado. Si en verdad ponen primero a Dios, nunca se perderán el camino de regreso al amor.

Y si alguien lee esto sin compartir una fe o sin estar casado, que no sienta distancia. El principio es el mismo: todo amor necesita algo más grande que el ego para sostenerse. Y si aún no tienes pareja, este acuerdo también es tuyo: empieza contigo, con el modo en que te hablas cuando nadie te escucha, con la ternura con la que te corriges, con la paciencia con la que te esperas. El amor no solo se estrena con alguien más; también puedes ensayarlo en soledad.

Acuerdo 2.
Verdad y reparación hoy, no mañana

No diferimos conversaciones difíciles; reparamos antes de dormir, salvo fuerza mayor. Decimos la verdad con cuidado. Evitamos a toda costa etiquetas como "siempre", "nunca" o "eres...". Se habla en primera persona y se describe la conducta, no la identidad.

1. Situación común de comunicación cotidiana

- En lugar de decir: "Eres egoísta, solo piensas en ti" puedes decir: "Cuando me hablas de ese modo, me haces pensar y sentir que mis necesidades no te importan".

El primer mensaje ataca la identidad y genera una respuesta defensiva; el segundo describe una percepción emocional, lo que permite al otro comprender el impacto de su conducta sin sentirse anulado. Separa la conducta de la persona, expresa el sentimiento sin acusar y enfoca el diálogo en la necesidad no resuelta. Cuando se usa este lenguaje, se abre una oportunidad de conexión.

2. Situación extrema: conflicto de alta intensidad

En un escenario más profundo —por ejemplo, después de una mentira, una traición o una falta de respeto—, evita frases que absolutizan el daño, como:

- "No volveré a creerte nada, arruinaste toda nuestra historia".

Y reemplázalas por:

- "No puedo negar que estoy profundamente herida (o). No estoy lista (o) para perdonar, pero necesito escuchar tu verdad, porque si no la entiendo, no puedo cerrar esta herida con dignidad".
- "Cuando me ocultaste eso, sentí que algo dentro de mí se rompió. Estoy enojado (a), confundido (a) y necesito entender por qué, antes de rendirme".
- "Lo que hiciste me quebró. No estoy bien. No sé si quiero quedarme o irme, pero necesito que me digas la verdad sin adornos.

No para perdonarte, sino para no volverme loca (o) imaginando versiones".

En la primera versión, el lenguaje es totalizante: "nada", "arruinaste", "nuestra historia". Esas son palabras que cancelan cualquier margen de redención. Las otras frases mantienen la herida abierta sin convertirla en condena: reconocen el quiebre, piden explicación y dejan una rendija para el trabajo de reconstrucción. Esta forma de comunicación favorece la autorregulación emocional y la reparación, dos caminos que nos permiten procesar el dolor sin destruir nuestra relación ni negar la realidad.

Lo que no se dice a tiempo se pudre en el silencio, y lo que se barre debajo de la alfombra termina levantando la casa entera. Las heridas pequeñas, cuando se ignoran, se vuelven humedad: avanzan sin ruido hasta dañar los cimientos. No hay relación que sobreviva a la costumbre de dormir con la verdad atorada en la garganta.

La comunicación tiene que estar al servicio de la claridad. Por eso, en este acuerdo están prohibidos los absolutos: "siempre", "nunca", "todo", "nada". Nadie ama bien cuando se siente condenado a repetir su peor versión. Y si en verdad crees que el otro ya no puede cambiar, entonces hay que dejar de exigirle lo que ya no esperas y decidir con dignidad qué harás con esa certeza. Porque quedarse esperando un cambio en quien ya renunció a hacerlo, también es una forma de autoengaño. La verdad duele menos cuando se dice que cuando se finge.

Cuidado con la verdad dicha con soberbia: la honestidad sin amor es una forma elegante de crueldad. Las parejas inquebrantables no usan la verdad para ganar, sino para reparar.

El amor se mantiene vivo cuando los conflictos no envejecen en la cama. Reparar antes de dormir, más que una regla moral, es una hermosa práctica espiritual. Significa no dejar que el orgullo ocupe el lugar donde debería dormir la ternura.

Claro, hay veces en que el cuerpo no puede más y la mente necesita reposo. En esos casos extremos, cuando el tema necesita espacio

“Cuando dos oran, el cielo **los escucha como una sola voz**”.

Anyha Ruiz

para decantarse, el acuerdo sigue siendo el mismo, pero con otra forma: no se resuelve, solo se suspende con respeto. Se puede decir, por ejemplo: "No estoy huyendo, solo necesito espacio y silencio para no herirte. Quiero hablarlo contigo mañana, cuando haya recuperado la calma". Y el otro puede responder: "Está bien, te espero sin presionarte".

> "No somos enemigos; **estamos aprendiendo a amar**".
> *Daniel Habif*

Acuerdo 3.
Nos elegimos primero

Nuestra agenda protege lo sagrado. Amar te lleva a priorizar y a ser selectivo. Elegirnos es parte de nuestra estrategia espiritual. La agenda de la relación no se defiende solo el día del aniversario. Cuando un día dices "no pasa nada" y permites que la agenda se llene de todo menos del "nosotros", el amor empieza a convertirse en un proyecto más. Y si eso ocurre, el alma se deshidrata, y cada "no pasa nada" abre una grieta pequeña; y las grietas, si no se revisan, terminan siendo abismos.

Nos elegimos primero porque, si el pacto se quiebra, nada de lo demás se sostiene: ni los proyectos, ni los sueños, ni los ministerios. La relación es la raíz; lo demás son ramas. La rutina del amor maduro requiere un orden: Dios en el centro, nosotros después, y el mundo en consecuencia. Cuando esa jerarquía se invierte —cuando el trabajo, la fama o la urgencia entran antes que la relación— lo sagrado se vuelve común.

Nos elegimos primero porque entendimos lo que cuesta no hacerlo. Por eso, antes de decidir cualquier cosa —una gira, un viaje, un negocio, una colaboración— pasamos por el protocolo de las 3P:

- Propósito: ¿Para qué hacemos o evitamos esto?
- Paz: ¿Se siente correcto ahora?

- Pacto: ¿Fortalece o erosiona nuestros acuerdos?

Ante cualquier decisión importante primero nos preguntamos para qué hacemos esto. Si la razón es solo vanidad o miedo, la respuesta casi siempre será "no". Luego discernimos si quita o produce paz: si se siente correcto, si hay armonía o si la decisión deja una intranquilidad. Lo que viene de Dios no te quita la paz, aunque haya tormenta. Finalmente, revisamos el pacto: si lo que estamos a punto de hacer fortalece o erosiona lo que juramos cuidar.

Este acuerdo es una vacuna contra muchos problemas relacionales. Cada decisión —por mínima que parezca— debe pasar por un filtro que honre el propósito común. Las 3P son una práctica que nació desde la experiencia y el discernimiento. El propósito evita el impulso, la paz evita la ansiedad y el pacto evita la traición cotidiana. Cuando el propósito es claro, el alma no se divide y la decisión es ágil. Cuando hay paz, la voz interior y la de Dios coinciden. Cuando el pacto se mantiene, la historia no se fragmenta.

"No se trata de decidir bien, sino de decidir juntos. **Lo que se decide sin el otro casi siempre se paga con el otro**".

Anyha Ruiz

Hemos aprendido que, si no hay alineación, no hay trato. Hay quienes pierden matrimonios por éxito, pero aún no conocemos a nadie que haya perdido verdadero éxito por priorizar su matrimonio. Hemos elegido enfrentarnos al mundo bien sincronizados. Hemos visto a muchas parejas que se aman, pero no se coordinan. Para nosotros, la sincronía emocional es igual de importante que la conexión. Se puede conectar en deseo, pero no coincidir en nada más. La sincronía no es solo coincidir en ganas; es coincidir en madurez, en ritmo interno, en disposición, en valores. Es el resultado de dos personas que se eligieron después de elegirse a sí mismas. Solo así se complementan y se escogen para crecer todos los días.

El orden divino siempre es jerárquico: primero la relación, luego la expansión. Nos gusta decirnos "te amo", pero nos gusta más decirnos "te elijo". Nos elegimos primero porque de esa elección depende todo lo demás. Y si ese orden se mantiene, no hay tormenta que pueda invertirlo.

Acuerdo 4.
"Vista vs. visión": de la emoción a la dirección

Se trata de pasar del "ojalá" al "así lo haremos". Una visión que se hace trabajo. Mirar jamás será lo mismo que ver con propósito. Soñar no basta: la emoción sin dirección es solo una descarga hormonal disfrazada de fe. La vista se conforma con el deseo; la visión, con el diseño. Por eso, en nuestra relación decidimos dejar de suspirar por un futuro idealizado y empezar a trabajarlo.

La mayoría de las parejas se pierde en el terreno del "ojalá": "Ojalá tengamos más tiempo", "Ojalá nos vaya mejor", "Ojalá cambie esto o aquello". Pero el ojalá, si no se traduce en hábitos, no es más que deseo. Este acuerdo es nuestra manera de transformar la emoción en acción, de pasar del "ojalá algún día" al "así lo haremos hoy".

La visión es el arte de decir "no" a tiempo, de tener el valor de elegir con claridad lo que sí y lo que jamás. No hay propósito sin descarte. No hay visión sin renuncia. Por eso, cada cierto tiempo despejamos la vista. Nos sentamos y hacemos una lista de distracciones: series de televisión, redes sociales, comparaciones, pleitos ajenos, compromisos vacíos. Las miramos sin culpa y decidimos soltarlas cuanto antes. Hay cosas que no son malas, pero se vuelven inútiles cuando te desenfocan.

El siguiente paso es nombrar la visión. No se puede avanzar hacia algo que no tiene nombre. Nombrar es comprometerse; nombrar lo vuelve real. Así que definimos tres áreas: el hogar que queremos habitar, el servicio que queremos ofrecer y lo que queremos proteger.

Ejemplo 1: Decidir si asistir o no a una reunión

Nos preguntamos para qué es la reunión, quién la convoca, qué aporta a nuestra misión y qué energía nos exige. Si no suma al propósito común o roba tiempo esencial para descansar o conectar, la respuesta es no. A veces, no asistir es más productivo que ir por compromiso. La emoción dice: "Hay que estar presentes", pero la visión te pregunta: "¿Para qué?". Si la reunión solo llena un vacío de aprobación o mantiene una imagen, no tiene propósito.

Si notamos que la decisión se está tomando por culpa o miedo —"Van todos", "Qué pensarán si no voy"—, paramos. La paz pesa más que la reputación. Preguntarnos qué perderíamos realmente si no vamos suele traer claridad.

Si la reunión requiere representación o seguimiento, enviamos a alguien del equipo. No todo debe pasar por nuestras manos. Delegar es reconocer que no somos indispensables en todo y que la vida se vuelve más ligera cuando se confía. La visión madura no controla: distribuye.

Ejemplo 2: Decidir si adoptar o no un animal

Cuando quisimos adoptar un animal lo primero fue preguntarnos por el propósito: "¿Queremos hacerlo por amor o por impulso?", "¿Es una necesidad del alma o un anhelo del momento?". Luego, miramos la logística: "¿Tenemos tiempo, energía, estructura?". La emoción nos decía: "Sí, podemos", pero la visión nos preguntaba: "¿Cómo lo sostendremos?". Hicimos una lista de lo que el animal necesitaría: tiempo de paseo, atención, presupuesto, espacio. Al ver los datos, la respuesta se volvió más clara: amarlo no bastaba, había que sostenerlo.

Como sentimos que la decisión se estaba acelerando por ternura o necesidad de llenar un vacío, hicimos una pausa. El amor responsable aprende a esperar. Detener no es negar la compasión, es protegerla del desbordamiento personal. No todo lo que emociona conviene ahora. Si la ternura no se acompaña de estructura, el animal termina en abandono. Por eso dijimos:

—Esperemos unos días, y si el deseo es genuino y persiste, lo hablamos de nuevo.

Mientras tanto, decidimos apoyar de otra forma: aportando al refugio y ayudando con alimento y cuidado. Así, el deseo de servir se mantuvo, pero con una forma sostenible. No todo amor se traduce en posesión; a veces se demuestra mejor desde la contribución. Tres meses después, cuando el ritmo de trabajo lo permitió, adoptamos, ya con una estructura lista. Fue entonces una decisión de visión, no solo de emoción.

Ejemplo 3: Decidir si hacer o no un gasto importante

Cuando estamos ante esta situación nos preguntamos: "¿Esto responde a un propósito o a una ansiedad?", "¿Es una inversión o una evasión?", "¿Nos acerca al futuro que soñamos o lo posterga?". Luego hacemos una lista: costo real, impacto financiero, beneficios emocionales, tiempo de recuperación. Al poner los números sobre la mesa, las emociones se ordenan. La vista ve el deseo; la visión calcula la consecuencia. Si lo que vamos a comprar no nos acerca al propósito de tener libertad y paz financiera, no se hace.

Aprovechamos para aclarar que no todo en la vida de pareja se analiza con tanta estructura. Hay decisiones pequeñas, medianas e instintivas, necesarias para mantener viva la chispa y la sorpresa. A veces nos arrebatamos, nos reímos, pagamos la cuota de la emoción y lo disfrutamos sin culpa. Pero este tipo de análisis no se trata de eso, sino de las decisiones medulares: aquellas que pueden mover o comprometer nuestro futuro, nuestra paz o nuestro equilibrio.

Cuando aparece la presión de "aprovecha, es ahora o nunca", pausamos. Las decisiones más costosas se disfrazan de urgencia. Nos damos 48 horas para no decidir con adrenalina. La pausa baja la emoción y revela la verdad. Si al segundo día la idea sigue teniendo sentido, la volvemos a evaluar; si no, la descartamos sin drama.

Pasar de la emoción a la dirección es un cambio de conciencia: es dejar de reaccionar para empezar a planificar. Es entender que el entusiasmo abre puertas, pero la disciplina las mantiene abiertas. Sin visión, la vida compartida se agota en ciclos de deseo y decepción, porque se confunde el propósito con la adrenalina. Ya no decimos "ojalá un día podamos vivir así", sino "esto es lo que estamos construyendo".

"El amor también **se planifica**".
Anyha Ruiz

Acuerdo 5. Enteros (no "medias naranjas")

No te uso para completarme o llenar vacíos. Estoy contigo porque quiero, no porque necesito. No quiero que me necesites: quiero que me elijas. La necesidad genera apego; la elección, libertad. Las medias naranjas no existen, porque el amor no es un corte por la mitad, no es 50 % y 50 %, es 100 % y 100 %, y eso es una entrega desde la abundancia. En las relaciones, dos mitades no forman un todo; dos enteros construyen una unidad.

En lugar de romantizar la dependencia, decidimos crear un breve termómetro de salud integral que nos recuerda que la relación no puede estar mejor que quienes la habitan. Si algo se rompe en una de las áreas, lo atendemos antes de que contagie al resto.

- **Cuerpo:** No hay espiritualidad que sobreviva en un cuerpo exhausto. Dormir bien, comer bien, moverse bien: esto también es amor. El cuerpo es el templo donde habita todo lo que creemos. Si uno de los dos se desatiende, el otro no lo juzga, lo ayuda a volver. En nuestra casa, descansar y cuidarnos es tan sagrado como orar.

- **Espíritu:** Cuando oramos juntos, no solo hablamos con Dios, nos recalibramos. Leer la palabra, compartir fe en comunidad y recordar que no estamos solos en el camino nos mantiene humildes y en propósito. La fe compartida no se trata de recitar versículos, sino de vivirlos, de aplicarlos en la forma en que nos tratamos, en cómo respondemos cuando estamos cansados o frustrados. Nutrir el espíritu es volver a la fuente una y otra vez, y mantener viva la conversación con Dios dentro del hogar.
- **Trabajo:** Trabajamos para expandir lo que amamos. Pero tenemos una regla: ningún proyecto que destruya la salud o la paz es bendición. No todo ingreso justifica el desgaste. La productividad sin propósito es una adicción de la vanidad: te hace sentir valioso por lo que haces, no por lo que eres. En este tiempo, donde se glorifica el rendimiento, nosotros elegimos que descansar también es parte del éxito. Trabajar sin descanso te desconecta del alma; no hay propósito que sobreviva a la extenuación. La vocación tiene sentido cuando no traiciona la vida que prometiste cuidar. Por eso, cuando un proyecto nos exige demasiado, lo sometemos a discernimiento. Si el trabajo nos convierte en extraños, no vale la pena.

Siempre hay que revisar el nivel de bienestar, energía y lucidez con el que llegamos al otro. No se puede amar bien desde la fatiga crónica o la distancia espiritual. No se puede escuchar al otro cuando todo te grita que pares y descanses. Si cada uno se cuida a sí mismo, la relación no tiene que vivir en modo rescate. Si los dos están enteros, las conversaciones serán más claras, las diferencias más cortas y el perdón más rápido.

Y aunque pueda sonar utópico o romántico, no lo es. No se trata de perfección, sino de ajustar. Estos acuerdos no son promesas de una vida sin tropiezos, son herramientas a las cuales siempre podemos volver. No pretenden inmunizarnos del dolor, sino darnos un lenguaje y método para gestionarlo mejor. Funcionan si se aplican y se les tiene la fe justa. Sabemos que hay etapas en las que solo hay energía para sobrevivir, y que el alma, a veces, no da más. Justo para eso existen estos acuerdos: para no repetir los mismos naufragios, para evitar que la rutina nos arrastre una y otra vez al mismo caos. Es el compromiso y la responsabilidad lo que previene el desastre. Estar entero no es estar siempre bien; es saber qué parte de ti necesita atención antes de que se la cobres al otro.

Acuerdo 6. Intimidad blindada

Reglas frente a terceros. La intimidad no se protege con celos ni con muros, sino con acuerdos. El amor puede tener mil enemigos externos, pero son las puertas mal cerradas las que los dejan entrar. En nuestra relación, la intimidad es un territorio intocable. Por eso establecimos protocolos: frente a terceros, frente a las redes y frente a la familia y los amigos.

Muy pocas personas están autorizadas para intervenir en caso de crisis. La intimidad necesita guardianes, no espectadores. No se involucra a veinte amigos ni a toda la familia en momentos de tensión o confusión. Si necesitamos ayuda, la pedimos juntos. No hay triángulos, no hay versiones separadas. La pareja convoca unida a los terceros acordados. Esa disciplina nos evita una de las causas más comunes del desgaste: la sobreexposición del conflicto.

Cuando discutimos, no hay mensajes impulsivos a terceros ni llamadas de desahogo. Si uno siente que no puede con algo, lo expresa y acordamos juntos a quién acudir. La ayuda no entra por la puerta trasera; entra por la principal e invitada por ambos. Cada uno de nosotros tiene un par de personas seguras con las que puede ser vulnerable, y solo para cierto tipo de conflictos.

Las redes sociales también forman parte de este blindaje. Si alguien comenta o manda un mensaje que cruza una línea, la respuesta no es curiosidad ni coqueteo disfrazado de algún tipo de cortesía. Es claridad y distancia. No flirteos, no mensajes ambiguos, no mensajes directos que parezcan inocentes, pero huelen a otra cosa.

- Con mi familia, yo pongo el límite.
- Con tu familia, tú pones el límite.
- Con ambos, nos respaldamos en público y afinamos en privado.

Así se protege el respeto de ambos sin humillar a nadie. Educar al entorno es una forma de cuidar la paz de la casa.

Ejemplo 1: comentarios sobre el cuerpo

Cuando un familiar o amigo hace un comentario inapropiado, la respuesta es directa: "No vuelvas a opinar sobre el cuerpo de mi esposa(o). No te incumbe. Gracias por respetar". No hay sarcasmo, no hay nervios: solo firmeza y tono neutro.

Ejemplo 2: Intromisión en decisiones

Si alguien pregunta o sugiere demasiado sobre nuestras elecciones —dinero, crianza, viajes—, respondemos: "Agradezco tu interés. Lo conversamos en casa y te avisamos si necesitamos ayuda". Decirlo una vez, con serenidad, basta para marcar territorio sin generar drama.

Ejemplo 3: Chistes pasivo-agresivos

Si alguien lanza una broma que esconde crítica, respondemos: "Prefiero que me lo digas en serio. Si tienes una inquietud real, lo hablamos de frente". El humor no será el disfraz del irrespeto.

Ejemplo 4: Exparejas

Contacto solo para asuntos indispensables y en canales visibles y acordados. Ningún "Hola, ¿cómo estás?" que abra puertas o grietas innecesarias. La cortesía no puede ser la puerta por donde entre el enemigo. Y cuando las aclaraciones no bastan, aplicamos lo siguiente:

“La confianza se mantiene cuando **el otro no tiene que adivinar**”.

Daniel Habif

- Límite: Se explica la regla y la consecuencia si se repite, una sola vez.
- Distancia funcional: Si el irrespeto continúa, se hace una pausa de contacto hasta que haya disposición de respeto. Y si no la hay, se corta por completo.

Esto no es prohibición, queridos, es protección. La intimidad se defiende saliendo a tiempo de esas confusiones. Aprendimos a administrar los límites del mundo que nos rodea. Y si algún día alguien pregunta por qué tanta estructura, la respuesta es sencilla: porque para construir un imperio de amor y respeto necesitas un plan y una constitución de pactos.

Acuerdo 7. Finanzas a la luz, propósito al gasto

El dinero es un amplificador: lo sabemos, no cambia a las personas, las revela. En el amor también. Las finanzas son un lenguaje tanto espiritual y emocional, como material. En nuestra historia, el dinero ha sido un maestro bastante exigente. Un matrimonio que no habla de dinero con ácida transparencia, les aseguramos, terminará hablando de puros reproches. El principio es sencillo: vivir las finanzas a la luz. Eso significa sin secretos, sin deudas emocionales y sin gastos que se esconden bajo la alfombra. Después de cierto monto previamente acordado, todo lo que se gasta o se invierte lo decimos y lo decidimos juntos.

En casa, las decisiones económicas se dividen según fortalezas, no según género. Yo dirijo las estrategias financieras y las inversiones; Anyha supervisa los flujos, la ejecución y la administración diaria. No hay jerarquías, hay roles complementarios. Una visión necesita dirección; la dirección necesita control, y ambos necesitan confianza. Ninguna cifra vale más que nuestra paz.

Cada mes revisamos los números como si estuviéramos chequeando nuestra salud. Analizamos los ingresos, los egresos, los caprichos, los gastos invisibles y los de gratitud. La revisión se hace con propósito: "¿Este dinero nos acercó o nos alejó de nuestra misión?", "¿Nos hizo más ligeros, o más ansiosos?".

- **Gastos sencillos:** Todo lo cotidiano —comida, transporte, suscripciones, pequeños antojos— se maneja con el filtro del equilibrio y la armonía.
- **Gastos complejos:** Viajes, hogar, proyectos o eventos son analizados bajo tres preguntas: ¿lo necesitamos, lo soñamos o lo presumimos? Todo gasto grande debe sumar al legado.
- **Ocio y diversión:** La austeridad no es virtud si se convierte en castigo. Dios también "descansa", y la alegría es parte del diseño espiritual. Por eso, tenemos un fondo anual para reír, viajar y desconectarnos. Descansar viajando es una de nuestras principales inversiones.
- **Inversiones:** Antes de invertir, revisamos si la oportunidad expande o dispersa. Hemos aprendido que no todo lo rentable es correcto para nosotros. Sopesamos entre multiplicar el dinero y multiplicar el sentido.

Acuerdos y buenas rutas:
- No prestamos dinero. Si alguien necesita, lo regalamos, si podemos.
- Los ingresos extraordinarios —bonos, proyectos, ventas— se celebran juntos y se distribuyen según prioridades, no caprichos.
- Cada año revisamos el presupuesto con visión espiritual: ¿cuánto hemos dado?, ¿cuánto hemos retenido?, ¿cuánto hemos devuelto en servicio? La generosidad es un músculo que evita que el dinero se convierta en tu ídolo.

El dinero solo funciona cuando está al servicio de algo mayor que él. Por eso, las finanzas sin propósito se vuelven una forma moderna de esclavitud; en cambio, las finanzas con propósito son una forma de adoración.

Si alguna vez se presenta la oportunidad de tener un socio o aliarnos con alguien, después de tantos desastres de este tipo en nuestra vida, este es nuestro filtro: el dinero une rápido, pero la codicia separa aún más rápido. Una mala sociedad no solo te vacía las cuentas, también te vacía el alma. Por eso, creamos esta *checklist* de preguntas que revelan lo que un contrato no siempre puede mostrar:

1. ¿Cómo trata al débil? El respeto hacia quien no puede ofrecerle nada dice más que cualquier discurso.
2. ¿Cómo habla de su exsocio o de su equipo anterior? El pasado deja pistas sobre su ética futura.
3. ¿Qué hace cuando pierde? El fracaso revela temperamento, humildad y fe.
4. ¿Sabe decir "me equivoqué"? Si no sabe asumir errores, usará culpables como escudo.
5. ¿Qué cede cuando gana? La generosidad no se demuestra en la escasez, sino en la victoria.
6. ¿Cómo cuida tu dignidad al discutir? El respeto no se negocia, ni siquiera en el conflicto.
7. ¿Cuál es su fe? Porque quien no tiene una brújula espiritual termina adorando el dinero.
8. ¿Qué hace con el dinero cuando nadie lo ve? El secreto financiero es una radiografía del alma.
9. ¿Cómo trata a su familia o a su pareja? Quien traiciona en casa, traicionará en la mesa de negocios.
10. ¿Qué define como "éxito"? Si su definición no incluye paz, servicio y propósito, tu propósito será el suyo.
11. ¿Qué teme perder? El miedo determina las trampas que está dispuesto a usar.
12. ¿Qué valora más: el resultado o el proceso? Quien sacrifica el proceso termina sacrificando personas.
13. ¿Qué siente por el dinero ajeno? La envidia disfraza la codicia de admiración.
14. ¿Cómo reacciona frente a la injusticia cuando no lo afecta directamente? El silencio cómplice también es corrupción.

15. ¿Qué tipo de conversación tiene cuando no hay cámaras ni conveniencia? El alma se escucha en el tono, no en el discurso.

Si responde bien a todas, pero no te da paz, la respuesta sigue siendo no. La intuición también es un don. No basta con que el proyecto sea prometedor; el socio debe ser confiable, emocionalmente estable y espiritualmente coherente. Un mal socio puede destruir lo que te tomó décadas construir. Por eso, en esta casa, antes de firmar, oramos.

Acuerdo 8. Riesgo con cobertura

Tomamos riesgos, pero con plan y resguardos. En nuestra historia entendimos que los grandes saltos no deben darse con los ojos cerrados. Hemos vivido temporadas en las que lo imposible llamó a nuestra puerta, y aprendimos que arriesgar no significa perder la razón, sino ampliar la fe con inteligencia.

No todo riesgo es insensatez, y no toda prudencia es miedo. El desafío está en discernir cuándo Dios te está empujando hacia el mar y cuándo solo estás corriendo hacia el precipicio. A esto lo llamamos nuestro Laboratorio de lo Imposible, un espacio donde soñamos enormemente, pero con propósito.

Primero elegimos un "imposible" cada cierto tiempo: algo que parece inalcanzable, pero que toca todas nuestras fibras. Puede ser un viaje, saldar una deuda, reconciliarnos con alguien, iniciar un nuevo proyecto o incluso dar un paso que nos exija vulnerabilidad total. Decidimos que cada intento debe tener una base espiritual, emocional y práctica. Para eso usamos cuatro movimientos que nos ayudan a que la osadía no se confunda con necedad.

1. Orar: sintonía de motivos

Antes de lanzarnos a cualquier cosa, nos aseguramos de que los motivos estén alineados. No se trata solo de orar para pedir éxito, sino para purificar la intención. Si el riesgo nace del ego, traerá desgaste; si nace del amor o del llamado, traerá dirección. Oramos juntos y pedimos señales de paz, no de emoción. La emoción acelera; la paz confirma. Si oramos y sentimos división o ansiedad, esperamos. Si oramos y sentimos quietud, avanzamos. La oración siempre aclara el corazón.

2. Estudiar: aprender lo que falta

La fe no sustituye el aprendizaje. Antes de lanzarnos, leemos, preguntamos, buscamos información y comprobamos hasta donde podamos. Si algo puede aprenderse, debe estudiarse. Evitamos el romanticismo innecesario del "Dios proveerá" cuando Él ya proveyó conocimiento. En nuestro laboratorio, estudiar significa prepararnos: entender el terreno, calcular los riesgos, escuchar experiencias. Hemos dejado de confundir milagros con improvisaciones.

3. Probar: dar un paso y observar de 21 a 45 días

Todo proyecto o reconciliación se prueba en corto. No esperamos condiciones perfectas, pero tampoco saltamos sin medir. Damos un paso pequeño y lo observamos durante 21 a 45 días. En ese tiempo, la emoción se disuelve y aparece algo más cercano a la verdad. Ese lapso es suficiente para detectar si algo prende o si solo era entusiasmo. Por ejemplo, cuando quisimos abrir un nuevo proyecto de servicio, antes de registrarlo o invertir, lo probamos con un grupo reducido de conocidos durante 21 días. Esa prueba nos mostró qué funcionaba y qué debía morir. Probar ayuda a evitar ruinas innecesarias; es como ponerle una lupa a la fe.

4. Corregir: ajuste cada 45 días

Después de un mes, evaluamos todo. Lo que se sostiene únicamente y gracias a un esfuerzo enfermizo no permanece; solo aquello que fluye con dirección tiene posibilidad real de expandirse. Corregir, corregir, corregir.

Ustedes saben que enfrentamos una deuda económica importante. En lugar de evadirla, decidimos convertirla en un imposible elegido. Oramos para entender el propósito detrás de esa crisis: no solo pagar, sino aprender a administrar. Estudiamos finanzas personales y buscamos asesoría. Probamos un nuevo sistema de ahorro eliminando compras no esenciales y vendiendo objetos que no usábamos. El milagro no solo fue financiero, también fue disciplinario.

Otro imposible elegido fue la reconciliación con un familiar que habíamos dado por perdido. Oramos antes de escribir una sola palabra. Estudiamos la historia para no repetir errores. Probamos una conversación sencilla, sin expectativas. A los 30 días, corregimos la forma: bajamos el tono, quitamos la exigencia y dejamos espacio a Dios. Lo que parecía irreparable se resolvió.

Riesgo con cobertura significa que confiamos en Dios, pero también en el plan que Él nos inspira y da.

Acuerdo 9. Economía de la honra

Pagamos justo, reconocemos en público, corregimos en privado. La honra es una moneda que nunca se devalúa. Donde hay honra, hay equilibrio. La honra se mide por cómo tratamos a los demás cuando tenemos el poder de no necesitarlos. En nuestra historia aprendimos que los proyectos pueden sostenerse con talento, pero créannos: solo prosperan con honra. El asunto es que el respeto no se predica, se practica.

La honra se manifiesta en tres niveles: financiero, emocional y espiritual. En lo financiero, significa pagar justo. En lo emocional, reconocer al otro sin escatimar gratitud. En lo espiritual, corregir con dignidad y sin exposición. Esta tríada es la economía real de una pareja, de un equipo y de cualquier comunidad que quiera permanecer.

Pagamos justo

El dinero no solo compra cosas, también expresa valores. Pagar lo justo es una declaración ética. Nunca se le paga a alguien solo por lo que hace, sino también por lo que su entrega representa. En casa tenemos una regla: si alguien nos ayuda, no le pagamos con "gracias" o con promesas; le pagamos con justicia. La generosidad empieza cuando el pago honra. Quien no valora el trabajo de otro, tarde o temprano pierde la bendición del suyo.

Reconocemos que el dinero no mide la dignidad, pero sin duda refleja cómo la administras. En nuestra casa preferimos ajustar presupuestos antes que abusar de alguien. La economía de la honra no siempre la vivimos en nuestros inicios, pero hoy es una ley de vida.

Reconocemos en público

Cuando alguien aporta, se dice y se agradece. El silencio en el éxito, para nosotros, es una forma de ingratitud. Reconocer al otro no resta protagonismo; todo lo contrario: lo multiplica.

En nuestra relación eso también aplica. Nos reconocemos en público: por la fidelidad, por el esfuerzo, por las pequeñas cosas que no se ven. Si uno cocina, el otro lo celebra. Si uno carga el peso emocional de la semana, el otro lo honra con ternura. Y hacerlo en público tiene valor espiritual: cuando se celebra la virtud delante de otros, el bien se normaliza.

Con el equipo, con nuestros socios y colaboradores, seguimos la misma regla. Nadie trabaja en nuestra visión sin sentirse visto. En una cultura donde muchos exigen excelencia, pero pocos dan agradecimiento, elegimos la honra como principio de liderazgo.

Corregimos en privado

Nadie florece bajo la vergüenza. Cuando algo necesita ajustarse, lo hacemos a solas y con respeto. El tono de una corrección define si el vínculo crece o se erosiona. No hay que gritar para ser firmes ni humillar para ser claros. En nuestra casa y en nuestros proyectos, corregir es alinear. Honrar también es decir lo que duele, pero la forma importa tanto como el fondo. Una corrección sin empatía destruye más que el error que intentas arreglar.

La honra no es solo vertical —de superiores a subordinados—, también es horizontal y circular. El respeto viaja en todas las direcciones. Por eso agradecemos a quienes limpian, editan, sirven o acompañan, y lo hacemos por nombre, no por cargo. No hay tarea pequeña en una visión grande como la nuestra.

Ejemplo cotidiano

Si un miembro del equipo comete un error, primero lo llamamos en privado. Le explicamos el impacto, escuchamos su versión y buscamos soluciones juntos. Cuando lo hace bien, lo reconocemos frente a todos. Esa alternancia entre firmeza y gratitud mantiene viva la motivación y limpia el ambiente del miedo. En lo cotidiano, también se aplica a nosotros: si hay algo que corregir se hace en casa.

La honra es uno de nuestros modelos de vida. Honrar al otro es una forma de honrar a Dios. No hay espiritualidad sin ética. Si no aprendemos a cuidar la reputación ajena, no merecemos la nuestra. Por eso revisamos periódicamente cómo está nuestra economía de honra: ¿pagamos justo?, ¿agradecemos lo suficiente?, ¿sabemos corregir sin herir?

> "Y como repetimos siempre en casa: '**Demos honra y esperemos gracia**'".
>
> *Anyha Ruiz y Daniel Habif*

Acuerdo 10.
Crisis: protocolo REPARA

Ninguna relación madura sobrevive sin una estrategia para el caos, porque tarde o temprano llega: la palabra mal dicha, el gesto que hiere, el agotamiento que los vuelve torpes. No es cuestión de si ocurrirá, sino de cómo lo enfrentaremos. Esta idea nació después de aprender —por ensayo, error y perdón— que las crisis no destruyen lo que está sano, sino lo que nunca se ordenó. Que lo que no se repara se repite. Por eso diseñamos una herramienta para detener la escalada antes de que el daño sea mayor. La llamamos REPARA.

Ambos usamos esta palabra como una bandera blanca. Cuando alguien la pronuncia, significa que entramos en zona neutra. Es la señal de alto, en ese instante, no hay ganador ni culpable: hay dos personas deteniendo una tormenta. Consideramos que toda pareja necesita una palabra de emergencia, una clave compartida que indique pausa inmediata. Una palabra que ambos respeten. En nuestro caso, elegimos "REPARA". Cuando alguien la dice, no se discute, no se ironiza, no se exige explicación. Simplemente se detiene. Es el equivalente emocional del freno de mano en un auto que va cuesta abajo.

Detenernos no es rendirnos ni negar el problema: es proteger la conversación de las emociones tóxicas y los temperamentos a flor de piel. En nuestro pacto, "REPARA" no significa que el conflicto desapareció; significa que lo vamos a atender con respeto, en el momento adecuado y desde la conciencia. Es la promesa de no lastimarnos más mientras encontramos la manera de resolvernos.

Este gesto tan simple cambió la manera en que discutíamos cuando todo se nos salía de control. Antes de llegar al punto de quiebre, uno de los dos dice "REPARA", y el otro responde con silencio. Ambos sabemos lo que eso significa: que el amor sigue siendo más importante que el argumento.

Cuando una pareja se da permiso de detener la escalada, de reconocer el límite antes del daño, empieza a construir un nuevo tipo de madurez. Una donde el respeto tiene más autoridad que la rabia, y donde el orgullo aprende a arrodillarse ante la paz.

La palabra "REPARA" no solo nombra un proceso; define una actitud: la de quienes prefieren reconstruir antes que romper.

También, dependiendo de dónde estemos, definimos un lugar físico de calma: un espacio libre de interrupciones, sin testigos, sin ruido, sin celulares. Allí no se grita, no se sale dando portazos, no se amenaza con irse. La habitación —o el lugar elegido— se convierte en territorio neutral.

A continuación te explicamos la estructura del protocolo REPARA:

R – Reconozco, sin peros: Se comienza con una frase simple: "Sé que te lastimé cuando _______". No se justifican intenciones ni se añaden excusas. Reconocer es devolver al otro la dignidad que dañamos. Evitamos frases como "Si te ofendí, discúlpame"; en su lugar, decimos: "Te ofendí cuando… y lo lamento profundamente".

E – Escucha activa: Quien escucha no interrumpe, no debate ni corrige cada frase. Escucha con la mejor disposición que su energía le permita, hasta el final: "Lo que te dolió fue _______, ¿cierto?". El objetivo no es solo entender con la mente, sino con el corazón.

P – Pregunta: "¿Qué produjo esto en ti?". Esta pregunta abre el alma y permite ver la profundidad del daño. El propósito no es sentirse culpable, sino consciente. Solo se transforma lo que se entiende.

A – Acordamos límites y cambios concretos: Se definen ajustes o nuevos acuerdos reales: qué no volverá a ocurrir, cómo lo evitaremos, qué sistema crearemos para prevenirlo. Cada crisis debe producir una mejora. Una disculpa sin compromiso termina desarrollando garras.

R – Reparación simbólica o material: No todo se arregla con palabras. A veces hay que hacer un acto tangible que devuelva confianza: un gesto, una carta, un servicio, una acción concreta.

A – Agradezco y cierro el ritual: Después de reparar, oramos o respiramos juntos. A veces nos tomamos de la mano; otras, simplemente guardamos silencio. El cierre es importante: marca el fin del conflicto. Sin cierre, a la herida le quedan grietas abiertas.

Expresiones prohibidas durante la reparación: "Siempre exageras", "Te pareces a tu papá/mamá", "Otra vez lo mismo". Estas expresiones envenenan el proceso. Minimizan la emoción del otro y degradan el acto de perdón. Escojan sus palabras prohibidas.

Punto de control: Si la conversación se recalienta, se aplica el protocolo de tiempo: los minutos que necesiten para calmarse —incluso horas—, y luego se retoma. El respeto no se negocia en caliente.

Cuando el dolor supera la conversación, significa que hay heridas que no se resuelven solo con buena voluntad, sino con intervención. Por eso, cuando la crisis se vuelve recurrente o el daño es profundo, activamos el segundo nivel: buscar ayuda profesional. Ir a terapia, buscar consejería espiritual o acompañamiento psicológico no es debilidad, es madurez. La fe no reemplaza a la ciencia, la complementa. Si hay dolor persistente, ansiedad, patrones repetidos o heridas de infancia que contaminan la relación, lo enfrentamos con humildad.

Este paso evita que las crisis se cronifiquen. Muchas parejas se pierden porque confunden la resistencia con la negación. Resistir no es callar; es enfrentar con ayuda lo que duele.

Ejemplo real

Ese martes, después de varios días tensos y silencios acumulados, Anyha me escribió solo una palabra: REPARA. Era la señal. La habíamos usado muchas veces, pero en esa ocasión tuvo otro peso. Sobre la mesa, un vaso de agua tibia y un café caliente. Me reí en silencio: así habían sido nuestras últimas semanas. Tantos años juntos y todavía los objetos hablan antes que nosotros. Me senté con un "Perdón por el atraso", mirando primero el vaso, como si ya entendiera el chiste.

—¿Cómo estás? —me dijo.

—Atento —respondí.

Ella asintió despacio, hundiendo la cucharita en el café, sin moverla.

—Anoche escribí "Qué necesitas de mí" y lo borré —dijo—. Me dio vergüenza no saberlo.

—Más vergüenza da saberlo y no ofrecerlo —le dije, sosteniéndole la mirada para que no escapara por la ventana. Afuera, un repartidor peleaba con su casco; adentro, nosotros con lo que no queríamos nombrar—. No quiero que sientas que te lo tengo que arrancar —añadí—, pero tampoco voy a rogar por lo que debería venir solo.

—¿Y si me demoro? —preguntó, honesta.

—Entonces será demora —dije—, no castigo. Pero no la voy a habitar por ti.

Deslicé la cucharita a un lado, alineándola con el borde del plato. Ese gesto minucioso me aparece cuando intento no desordenarme por dentro.

—Te escuché ayer decir "No te voy a rogar" y me entra miedo —admitió—. ¿Eso significa "No voy a intentarlo"?

—Significa que no voy a mendigar —aclaré—. Intentarlo sí, siempre y cuando lo intentes tú también. Mira —puse una servilleta entre los dos, dibujé dos columnas y a cada una le puse un título—: "Lo que pido" y "Lo que ofrezco". No están las grandes palabras, están los gestos: nombrar lo que nos pasa, planear la semana, no la vida, cumplir lo que se promete y practicar coherencia básica.

Ella leyó sin tocar la servilleta. Luego apuntó con el dedo:

—Esto lo puedo dar. Esto también. Aquí me cuesta... —Se detuvo en "Nombrar lo que me pasa"—. Aprendí a esperar a que se pase.

—Y a mí me enseñaron a insistir hasta romper la puerta —dije—. No me sirvió. A ti tampoco.

Nos quedamos callados. El silencio hacía su trabajo. Me di cuenta de que ya no tenía el impulso de llenar cada hueco con explicaciones. Después de 24 años, también eso es amor.

—¿Qué hacemos con lo que no nos sale todavía? —preguntó.

—Lo tratamos como una planta nueva —contesté—. Se riega, se mira, se deja al sol. No se tira de la hoja para que crezca. Y si no crece, se acepta que esta casa no le da.

Asintió. Del bolsillo de su chamarra —la azul, la que siempre huele a Tobacolor— sacó un lápiz para cejas y escribió en la servilleta: "Me importas con toda el alma y a veces me asusta esto". Lo subrayó una vez.

—¿Te parece empezar por ahí? —me dijo—. Hoy por la noche te digo lo que sí puedo ofrecer esta semana. Y si no puedo, lo digo también.

—Me parece —dije—. Y yo, si siento que algo me falta, lo nombro una vez. Si no llega, acomodo mi vida sin empujarte.

—¿Sin ironías? —intentó bromear.

—Sin ironías —sonreí.

Desde la barra avisaron que la cocina cerraba. No quedaba nadie más en el café. Ella reacomodó la silla contra la pared y la dejó donde estaba. Pagué. Afuera empezó a lloviznar. Caminamos hasta la esquina sin hablar. En el cruce se detuvo.

—No quiero volver a pelear como ayer —dijo.

La tomé de la mano y, con la mirada, le hice una promesa. Respiramos juntos y nos fuimos a casa. No hubo cierre épico, pero hubo paz y método.

Reparar es una forma de adoración. Es reconocer que el amor no nos pertenece, que somos administradores de algo más grande. Cuando dos personas eligen reparar en lugar de vengarse, el Cielo se inclina sobre ellas.

> "Si aprendimos algo nuevo de nosotros después del conflicto, **no fue una pelea: fue una clase**".
>
> *Anyha Ruiz y Daniel Habif*

El amor en tiempos de lo inmediato

Hoy todo ocurre a la velocidad de un clic. Las relaciones se han convertido en una búsqueda de gratificaciones instantáneas, *souvenirs* de una noche que se olvidan con la resaca de la mañana. Se ha vuelto más fácil tirar que componer, más sencillo deslizar a la izquierda que reconstruir. Si algo no nos da placer inmediato, lo desechamos. Si no nos dan lo que queremos, nos vamos.

Muy pocos están dispuestos a pagar el precio real del amor: el esfuerzo de permanecer, la valentía de construir, la paciencia de esperar. Algunos protegen más sus negocios que a sus familias. Otros hacen todo por sus parejas, pero casi nada con ellas, sin notar la diferencia entre vivir para amar y vivir del amor.

Y, en paralelo, la soltería se ha convertido en un amante seductor. Promete paz y libertad, pero a muchos termina devorándolos en la desolación. No es un enemigo, pero tampoco una solución a los miedos afectivos. No se trata de refugiarse en ella como un escudo contra el fracaso, ni de usarla como una excusa para evitar el riesgo de amar.

Porque la soltería es mucho más que una espera o una pausa entre relaciones. Es un espacio de construcción personal, un terreno fértil donde cultivamos nuestra identidad, pasiones y autonomía emocional. Pero no hay que confundir independencia con autosuficiencia extrema. No necesitar a nadie no es lo mismo que no querer compartir la vida con alguien.

Quien teme la soltería suele buscar compañía por necesidad, no por elección, y ahí es cuando nacen relaciones dependientes, frágiles o insatisfactorias. En cambio, quien ha aprendido a disfrutar de su propia presencia entra en una relación desde la plenitud, no desde la carencia. Durante años nos vendieron la idea de que estar en pareja era un éxito y estar solos, un fracaso.

Hoy, en cambio, nos quieren convencer de que la autosuficiencia absoluta es la verdadera victoria. Ambos extremos nos confunden.

Además, el amor se ha visto contaminado por la cultura del consumo. Nos han enseñado a tratar las relaciones como productos con fecha de caducidad, reemplazables al primer defecto, en lugar de concebirlas como proyectos que se cultivan con tiempo y dedicación. Queremos el amor como lo queremos todo hoy: rápido, fácil, sin complicaciones. Pero el amor no es una aplicación que puedes descargar, ni un servicio que puedes cancelar cuando deja de entretenerte.

No se trata de huir del amor ni de lanzarse a buscarlo con desesperación. Se trata de entender que una relación es una elección consciente y una construcción que nunca termina.

Muchos no es que hayan perdido el corazón, sino que lo fueron dejando olvidado en cada fiesta, en cada cama, en cada borrachera, en cada "sí" obligado, entregando pedazos de sí mismos a cambio de un "te quiero" pasajero.

Quien no sabe estar solo, tampoco sabe amar libremente. Y quien no entiende que el amor es una elección, terminará confundiéndolo con una necesidad.

"Se acuestan con personas que no aman, **porque el amor los angustia**".

Daniel Habif

Capítulo 17

El arte de permanecer

Permanecer es un arte, y como todo arte, requiere técnica además de propósito. Es una forma de decirle a Dios: "Todavía creo en lo que hiciste posible entre nosotros". El paso del tiempo no destruye el amor, lo desnuda. Retira los adornos, disuelve las expectativas y deja a la vista lo esencial: el carácter, la fe, la paciencia y el compromiso.

31 conquistas

Estas son pequeñas acciones que fortalecen el músculo diario de la relación y mantienen vivo lo que verdaderamente importa. Son pequeñas conquistas que, repetidas con intención, generan un clima de confianza donde el amor madura. Mantienen fresca la cercanía y devuelven a la relación su vitalidad. Acá te dejamos 31 ideas prácticas para ejercitar el amor que busca permanecer:

1. No corregirle una historia, aunque la haya contado mal.
2. Enviarle un audio de 45 segundos con una memoria hermosa del pasado.

3. Hacer su tarea menos favorita del hogar, sin avisar.
4. Orar por su temor más reciente en voz alta, con ternura y fe.
5. Decir un "sí" generoso a algo sencillo que le importa.
6. Enviar un mensaje de honra a su familia o a un amigo (en privado, sin testigos).
7. Preguntarle: "Dime dónde te duele para amarte más ahí", y cumplirlo.
8. Preguntar con intención real: "¿Qué necesitas hoy de mí?".
9. Cuidar su descanso sin que tenga que pedirlo.
10. Recordarle un logro olvidado y celebrarlo otra vez.
11. Escuchar sin interrumpir, incluso si ya sabes el final.
12. Decirle: "Eres mi refugio y mi desafío".
13. Agradecerle por una virtud que siempre diste por sentada.
14. Mencionar algo bueno de él o de ella en una conversación casual con otros.
15. Dejarle elegir la película o la serie, aunque no te encante, y entusiasmarte por verla.
16. Enviar un mensaje a mitad del día solo para decir: "Te admiro y me acordé de ti".
17. Decir: "Gracias por quedarte", sin que haya un motivo aparente.
18. No revisar tu teléfono mientras te habla.
19. Dejar que el otro gane una discusión y sentir orgullo, no derrota.
20. Recordarle una promesa que ya cumplió.
21. Decirle "me haces mejor" sin ironía.
22. Orar juntos por un sueño imposible y escribirlo para recordarlo cuando se cumpla.
23. Organizar una salida con sus amigos o amigas sin ti, solo para que respire.
24. Decirle "tómate tu tiempo" y realmente dárselo.
25. Preparar una *playlist* con la banda sonora de la historia de los dos.
26. Agradecerle por seguir intentándolo, incluso en los días grises.
27. Volver a visitar un lugar que marcó el inicio de su historia.
28. Hacer una lista con cosas que amas de su carácter y dejarla sobre su mesa.

29. Recordarle con ternura su versión más joven: la que soñaba, la que caía y se levantaba.
30. Dejar que descanse cuando tú quieres hablar.
31. Escribirle un correo solo para decirle lo que ha hecho bien últimamente.

Y, por favor, inventen mil más. La conquista no termina con el "sí, acepto".

350 preguntas de chequeo

Esta es una guía mensual para evaluar la salud del amor en pareja. Elijan cinco números distintos entre el 1 y el 350, lean las preguntas correspondientes y respóndanlas con honestidad radical. El propósito es abrir conversaciones que devuelvan la claridad.

Pueden hacer este ejercicio tantas veces como lo necesiten. Cada respuesta adoptará un matiz diferente según la etapa que atraviesen, y en esa variación también se reconoce el crecimiento.

1. ¿Dios está realmente en el centro de nuestra agenda o solo de nuestras intenciones?
2. ¿Nuestra fe se volvió costumbre o sigue siendo comunión viva?
3. ¿Qué forma de preguntar despierta defensa y cómo podríamos reformularla?
4. ¿Qué respuesta solemos dar antes de haber comprendido del todo?
5. ¿Qué diferencia de opinión nos cuesta escuchar sin interrumpir?
6. ¿Qué emoción encubierta disfrazamos con argumentos?
7. ¿Qué necesidad escondemos detrás del sarcasmo o la ironía?
8. ¿Qué detalles de nuestra comunicación virtual (mensajes, tiempos, tono) podrían mejorar?
9. ¿Qué conversación reciente nos dejó un mal sabor y por qué?

10. En una escala de 1 a 10, ¿cuánta seguridad sientes al estar conmigo?
11. ¿Qué miedo te impide decirme la verdad completa?
12. ¿Qué parte de mí sientes que te juzga?
13. ¿Cuándo dejaste de sentir curiosidad por mí?
14. ¿Qué versión erótica de ti mismo(a) dejaste de mostrarme y por qué?
15. ¿Qué admiras de alguien más que no encuentras en mí?
16. ¿Qué mentira repetimos para no confrontar nuestra distancia?
17. ¿Qué pregunta directa evitaría una acumulación de malentendidos?
18. ¿Qué dato o contexto no compartimos y generó confusión?
19. ¿Qué historia contamos con sesgo, sin mostrar nuestra parte?
20. ¿Qué disculpa ofrecimos sin verdadera reparación?
21. ¿Qué reacción defensiva muestra que aún no sabemos escuchar?
22. ¿Qué expresión no verbal contradice nuestras palabras?
23. ¿Qué diferencia entre sinceridad y crueldad aún debemos comprender?
24. ¿Qué promesa de mejora comunicacional hemos incumplido?
25. ¿Cómo cuidamos el cuerpo del otro sin invadir su libertad?
26. ¿Qué aspecto de la alimentación, sueño o ritmo físico estamos descuidando?
27. ¿Qué detalle de su esfuerzo pasamos por alto y debemos reconocerle?
28. ¿Cuándo fue la última vez que agradecimos explícitamente?
29. ¿Qué podemos delegar con el fin de tener más tiempo para estar juntos?
30. ¿Qué conversación espiritual evitamos por miedo a incomodar?
31. ¿Qué promesa de Dios seguimos esperando sin desesperar?
32. ¿Qué "imposible" trabajamos responsablemente?
33. ¿Qué propósito sentimos que Dios nos está confiando este mes?

34. ¿A qué obediencia pequeña nos resistimos?
35. ¿A quién bendijimos de manera deliberada esta semana?
36. ¿Qué milagro reconocimos sin explicarlo?
37. ¿Qué palabra de la Escritura nos confrontó recientemente?
38. ¿Cuándo fue la última vez que oramos sin pedir, solo para agradecer?
39. ¿Qué área de nuestra vida aún no hemos rendido al Señor?
40. ¿Qué oración vieja respondió Dios de manera diferente a lo esperado?
41. ¿Qué canción o alabanza marcó esta temporada?
42. ¿Qué horario o rutina necesitamos ajustar para volver a coincidir?
43. ¿Qué conversación de logística está pidiendo ternura, no control?
44. ¿Qué relación externa requiere redefinirse para no invadir la relación?
45. ¿Qué costumbre doméstica necesita rediseñarse para evitar conflictos innecesarios?
46. ¿Qué promesa vieja seguimos defendiendo sin saber por qué?
47. ¿Qué diferencia nos cuesta negociar sin competir?
48. ¿Qué detalle del otro merece reconocimiento formal?
49. ¿Qué pequeño sacrificio puede mejorar el clima del hogar?
50. ¿Qué acuerdo implícito debería volverse explícito para mayor claridad?
51. ¿Qué tema hemos silenciado y merece ser hablado con madurez y sin urgencia?
52. ¿Qué actitud asumimos como defensa?
53. ¿Qué temas necesitan un protocolo REPARA?
54. ¿Qué palabra hemos normalizado que debería retirarse del vocabulario?
55. ¿Qué nueva causa queremos abrazar juntos?
56. ¿Qué decisiones tomamos sin consultarlas y debemos replantearlas?
57. ¿Qué hábito queremos instaurar este mes?

58. ¿Qué legado querríamos dejar si mañana fuera el último día?
59. ¿Qué consejo daríamos hoy a la pareja que fuimos hace diez años?
60. ¿Qué tipo de afecto necesitan más nuestros hijos: presencia, palabra o gesto?
61. ¿Qué cosas no queremos heredar a nuestros hijos o discípulos?
62. ¿Qué nueva habilidad nos acercaría al propósito que imaginamos y podemos aprender juntos?
63. ¿Qué momento del día nos permite escuchar a nuestros hijos?
64. ¿Qué pacto urgente debemos hacer para mejorar nuestra salud física?
65. ¿Qué herida nuestra podría convertirse en la herencia de nuestros hijos si no la sanamos a tiempo?
66. ¿Qué no hemos confesado por miedo a parecer ingenuos?
67. ¿Qué horario o dinámica está atentando contra el descanso mutuo?
68. ¿Qué actividad podríamos eliminar para dejar espacio a lo esencial?
69. ¿Qué ritual mensual podríamos crear para reconectar con calma y propósito?
70. ¿Qué decisiones económicas necesitamos consensuar antes de ejecutarlas?
71. ¿Qué error se repite porque no definimos una solución clara?
72. ¿Qué valor práctico defendemos mejor que antes?
73. ¿Qué hora del día podríamos blindar como espacio exclusivo de pareja?
74. ¿Qué proyecto conjunto podemos crear este año?
75. ¿Qué conflicto se evitaría con una regla bien acordada?
76. ¿Cómo se manifestó la fidelidad de Dios en medio del cansancio?
77. ¿Qué parte de nuestro carácter está siendo refinada por la fe?
78. ¿Qué consejo espiritual recibimos y aún no aplicamos?
79. ¿Qué límites necesitamos marcar para no sobreproteger?
80. ¿Qué reacción nuestra aumenta el estrés del otro sin querer?

81. ¿Qué familiar o amistad debe salir de nuestra relación?
82. ¿Qué mal hábito estamos tolerando del otro sin ayudarlo a mejorar?
83. ¿Qué actitud del otro nos produce una sensación tóxica?
84. ¿Qué falta de limpieza o pulcritud del otro nos incomoda?
85. ¿Qué puedo hacer para ayudarte a mejorar en un hábito que nos afecta a los dos?
86. ¿Qué acto de bondad hicimos juntos esta semana?
87. ¿Cómo usamos nuestra unión para bendecir a alguien más?
88. ¿Qué talento compartimos al servicio de otros?
89. ¿Qué causa apoyamos en oración o acción?
90. ¿Qué patrón antiguo está intentando regresar?
91. ¿Qué emoción reprimida necesitamos nombrar?
92. ¿Qué promesa sentimos que Dios renovó sobre nosotros?
93. ¿Qué palabra profética necesitamos volver a leer con humildad?
94. ¿Qué oración hicimos por otros sin que nadie lo supiera?
95. ¿Qué distracción está ocupando el lugar de nuestra devoción?
96. ¿Qué parte de nuestro testimonio puede inspirar a otros?
97. ¿Qué hábito espiritual nos acercó como pareja?
98. ¿Qué actitud reveló nuestra falta de fe esta semana?
99. ¿Qué milagro pasamos por alto por llamarlo coincidencia?
100. ¿Qué promesa hemos visto cumplirse poco a poco?
101. ¿Qué conversación con Dios cambió nuestra forma de amar?
102. ¿Qué virtud de Cristo queremos reflejar mejor en casa?
103. ¿Qué oración necesitamos retomar como disciplina?
104. ¿Qué batalla espiritual estamos librando juntos?
105. ¿Qué autoridad espiritual estamos honrando correctamente?
106. ¿Qué mentira espiritual dejamos entrar sin darnos cuenta?
107. ¿Qué parte de nuestra historia glorifica más a Dios?
108. ¿Qué prueba fortaleció nuestra fe como pareja?
109. ¿Qué acto de fe inspiró a otros a creer también?
110. ¿Qué ofrenda simbólica hicimos este mes?
111. ¿Qué parte de la Biblia deberíamos leer juntos esta semana?

112. ¿Qué victoria espiritual nos enseñó humildad?
113. ¿Qué pecado intentamos justificar?
114. ¿Estoy usando el conflicto como herramienta de control (subir el volumen, retirar afecto, interrumpir) o tú usas el silencio para imponer tu voluntad (patrón demanda-retiro)? Citen tres ejemplos recientes.
115. ¿Qué parte de la "carga mental" (planear, anticipar, recordar) asumo poco o nada, aunque me beneficie de que tú la lleves?
116. ¿Qué creencias rígidas sobre el amor (destino/"media naranja" vs. crecimiento) están saboteando nuestra capacidad de aprender?
117. Cuando digo "necesito espacio", ¿estoy regulando mis emociones o castigándote? ¿Cómo podemos diferenciar retiro regulador de retiro punitivo en la práctica?
118. ¿En qué momentos mi desprecio (burla, *eye-roll*, sarcasmo) ha degradado tu dignidad? Describe la escena exacta y el costo emocional que tuvo.
119. ¿Qué parte de tu historia sensible uso como munición en discusiones (divulgación indebida/recordatorio de heridas) y qué límites vamos a imponer para proteger tu intimidad?
120. ¿A qué renunciaste tú para sostener mi proyecto/imagen/agenda y nunca lo contabilizamos ni lo compensamos? Propón un plan de restitución concreto.
121. Si un observador codificara nuestras discusiones, ¿diría que busco entender o ganar? ¿Qué frases mías delatan que priorizo victoria sobre paz?
122. ¿Qué acto de gracia recibimos sin merecerlo?
123. ¿Qué oración dejamos inconclusa por falta de esperanza?
124. ¿Qué bendición llegó disfrazada de pérdida?
125. ¿Qué gratitud no hemos expresado públicamente a Dios?
126. ¿Qué ejemplo de fe queremos dejar a quienes nos observan?
127. ¿Qué enseñanza de Jesús estamos practicando en pareja?
128. ¿Qué área de nuestra vida espiritual necesita disciplina?
129. ¿Qué bendición se multiplicó al compartirla?

130. ¿Qué "sí" a Dios cambió el rumbo de nuestra historia?
131. ¿En qué momento sentimos más tangible la presencia de Dios?
132. ¿Qué oración hicimos en lágrimas que hoy tiene sentido?
133. ¿Qué parte de nuestra historia es testimonio vivo?
134. ¿Qué ejemplo bíblico nos refleja en esta temporada?
135. ¿Qué promesa estamos sosteniendo sin entenderla aún?
136. ¿Qué día del mes dedicaremos solo a Dios y al descanso espiritual?
137. ¿Qué voz interior confundimos con la de Dios?
138. ¿Qué paso de fe evitamos por temor al juicio?
139. ¿Qué bendición llegó sin planearla, fruto de obediencia?
140. ¿Qué milagro pequeño se repite y ya parece normal?
141. ¿Qué palabra queremos sembrar en el corazón del otro esta semana?
142. ¿Qué error espiritual repetimos, aunque ya sabemos el costo?
143. ¿Qué cosa pequeña fue una confirmación divina?
144. ¿Qué persona fue usada por Dios para fortalecernos y aún le agradecemos?
145. ¿Qué oración debemos enseñar a nuestros hijos, amigos o discípulos?
146. ¿Qué duda no confesamos aún a Dios?
147. ¿Qué nueva misión sentimos que está naciendo?
148. ¿Qué virtud espiritual admiramos del otro y necesitamos imitar?
149. ¿Qué hábito debemos abandonar para escuchar mejor a Dios?
150. ¿Qué día dedicaremos a ayunar juntos?
151. ¿Qué promesa queremos ver cumplida en la próxima década?
152. ¿Qué palabra de Dios nos hizo llorar recientemente?
153. ¿Qué decisiones tomamos bajo oración y cuáles por impulso?
154. ¿Qué conversación evitamos porque temíamos parecer débiles?
155. ¿Cómo se refleja nuestra fe en el trato al equipo, la familia o los empleados?
156. ¿Qué proyecto profesional hicimos depender de la dirección divina?

157. ¿Qué palabra de ánimo sembramos en alguien esta semana?
158. ¿Qué "sí" dijimos a Dios, aunque no convenía a nuestra lógica?
159. ¿Cómo definimos éxito a la luz del Reino y no del mercado?
160. ¿Qué tentación reciente superamos gracias a la oración?
161. ¿Qué conversación incómoda enfrentamos con humildad?
162. ¿Cómo manejamos el dinero de manera íntegra y generosa?
163. ¿Qué acuerdo práctico hemos dejado de revisar?
164. ¿Qué regla interna ya no sirve y debe actualizarse?
165. ¿Qué hábito de comunicación protege mejor nuestra paz?
166. ¿Qué temas merecen una nueva conversación sin tono defensivo?
167. ¿Qué límites familiares necesitamos reforzar con elegancia?
168. ¿Qué cosas seguimos haciendo solo por costumbre?
169. ¿Qué acuerdo no verbal nos está generando confusión?
170. ¿Qué gesto del otro podríamos reconocer más seguido?
171. ¿Qué compromisos mantenemos por hábito que podrían formalizarse para dar claridad?
172. ¿Qué cosa prometimos simplificar y seguimos complicando?
173. ¿Qué nueva dinámica necesitamos para dividir responsabilidades?
174. ¿Qué reglas necesitamos poner por escrito para evitar desgaste?
175. ¿Qué práctica semanal nos está ayudando a mantener el orden?
176. ¿Qué decisión postergamos por falta de coordinación real?
177. ¿Qué área financiera necesita más transparencia?
178. ¿Qué pendiente práctico se volvió carga emocional?
179. ¿Qué frase repetimos que ya perdió sentido?
180. ¿Qué promesa práctica no hemos cumplido este mes?
181. ¿Qué gesto simple representa para ti "te respeto"?
182. ¿Qué conflictos podríamos anticipar con acuerdos más claros y tempranos?
183. ¿Qué palabra absoluta —como "nunca" o "siempre"— debemos erradicar de las discusiones?

184. ¿Qué malentendido reciente podríamos usar para mejorar el sistema del matrimonio?
185. ¿Qué acuerdo firmado con palabras necesita sellarse con hechos?
186. ¿Qué práctica podríamos eliminar sin afectar la armonía?
187. ¿Qué decisión podría demostrarnos que maduramos como equipo?
188. ¿Qué espacio necesita un nuevo pacto simbólico de respeto?
189. ¿Qué conversación sobre el futuro debemos tener con serenidad y propósito?
190. ¿Qué acuerdos pasados necesitan adaptarse a nuestra versión actual?
191. ¿Qué cosa asumimos del otro sin verificar si sigue vigente?
192. ¿Qué acuerdo implícito genera tensión sin darnos cuenta?
193. ¿Qué límites laborales debemos establecer para proteger el tiempo juntos?
194. ¿Qué hábitos de convivencia necesitamos renegociar?
195. ¿Qué gasto emocional estamos asumiendo por omisión del otro?
196. ¿Qué estás aguantando solo para no iniciar una pelea?
197. ¿Qué recuerdo mío te duele más revivir?
198. ¿Qué versión mía ya no amas, pero finges aceptar?
199. ¿Qué tema te haría irte si no cambia pronto?
200. ¿Qué parte de tu deseo perdiste por miedo a incomodarme?
201. ¿Qué aspecto de nuestra vida juntos es más rutina que elección?
202. ¿Qué te gustaría que entendiera sin tener que explicármelo mil veces?
203. ¿Qué callas por compasión, pero te está alejando?
204. ¿Qué parte de ti se apaga cuando intento tener la razón?
205. ¿Qué perderíamos si empezáramos a decir todo lo que realmente pensamos?
206. ¿Qué castigo emocional aplico cuando no obtengo lo que quiero?
207. ¿Qué decisión importante tomé sin consultarte?
208. ¿Qué necesitarías de mí para volver a sentirte realmente visto(a)?
209. ¿Qué decisiones tomamos por inercia y no por convicción?

210. ¿Qué acuerdos están vigentes, pero necesitan actualización?
211. ¿Qué palabra o gesto activa defensas innecesarias?
212. ¿Qué detalles de convivencia podríamos profesionalizar para evitar fricción?
213. ¿Qué rutina conjunta deberíamos reinstaurar este mes?
214. ¿Qué asuntos postergamos hasta que se vuelven urgentes?
215. ¿Qué áreas personales interfieren en los acuerdos comunes?
216. ¿Qué conversación pendiente evitaría resentimientos futuros?
217. ¿Qué dinámica diaria nos resta energía en vez de dárnosla?
218. ¿Qué tipo de descanso individual necesitamos acordar y respetar?
219. ¿Qué palabras deberíamos usar para cerrar discusiones sin herir?
220. ¿Qué rol necesita ser redefinido dentro del hogar o del proyecto común?
221. ¿Qué temas se confunden entre lo personal y lo funcional?
222. ¿Qué compromiso práctico reafirma nuestra lealtad?
223. ¿Qué regla tácita está generando culpa innecesaria?
224. ¿Qué punto de vista del otro necesitamos comprender, no cambiar?
225. ¿Qué compromisos profesionales afectan nuestra dinámica y deben ser negociados?
226. ¿Qué gesto o hábito validaría que ambos seguimos comprometidos?
227. ¿Qué palabra o gesto interrumpe la conexión emocional más seguido?
228. ¿Qué regla sobre el uso del teléfono o redes podría protegernos?
229. ¿Qué dinámica de poder debemos equilibrar con humildad?
230. ¿Qué tipo de decisiones merecen consultarse antes de ejecutarse?
231. ¿Cómo protegemos nuestra intimidad ante terceros?
232. ¿Cuándo fue la última vez que nos abrazamos?
233. ¿Cuándo fue la última vez que pedimos ayuda?

234. ¿Qué no le has perdonado a mi familia?
235. ¿Qué evitamos esta semana y por qué?
236. ¿Qué palabra de cariño nos cuesta pronunciar?
237. ¿Qué gesto del otro seguimos dando por hecho?
238. ¿Qué emoción del otro pasamos por alto?
239. ¿Qué silencio fue malinterpretado?
240. ¿Qué pequeña ternura necesitamos volver a practicar?
241. ¿Cuándo fue la última vez que reímos a carcajadas?
242. ¿Qué parte de nuestra comunicación perdió calidez?
243. ¿Qué conversación íntima está pendiente desde hace meses?
244. ¿Qué gesto espontáneo podríamos recuperar?
245. ¿Qué tema emocional hemos intelectualizado para no sentirlo?
246. ¿Qué momento reciente nos hizo sentir verdaderamente cerca?
247. ¿Qué toque físico nos calma de inmediato?
248. ¿Qué gesto cotidiano del otro nos sigue conmoviendo?
249. ¿Qué pregunta pendiente podría acercarnos más?
250. ¿Qué momento de la rutina podríamos volver un ritual?
251. ¿Qué herida reciente pedía un abrazo y recibió un juicio?
252. ¿Qué tipo de conversación nos conecta más profundamente?
253. ¿Qué caricia necesitamos devolver?
254. ¿Qué emoción o idea evitamos mostrar por miedo a preocupar?
255. ¿Qué gesto de vulnerabilidad fue bien recibido?
256. ¿Qué tono usamos sin notar que lastima?
257. ¿Qué conversación emocional fue interrumpida y nunca retomamos?
258. ¿Qué palabra repetimos sin sentirla realmente?
259. ¿Qué distancia temporal está creciendo y cómo la acortamos ya?
260. ¿Qué tipo de humor nos une?
261. ¿Qué microcontacto podemos normalizar a diario?
262. ¿Qué comentario del otro no hemos logrado perdonar?
263. ¿Qué gesto pequeño te hizo sentir elegido esta semana?
264. ¿Qué conversación ligera terminó siendo importante?
265. ¿Qué recuerdo íntimo merece repetirse?

266. ¿Qué tipo de comentarios nos hace sentir seguros?
267. ¿Qué señal nos indica que el otro necesita contención?
268. ¿Qué palabra nuestra generó desconexión sin intención?
269. ¿Qué nos excita?
270. ¿Qué olor nos molesta?
271. ¿Qué cambio emocional notamos y aún no hablamos?
272. ¿Qué detalle de nuestra vida privada deberíamos blindar del exterior?
273. ¿Qué hábito de atención podría revitalizar la complicidad?
274. ¿Qué conversación pendiente podría cerrar un ciclo emocional?
275. ¿Qué cosa del otro extrañamos incluso teniéndolo cerca?
276. ¿Qué reacción automática bloquea la empatía?
277. ¿Qué gesto del otro nos recordó por qué lo elegimos?
278. ¿Qué no te he dicho nunca?
279. ¿Qué tipo de humor me gusta y no me gusta?
280. ¿Qué zona de confort corporal podríamos explorar con consentimiento para renovar las caricias?
281. ¿Qué frase podría reemplazar la crítica en momentos tensos?
282. ¿Qué puedo hacer para ayudarte en tu trabajo?
283. ¿Qué detalle cotidiano demuestra amor mejor que cualquier discurso?
284. ¿Qué reacción repetida apaga el deseo?
285. ¿Qué parte de mi cuerpo te gusta más?
286. ¿Qué tema sensible ya se puede hablar con serenidad?
287. ¿Qué emoción necesitamos legitimar más en el otro?
288. ¿Qué tipo de distancia nos duele, pero aún no nombramos?
289. ¿Qué comentario sobre el cuerpo del otro fue injusto?
290. ¿Qué palabra definió nuestro mes?
291. ¿Qué queremos agradecerle al Cielo por habernos permitido aprender juntos?
292. ¿Qué lugar o país quisiéramos conocer como celebración de etapa cumplida?
293. ¿Qué causa o valor queremos que defina nuestra familia?

294. ¿Qué riesgo valdría la pena asumir, aunque no tengamos certeza?
295. ¿Qué conversación económica necesitamos tener con más madurez?
296. ¿Qué proyecto actual refleja de verdad nuestro propósito y cuál ya no?
297. ¿Qué miedo está frenando una decisión de crecimiento?
298. ¿Qué idea nos entusiasma, pero aún no hemos tenido el valor de intentar?
299. ¿Qué confesión ya no puedo retrasar?
300. ¿Qué figura pública o líder representa el tipo de propósito que admiramos?
301. ¿Qué te gustaría que entendiera sobre tu forma de procesar el dolor?
302. ¿Qué conversaciones familiares debemos resolver?
303. ¿Qué costumbre familiar quisiéramos instaurar como tradición futura?
304. ¿Qué mentalidad de escasez debemos desmontar para proyectar sin límites?
305. ¿Qué acuerdo futuro necesitamos dejar por escrito?
306. ¿Qué expresión o actitud nuestra provoca inseguridad en el otro?
307. ¿Qué conversación sobre placer y deseo hemos postergado?
308. ¿Qué podemos hacer para renovar nuestra intimidad?
309. ¿Qué gesto suyo nos hace sentir admirados y amados?
310. ¿Qué pregunta del otro esquivamos?
311. ¿Qué cosa escuchamos a medias?
312. ¿Qué historia consideras que repetimos sin haberla sanado?
313. ¿Qué nueva forma de disculparnos podríamos practicar?
314. ¿Qué tipo de tono empleamos al defendernos?
315. ¿Qué temas seguimos abordando como discusión y no como un análisis conjunto?
316. ¿Qué interrupción constante corta la atención del otro?
317. ¿Qué cosa del otro admiramos en secreto, pero nunca decimos?

318. ¿Qué actitud tenemos cuando el otro se siente vulnerable?
319. ¿Qué tono usamos cuando damos una sugerencia sobre su salud?
320. ¿Qué error repetimos por comodidad?
321. ¿Qué cosas ya no discutimos porque aprendimos a confiar?
322. ¿Qué parte del cuerpo del otro olvidamos acariciar?
323. ¿Qué gesto provocó deseo sin planearlo?
324. ¿Qué deseo postergamos y aún vale la pena cumplir?
325. ¿Qué podría volver a encender la complicidad?
326. ¿Qué sueño sigue en pausa?
327. ¿Qué meta debemos revisar porque ya no representa quiénes somos?
328. ¿Qué modelo de amor aprenden nuestros hijos cuando nos observan discutir?
329. ¿Qué talento dormido de cada uno merece volver a ejercitarse?
330. ¿Qué alianza estratégica podría ampliar nuestro impacto?
331. ¿Qué gesto de paciencia tuviste conmigo que aún no te agradezco?
332. ¿Qué reacción nuestra podría volverse una limitante mañana para nuestros hijos?
333. ¿Qué palabra repetimos frente a nuestros hijos que deberíamos sustituir por ejemplo?
334. ¿Qué tipo de vida merecería ser vivida dos veces?
335. ¿Qué mensaje transmitimos a nuestros hijos sobre el trabajo, el dinero y la dignidad?
336. ¿Qué error sería imperdonable repetir en el futuro?
337. ¿Qué conversación necesitamos tener con nuestros hijos sobre el fracaso y la frustración?
338. ¿Qué proyectos descartamos demasiado pronto y aún tienen valor?
339. ¿Qué legado queremos vivir, no solo dejar?
340. ¿Qué reacción nuestra podría volverse una piedra que limite mañana a nuestros hijos?

341. ¿Qué tipo de límites enseñamos a nuestros hijos con coherencia y cuáles no?
342. ¿Qué deseo necesitamos cuidar para que no se convierta en idolatría?
343. ¿Qué clase de mundo estamos ayudando a construir a través de la educación emocional y espiritual de nuestros hijos?
344. ¿Qué costumbre doméstica puede convertirse en un recuerdo feliz de infancia para nuestros hijos?
345. ¿Qué meta individual necesitamos sincronizar para que no compita con la del otro?
346. ¿Qué palabra queremos que acompañe a nuestros hijos cuando no estemos cerca?
347. ¿Qué talento o vocación estamos ayudando a descubrir a nuestros hijos sin imponer expectativas?
348. ¿Qué persona cercana a nuestro entorno no me da confianza y por qué?
349. ¿Qué conversación sobre fe, respeto o empatía hemos postergado con nuestros hijos por incomodidad?
350. Si mañana no pudieras cambiar nada de mí, ¿seguirías eligiéndome o estás apostando a "que cambie" para justificar quedarte?

El arte de pactar contigo

Los acuerdos personales nacen para entenderse con precisión y así no depender del estado de ánimo ni de la interpretación ajena. Son una forma de organizar nuestra conciencia y darle estructura al carácter. Escribir acuerdos implica detenerse a pensar en los principios que pueden guiar nuestra conducta, más allá del momento. Supone reconocer qué valores operan en la práctica, qué emociones distorsionan la perspectiva y qué hábitos deben transformarse para no repetir los tropiezos. Quien redacta sus acuerdos crea un sistema de referencia interno: un conjunto de definiciones que ordena las prioridades y clarifica la acción cuando las circunstancias se vuelven densas o imprecisas.

Escribirlos también es aceptar que la voluntad fluctúa, que la claridad se agota y que la mente necesita límites que la organicen. Este ejercicio convierte la experiencia en método, y el método en una forma de preservar la coherencia. Solo así la disciplina deja de ser un esfuerzo de la memoria y se convierte en un acto de amor, respeto y fidelidad personal.

A medida que los acuerdos se consolidan, las decisiones se toman con menos ansiedad. La duda pierde dramatismo y las respuestas aparecen con mayor precisión, porque hemos construido una estructura interna que define qué merece nuestra energía y qué debe quedar fuera.

El valor de este ejercicio reside en la constancia. Cada vez que alguien honra sus propias reglas, reafirma su capacidad de dirección, aprende a gobernarse y diseña, con sobriedad y conciencia, la forma en que quiere responder ante la vida cuando aparezcan la emoción, la fatiga o la tentación de desviarse.

50 acuerdos con uno mismo

1. No soy el error que cometí cuando aún no sabía cómo hacerlo mejor.
2. No tengo que ser comprendido para tener razón en mi proceso.
3. Mi valor no depende de la velocidad con la que sano.
4. No estoy obligado a cargar la mediocridad de otros.
5. Soy más que el rol que desempeño.
6. Comenzaré a decir: "¡No quiero!".
7. El ritmo de otros no tiene por qué ser el mío.
8. No se extingue mi propósito por los días en que no me reconozco.
9. No todo lo que termina fue un error.

10. Mi mejor versión no es la más productiva, sino la que tiene paz.
11. No me debo a la perfección.
12. Voy a cumplirme mis promesas.
13. Puedo empezar de nuevo sin pedirle permiso a mi pasado.
14. No debo explicarle mi evolución a todo el mundo.
15. No soy responsable de las heridas que otros se niegan a sanar.
16. Cuidaré mis ideas y no las contaré a cualquiera.
17. No debo justificar mis límites.
18. Puedo ser noble sin volverme ingenuo.
19. No todo lo que no entiendo está roto.
20. No tengo que elegir entre paz y ambición; puedo tener ambos con propósito.
21. No soy el reflejo de la versión que otros inventaron de mí.
22. No se me agotó la fe solo porque a veces me cuesta orar o creer.
23. No tengo que ser invencible para ser fuerte.
24. No voy a heredar los miedos de mis padres o de otros familiares.
25. No soy lo que las redes sociales dicen de mí.
26. No necesito validación para reconocer mi avance.
27. No tengo que agradar para ser amado.
28. No tengo que ser quien siempre soluciona; también puedo pedir ayuda.
29. No necesito tener razón para ofrecer perdón.
30. No soy menos espiritual por tener preguntas.
31. No permitiré que mi historia más dura se vuelva mi única biografía.
32. No todo lo que me rompe me daña, a veces me reordena.
33. Puedo seguir creyendo, incluso cuando no siento nada.
34. No estoy obligado(a) a quedarme donde ya no crezco.
35. No tengo que reaccionar cada vez que me provocan.
36. No voy a ser rehén de mis emociones pasajeras.
37. No necesito castigarme para aprender.
38. No le debo lealtad a mis antiguas heridas.
39. No tengo que seguir demostrando lo que ya soy.

40. No voy a negociar mi paz por pertenecer.
41. No tengo que ser multitarea para ser valioso.
42. No es mi responsabilidad mantener a todos cómodos.
43. No tengo que responder rápido; puedo pensar, sentir y, después, decidir.
44. No voy a mendigar lo que doy de sobra.
45. No confundiré aceptación con resignación.
46. No voy a meter mi corazón donde sé bien que no cabe.
47. No permitiré que el miedo administre mi fe.
48. No usaré mi pasado como coartada para no avanzar.
49. No disfrazaré de paciencia lo que en realidad es miedo a decidir.
50. No dejaré de ser misericordioso incluso cuando la vida duela.
51. ____

(Continúa tu propia lista)

Nunca
es suerte,
siempre
es Dios.

Anyha Ruiz

¡Brindamos por los que permanecen!

Hacemos un brindis por quienes aprendieron a resistir con elegancia; por los que, cansados, no soltaron el vaso ni compraron la idea fácil de que lo difícil se tira a la basura.

Arriba las manos por los que cumplen sus promesas sin jurarlas y envejecen con la ternura intacta.

Brindemos por los que saben que nada es para siempre, pero que lo cuidado dura más. Por los que reparan, por los que hallan nuevas formas de mirar a la misma persona.

Brindemos por el "te escucho sin interrumpir", por el "resolvamos esto, no quiero perderte", por el "yo cedo aquí y tú me cuidas allá", por el "no siempre tenemos ganas, pero sí tenemos un pacto".

Brindemos por la memoria: por recordar de dónde nos sacó Dios, por contar las victorias pequeñas que nadie ve, por celebrar las promesas cumplidas y anotar en las que fallamos.

Levantemos lo que tengamos a mano: agua, vino, café o un vaso vacío; que el golpe del vidrio diga: "Salud por nosotros y por los que permanecen entrenando su amor con gestos simples; por los que regresan cada día a elegirse de nuevo, por los que aprendieron que la fidelidad no es monotonía".

Si mañana vuelve el desacuerdo, que nos encuentre del mismo lado de la mesa.

Si se nos gastan las palabras, que hable la paciencia.

Si se nos enfría el ánimo, que lo caliente el recuerdo de lo que ya vencimos.

Y cuando falten fuerzas, que baste esta certeza: no caminamos solos.

Un grito de júbilo por los que hacen del "sí, acepto" una vida entera de "sí, sostengo".

Y cuando duden, vuelvan a lo básico: mirarse a los ojos, tomarse de la mano y preguntar bajito: "¿Qué necesitas hoy de mí?".

Cuando fallen, llamen a la humildad por su nombre: perdón. Y si la vida cambia de estación, ajusten los acuerdos sin negociar lo esencial.

Quizá el veredicto más honesto del amor esté en la última de sus preguntas: "Si mañana no pudiéramos cambiar nada del otro, ¿seguirías eligiéndome?".

Ahora sí: cierren el libro, abran la vida y ámense hasta que la muerte los repare.

Daniel Habif

Es considerado uno de los conferencistas, escritores y comunicadores más importantes e influyentes de habla hispana. Es autor *bestseller*, con más de un millón de copias vendidas de sus tres libros: *Ruge*, *Inquebrantables* y *Las trampas del miedo*. Su impacto como escritor se suma a una destacada trayectoria de 34 años de experiencia profesional y numerosos logros académicos.

Ha impartido más de 600 conferencias, vendido más de 400.000 entradas y se ha presentado en 170 ciudades de 25 países. En sus giras ha llenado los teatros y arenas más prestigiosos de América: el Auditorio Nacional de México, el Radio City Music Hall de Nueva York, el Luna Park de Argentina y el Movistar Arena de Colombia, entre muchos otros.

Anyha Ruiz

Es productora ejecutiva y publirrelacionista. Ha dedicado más de dos décadas a liderar proyectos creativos, artísticos y sociales junto a Daniel Habif, combinando su experiencia en gestión, comunicación y desarrollo humano.

Ha colaborado en la creación de giras internacionales, producciones audiovisuales y programas de formación que han impactado a millones de personas en Iberoamérica. Su trabajo se distingue por una mirada profundamente humana y estratégica sobre el amor, la fe y el liderazgo femenino. Dedica gran parte de su vida al rescate, la rehabilitación y la protección de animales en situación vulnerable.

Como coautora de *El amor no se ruega, se riega*, comparte la sabiduría derivada de 24 años de vida en pareja, integrando espiritualidad y una visión honesta sobre la reconstrucción del amor.